国际企业
外派人员管理

靳娟 ◎ 编著

GUOJI QIYE
WAIPAI RENYUAN
GUANLI

首都经济贸易大学出版社

Capital University of Economics and Business Press

·北 京·

图书在版编目（CIP）数据

国际企业外派人员管理 / 靳娟编著. —北京：首都经济贸
易大学出版社，2016.7
    ISBN 978-7-5638-2417-5

    Ⅰ.①国…   Ⅱ.①靳…   Ⅲ.①跨国公司—人力资源管理
Ⅳ.① F276.7
    中国版本图书馆CIP数据核字（2015）第216582号

国际企业外派人员管理
靳娟　编著

出版发行	首都经济贸易大学出版社	
地　　址	北京市朝阳区红庙（邮编100026）	
电　　话	（010）65976483　65065761　65071505（传真）	
网　　址	http://www.sjmcb.com	
E-mail	publish@cueb.edu.cn	
经　　销	全国新华书店	
照　　排	首都经济贸易大学出版社激光照排服务部	
印　　刷	北京九州迅驰传媒文化有限公司	
开　　本	710毫米×1000毫米　1/16	
字　　数	286千字	
印　　张	16.25	
版　　次	2016年7月第1版　2016年7月第1次印刷	
书　　号	ISBN 978-7-5638-2417-5 / F·1359	
定　　价	28.00元	

前　言

　　"生平第一次有人在高尔夫球场上要我这样挥杆：'瞄准微软，或
IBM。'地点是印度南部的班加罗尔，我正站在 KGA 高尔夫俱乐部的第一洞开
球区，球伴指着果岭正后方远处的两幢钢骨玻璃大楼。打到后九洞，可以看
到惠普与德州仪器两栋大楼沿着第十洞球道矗立。此外，开球标志由 EPSON
提供，球童则戴着 3M 的帽子。球场外，红绿灯是德州仪器赞助，马路旁的广
告牌是必胜客匹萨。"

　　这是美国记者托马斯·弗里德曼在《世界是平的：21 世纪简史》第二章
中所描述的一个场景，美国的 7 家国际性企业就这样令人有些惊讶地出现在
印度一座城市的视野中。事实上，自 20 世纪 50 年代以来，世界趋势趋于和
平与稳定，贸易壁垒逐渐被削弱，经济活动超越国界，通过对外贸易、资本
流动、技术转移、提供服务，世界经济正日益成为紧密联系的一个整体。经
济的全球化为国际企业的发展提供了极为有利的条件，如今，国际企业迅速
地成长起来，并不断扩张到世界上每一个可能有潜力的市场和角落。自 20 世
纪 90 年代起，中国一些优秀企业如华为、中兴、海尔和 TCL 纷纷走出国门，
开始了国际化的探索。在 2001 年中国加入世界贸易组织（WTO）之后，世界
大门被彻底打开，越来越多的中国企业扬帆出海，面向更广阔的市场，积极
参与国际竞争，从事跨国经营。"一带一路"国家战略的实施，将大大改善
中国企业在"一带一路"沿线国家与地区的经营环境，降低中国企业的跨国
经营风险，推动和加快中国企业"走出去"，获取更大的成长空间。

　　在企业国际化的进程中，有大批人员被外派出去，帮助母公司拓展海外
市场，协助母公司管理海外企业，保证子公司与母公司之间的沟通顺畅。这
些外派人员在完成外派任务后所获得的全球化视野、国际知识与经验在母公
司控制海外分支机构、知识转移与构建全球思维方面也将发挥重要作用。但

无数事实表明，由于经营环境的差异，一些原本在母国工作业绩十分出色的外派人员在被派驻国外以后，面对全新的工作环境、文化背景、思维方式、生活习惯等，往往会"水土不服"，表现不尽如人意，不能达到预期工作目标，最终影响到企业海外经营的绩效。薛和特雷西（Shay，Tracey，1997）研究表明，16%~40%的美国公司的外派管理人员都会提前回国，在那些没有提前回国的人员中，有高于50%的外派人员绩效低下。布莱克和格雷格森（J. Stewart Black，Hal B. Gregersen，1999）的研究发现，10%~20%的外派经理由于无法胜任工作、工作不满或无法适应跨文化的新环境而提前归国。在完成任期的人员中，近1/3的人没有达到预期目标。由此可见，在企业国际化进程中，如何对外派人员进行科学管理，提升其跨文化胜任力从而提高其绩效水平，成为跨国企业亟待研究和解决的重要课题。

目前，在国内外学术界，系统研究外派人员管理的成果还不多见，著作更是较为鲜见。因此，本书的编写是作者的大胆尝试。

本书基于管理学、心理学、文化人类学、社会学等方面的相关理论和知识，结合案例分析，从招聘与选拔、跨文化培训、绩效管理、薪酬管理、职业生涯管理、回任管理等方面对外派人员的管理进行了深入阐释。

本书不仅吸收了国内外相关理论研究领域的最新成果，而且融入了作者在教学科研中的理论思考和最新体会，在理论上具有创新性、前瞻性，在实践上具有实用性和可操作性。同时，本书既考虑了教学内容的国际通用性，又考虑了中国国情。

本书的创新点在于：第一，由于外派人员管理涉及因素比较复杂，本书采用跨学科的研究方法，目的在于以更广阔的视角拓展外派人员管理的研究空间；第二，基于已有研究成果，构建了跨文化胜任力模型；第三，从个人角度探讨了外派人员职业生涯管理的对策。

本书具有以下特点：第一，每一章开始设有导读案例，通过案例分析导出本章主题。第二，每一章后面附有思考题，便于读者加深对本章内容的理解。第三，丰富的案例。本书在写作过程中引用了大量鲜活的案例，旨在帮助读者学会在实际工作中应用相关的理论和技巧，真正做到学用结合，知行统一。第四，本书的第二章、第七章运用经典的中外电影来讲述相关理论，使枯燥的理论变得生动，使读者的阅读变成一种享受。

希望本书的出版能丰富外派人员管理的研究成果，也希望有更多的专家学者关注这一领域的研究，推动相关教学和科研向纵深发展。

本书的出版，得到了首都经济贸易大学出版社领导和编辑的大力支持和帮助；本书参考文献作者的前期研究成果给了我很多启发；我的学生郑霞和逯晨积极帮我查找资料、校对文稿。在此，一并向他们表示最真挚的谢意。
　　每一本书的出版都是遗憾的开始。由于作者学识与经验的局限，加之时间紧促，书中不妥和疏漏之处在所难免，希望广大读者不吝赐教，以使本书在修订时能够更加完善。

编　者

2015 年 12 月于北京亚运村

目　录

第一章　导　论 ………………………………………………… 1

第一节　国际化与国际企业 …………………………………… 4

第二节　国际企业人力资源管理概述 ………………………… 12

第三节　外派人员与外派人员管理 …………………………… 18

第二章　外派人员管理的理论基础 ……………………………31

第一节　文化价值观理论 ……………………………………… 33

第二节　文化智力理论 ………………………………………… 39

第三节　跨文化适应理论 ……………………………………… 43

第四节　跨文化人力资源管理理论 …………………………… 55

第五节　从电影中看文化差异——《刮痧》赏析 …………… 65

第六节　从电影中看跨文化适应——《推手》赏析 ………… 67

第三章　外派人员的招聘与选拔 ………………………………71

第一节　外派人员招聘与选拔前的准备工作 ………………… 75

第二节　外派人员招聘的原则 ………………………………… 79

第三节　基于跨文化胜任力的外派人员选拔标准 …………… 80

第四节　外派人员选拔的方法 ………………………………… 88

第四章　外派人员的跨文化培训 ……………………………… 101

第一节　外派人员跨文化培训概述 …………………………… 103

第二节　外派人员跨文化培训需求分析 ……………………… 105

第三节　外派人员跨文化培训的相关理论、内容及特点 …… 110

第四节　外派人员跨文化培训的方法 ………………………… 116

第五节　外派人员跨文化培训成果的转化 …………………… 130

第六节　外派人员跨文化培训效果评估 ……………………… 137

第五章　外派人员绩效管理 ·················· 141

第一节　外派人员绩效管理概述 ················· 143
第二节　影响外派人员绩效管理的因素 ············· 145
第三节　外派人员绩效计划的制订 ··············· 147
第四节　外派人员绩效辅导 ·················· 154
第五节　外派人员绩效评估 ·················· 155
第六节　外派人员绩效反馈 ·················· 162
第七节　外派人员绩效评估结果的应用 ············· 167

第六章　外派人员薪酬管理 ·················· 171

第一节　外派人员薪酬管理概述 ················· 174
第二节　外派人员薪酬管理的理论基础 ············· 176
第三节　外派人员薪酬设计的原则及影响因素 ·········· 180
第四节　外派人员薪酬设计的模式 ··············· 185
第五节　外派人员薪酬设计的方法 ··············· 188
第六节　外派人员薪酬设计应注意的问题 ············ 197

第七章　外派人员的职业生涯管理 ··············· 199

第一节　外派人员职业生涯管理概述 ·············· 201
第二节　职业生涯管理的核心理念和职业锚理论 ········· 205
第三节　组织角度的外派人员职业生涯管理 ··········· 208
第四节　外派人员职业生涯发展支持体系 ············ 211
第五节　外派员工个人的职业生涯管理 ············· 216
第六节　从电影中看外派人员的跨文化适应
　　　　——《世界是平的》赏析 ·············· 225

第八章　外派人员回任管理 ·················· 229

第一节　外派人员回任现状 ·················· 230
第二节　重返文化休克及应对措施 ··············· 232
第三节　外派人员回任工作适应性的影响因素 ·········· 235
第四节　外派人员离职倾向的影响因素 ············· 239
第五节　外派人员回任管理的对策 ··············· 242

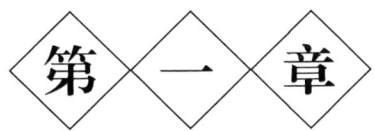

第一章

导 论

导读案例

TCL 的外派人员管理之道

综观国内企业，TCL 在外派人员管理方面的做法和经验值得借鉴。

TCL 集团股份有限公司创立于 1981 年，是目前中国最大的、全球性规模经营的消费类电子企业集团之一。TCL 集团从 1998 年成立海外业务部，并在越南投资办厂开始，经历了 2004 年收购法国汤姆逊彩电业务、阿尔卡特手机业务的剧痛，经过十几年的国际化洗礼，如今已经建立了全球供应链，完善了全球生产布局，进入了全球主流市场。TCL 在发展壮大的过程中，走出了一条中国企业独具特色的发展之路。2006 年 TCL 在全球各地销售超过 2 100 万台彩电，1100 万部手机，海外营业收入超过中国本土市场营业收入，成为真正意义上的跨国企业。2011 年，TCL 集团股份有限公司董事长李东生荣获企业家领袖"终身成就奖"。媒体称赞他是中国企业国际化的"探路者"，用高昂的学费为中国企业的梦想"埋单"。

TCL 海外事业本部是 TCL 整个海外市场的控制中枢，处理着分布于全球50 多个国家的上百个 TCL 分支机构的管理事务，从员工招聘、培训，到外派员工的调动、职位晋升、奖惩等人力资源管理事宜都在这里完成。据权威机构对中国企业海外运营情况的调查显示，中国企业海外员工 2 年内的离职率高达70%，而 TCL 的这一比例则不到 15%。TCL 集团国际化的成功以及外派人员管理的特色，使得业界和学者开始思考：对于 TCL 集团来讲，他们是如何对如此庞大的管理体系进行成功整合，做到政令畅通，游刃有余的？怎样选拔合适的人才充实到海外一线？当地人才又如何启用？不同肤色、不同信仰、不同语言的各国员工如何在 TCL 的旗帜下，统一步调奋勇向前？中国外派员工与海外本地员工的薪酬待遇如何设置，在纷繁复杂的各色环境下如何体现公正性？怎样保持团队的稳定与优化？下面我们来介绍本 TCL 集团外派人员管理的具体做法。

一、人员选拔

TCL 海外业务创始人、海外事业本部总裁易春雨，作为 TCL 海外事业拓展的领军人物，曾亲手打下了 TCL 的第一个海外市场——越南。如今，辗转多个国家、鏖战海外多年的易春雨，已经拥有了极为丰富的海外经验。对于什么样的人才适合外派，在从公司内部选拔人员进入海外市场时，他注重 5 个方面的标准：一是在国内有丰富的阅历和经验，实战经验丰富。"如果是新来的大学生，他们对 TCL 的发展不了解，对中国业务不了解，到海外也将无从下手。"二是做事很踏实，能够吃苦。三是要在困难情况下，还能看到希望的人。四是独立开展工作能力比较强的人。易春雨说，"在那里，不存在像国内这么好的支持系统。就像通过火箭把你送上月球，一旦走出太空舱，就靠你自己了。我们希望离开 TCL 国内这个系统以后，你还能存活，还能发展，还能独立处理很多事情。"五是强调销售人员的学习能力，"我们不允许一年以后见效果，要求两三个月见效果。如果没有学习能力，很难适应新的环境。"

与很多中国企业在选拔外派员工时注重其语言能力不同，TCL 选择的是业务优先——就是将综合素质较强的人才派驻目标市场，迫使其在语言不通的外国市场迅速实现语言本土化，如：派驻越南的员工，在一年后大部分都学会了越语。总体上说，易春雨看中的，"三成是专业能力，七成是精神和个人综合素质"。

二、弹性薪酬管理

考虑到海外不同区域的经济发展水平不同，文化差距较大，而且具有很大的波动性（薪酬受经济和工作区域调动的影响），为了保证整体薪酬的平衡并且与企业战略保持一致，TCL 借鉴欧美跨国企业的经验，将薪酬划分为基本工资和海外派遣津贴两部分。

基本工资为外派员工提供基本的生活保障，确保员工的稳定感；而海外派遣津贴则包括国外服务津贴、艰苦条件津贴、安置迁移津贴、归国度假津贴等，同时又将市场绩效目标和区域市场特征等内容纳入其中。这样既体现了薪酬的弹性特点，又保证整体薪酬的激励目标，构成了 TCL 独具特色的"弹力薪酬模型体系"。

充分的适应性、柔性和可操作性，是 TCL 海外薪酬管理的核心。"弹力薪酬模型"围绕地区特征（包括经济水平、物价指数、辛苦指数等要素），区域战略目标（不同发展阶段的战略目标不相同、战略与员工业绩考核相结合），员工（级别待遇）3 个维度而展开。这样的体系可以保持非常强的灵活性和适应性，并具有相当强的公平性，避免了派遣员工对薪酬挑肥拣瘦的问题。

有了这样一套体系，人力资源管理工作者有了一个执行的标准，对在全球各个地区飞来飞去的人员薪资进行调整变得非常容易。为了贴合实际，TCL人力资源管理者还通过各种方式和100多位海外派遣员工沟通，有时候还要到工作的当地做调研，了解当地的工资水平和消费水平，根据不同地区经济差别、物价指数、工作绩效和辛苦指数（程度）的不同，调整海外派遣津贴的具体数额。

三、跨文化整合

所谓"跨文化整合"，一般指两种文化背景差别很大的企业之间的文化整合。文化融合是一个双方相互认可的过程，TCL积极推行内部学习与跨文化培训相结合，利用开会相聚的短暂时间交流经验，让大家了解不同国家之间的细微差异，培养员工文化融合的主动意识。

在文化引导过程中，TCL强调派遣员工亲力亲为，把执行环节的问题聚焦，不能简单地以文化差异一言蔽之。"一线管理人要就具体问题讨论解决之道，不要动不动就务虚。"在中外员工同工不同酬问题上，中方员工如果只看到收入差距自然心里会感觉不平衡，但是深入当地员工生活后就会了解薪酬的合理性。这种工作方法在实践中非常有效，尤其在经济开放度高的国家。在中方员工的感染下，业务紧急时，美国员工也会主动要求加班。在整合汤姆逊之后，经过短短的半年时间，美籍TCL高级经理也开始站在公司的立场考虑经营问题。"用一个脑袋思考，这标志着国际化的融合取得了很大进步。"

"跨文化管理的本质就是了解当地员工的思想，对症下药。我们鼓励前线管理人员不仅成为当地员工工作上的朋友，更要成为他们生活中的朋友。"俄罗斯有一个习惯，大家上班见面和下班分别时都要握一下手，于是中方员工也模仿他们的做法，这样整个团队感觉融洽了很多，管理、沟通也就方便了。针对俄罗斯国家嗜酒的文化风俗，TCL员工在拜访客户时都自觉地带上一瓶老酒，与客户一起喝得烂醉如泥，这让当地人感觉很惊讶但又很亲切。在接触过程中，俄罗斯客户看到中方人员对工作非常专业和投入，心生好感，逐渐和TCL员工建立了友谊，业务也就顺利完成。这种务实的做法和为文化融合做出的努力为TCL海外兵团带来了可喜的收获，2004年11月，70多位俄罗斯家电经销商包机来到中国，与TCL签订了总额超过30万台彩电的供销合作意向合同。在交流中，大家一致认为中国的市场人员是最踏实、最贴近当地文化生活的，经销商对中国团队的"酒功夫"佩服得五体投地。

TCL这些点点滴滴的"文化基因"，能融入"敬业、团队、创新"的企业精神并丰富其内涵，从而变成集中西文化精粹的"合金文化"和兼收并蓄能力的"移民文化"于一体的TCL企业文化。其载体就是一支优秀的、具有强烈国际开拓意识的员工队伍。多元移民文化的价值观一直是TCL的骄傲，TCL倡导"尊重学识、注重才能；鼓励创新、允许失败；敬业诚信、团队协作；包容文化、兼收并蓄"的人才成长环境。在进入全球市场时，这一文化将有利于来自不同文化背景的员工尽快地融合为一体，有效地开展工作，进而转化为强大的企业竞争力。

资料来源：http://www.intebankhr.com/news2010-12-21/1143371.html.

从 TCL 的国际化经验和他们一系列务实的做法可以看出，系统有效的外派人员管理，对国际企业海外经营的成功起着至关重要的作用。迅速发展的中国国际企业需要大量的外派人员开拓海外市场，需要建立起系统规范的外派人员管理模式。依据国际人力资源管理理论，员工外派管理包括三个阶段，即外派前、外派期间和任满归国。在本案例中，TCL 集团在外派人员管理中采取了切实有效的措施，主要表现为在外派前侧重人员选拔与培训，在外派期间侧重工作调整和社交调整，包括薪酬体系的合理设计，跨文化管理与融合等，最终形成集中西文化精粹的"合金文化"和兼收并蓄能力的"移民文化"于一体的 TCL 企业文化。在独具特色的企业文化框架下，建立了外派人员管理模式，一定程度上解决了企业在国际化过程中的跨文化管理难题，这是该集团外派员工管理成功的关键所在，值得中国其他跨国经营企业借鉴和学习。

第一节　国际化与国际企业

一、企业国际化的内涵与动因

自从 20 世纪 50 年代以来，世界经济发展的一个显著特点是各国企业经营的国际化。在很长的一段时间内，全球经济、区域经济、国家经济和跨国经济同时存在并得到持续发展，国际化经营已经成为当今企业经营的主导趋势之一。

（一）国际化的内涵

对于"国际化"的定义，学术界一直存在争论。就现有的理论文献来看，对于"国际化"主要有以下几种看法：第一，威廉姆森（Williamson，1975）和邓宁（Dunning，1988）认为，国际化是一种在外国市场的投资模式，可以用理性的外部化、所有权和区位优势的经济分析来解释。第二，米林（Melin，

1992）认为，国际化是一个持续的演进过程，公司随着知识和市场投入的增加而提高国际参与度。第三，比姆斯（Beamisll，1990）认为，国际化是一个过程，在这一过程中，公司逐渐认识到国际交往对于公司未来直接或间接的影响，并与其他国家建立和执行贸易。除了上述几种观点外，多数学者用国际化来描述一个企业或集团的外向型经营活动。

综合以上观点，笔者给出企业国际化的定义：企业的国际化经营，是指企业为了寻求更大的市场、寻找更好的资源、追逐更高的利润，而突破一个国家的界限，在两个或两个以上的国家从事生产、销售、服务等活动。

（二）企业国际化的动因

国外学者对于"国际化动因"问题已经进行了深入的探讨，目前有传统的垄断优势理论、内部化理论、维农（Vernon）的跨国企业产品周期理论、迈克尔·波特（Michael E.Porter）的国家竞争优势模型、邓宁（Dunning）的经济发展五阶段理论、国际生产折中理论、切合比较优势理论以及贸易投资相互关系理论。最新的企业国际化动因理论主要从管理者个人特点、规模效应和资源限制等角度来分析。总之，企业走向国际化的具体原因千差万别，出于各自不同的考虑，受到各种不同因素的驱使。但是，无论出于何种原因，企业的国际化经营从根本上说都是出于整体战略的考虑，即为了寻求更大范围的竞争优势。我们可以将企业国际化的动因分为传统动因和新兴动因。

1.传统动因。

（1）获得关键要素供给的需要。企业跨国经营的最初原因是为了获得关键要素供给的需要，尤其是企业对能源、矿物和稀缺原材料的需求。

（2）为现有的产品和服务寻找新的顾客。企业从事国际化活动最直接的动因是开发海外市场，在国内市场趋于饱和时，为现有的产品和服务寻找新的顾客。随着经济全球化的发展，不同国家的消费者在需求偏好和消费习惯上有趋同的倾向，这使得企业有可能将产品和服务推向更广阔的市场。

（3）寻找低成本的资源。企业在海外市场寻找更优质和更低廉的资源，以降低生产成本，获得低成本优势。可以带来低成本优势的资源主要包括原材料、劳动力和技术。

2.新兴动因。

（1）规模效应。从规模效应来分析，为了达到规模经济，实现生产量的增加和成本的降低，取得最佳经济效益，以及面对国内市场不景气时，企业会进行国际化经营。

（2）资源限制。从资源限制来分析，国内有限的资源会促使中小型企业向外寻求资源，而且国外的合作伙伴也会向企业提供其他的资源。

（3）打造核心竞争力。核心竞争力是企业竞争优势的源泉，是企业比竞争对手更优秀的根本性的原因。企业将经营活动领域从单一的国内市场扩展到海外市场，可以在更大的范围内学习新的技术、管理经验，积累对顾客需求的认识，由此打造出更强的核心竞争力。

（4）管理者个人特质。从管理者个人特点角度来看，管理者的教育经历、接受能力、是否具有全球视角和海外经历都是推动企业国际化经营的重要原因。

二、国际企业的概念、分类及其发展现状

（一）国际企业的概念与分类

1. 国际企业的概念。由于分析角度与分析需要的不同，不同学者对国际企业的概念都有其独特的界定方法，至今并未有一个公认的、统一的定义。笔者认为，目前还无法对国际企业进行精确的定义，因为国际经营活动的种类、范围、性质和介入程度都难以区分清楚，从而对国际企业业务活动难以明确界定。因此，国际企业（International Enterprises 或 International Business）是一个笼统性概念，它泛指一切以国际市场需求为导向、在两个或两个以上的国家和地区间从事经营活动的企业。这个定义突出了国际企业的两个特点：第一，突出了国际企业的经营宗旨是满足国际市场的需求；第二，突出了国际企业的经营活动已经超越了国界。

2. 国际企业的分类。国际企业包括我们通常所说的多国企业、跨国公司、超国公司、世界企业和全球企业。其中多国企业、跨国公司、全球企业是国际企业最主要的代表。

（1）多国企业。多国企业又称多国公司（Multinational Enterprises 或 Multinational Corporations）。它有两个基本的含义：一是指在多个国家从事国际经营活动，并以一国为母国的国际企业。从这一点上说，多国企业实际上是跨国公司的同义词。二是指多个国家共同出资（或提供条件）、在某国或地区注册成立、从事国际经营活动的国际企业。这种形式的多国企业没有明确的母国。如在南美洲安第斯条约的国家里，由两个或几个国家共同创办和经营的公司即属此类。1974 年联合国经社理事会在拉美国家代表的提议下通

过决议，以"跨国公司"取代"多国企业"来称指第一种含义上的多国企业。

（2）跨国公司。跨国公司（Transnational Corporation 或 Transnational Enterprises）一般是指一国公司以本国为基础，通过对外直接投资，在两个或两个以上的国家或地区设立分支机构或子公司，并在共同的管理战略和组织下从事国际化生产和经营活动的国际企业。跨国公司的定义目前也不统一，原因在于不同学者或不同国家对认别跨国公司的标准不一致。这里介绍两个最有影响的定义。第一，哈佛大学的狭义定义。哈佛大学商学院著名教授雷蒙德·弗农（Reymond Vernon）领导下的跨国公司项目研究小组认为，跨国公司是那些在海外6个以上国家拥有生产制造子公司、并且拥有子公司25%以上股权的国际企业。第二，联合国经济及社会理事会知名人士小组的广义定义。这个后来发展为联合国跨国公司中心的机构认为：跨国公司是指"凡是在两个或更多国家拥有和控制工厂、矿山、销售机构以及其他资产的所有企业"。

（3）全球企业。经济全球化的发展趋势为全球企业的诞生提供了宏观环境。当代的跨国公司更注重在全球范围内实现资源的最佳配置。对此，跨国公司对自身进行了大的改造，并逐渐向"以全球为市场，以全球为厂家，以各国为车间"的全球企业转变。因此，虽然全球企业（Global Enterprises）是在跨国企业的基础上发展起来的，但它与跨国企业有很大的区别。全球企业是一种新型的、打破国与国界线的联合企业。它要求领导层国际化，领导成员和经理人员由不同国家的人员担任。

（二）国际企业的发展现状

1. 国外国际企业的发展现状。国际企业的历史可以至少追溯到19世纪60年代，当时西欧和美国的一些大企业，如英国的胜家缝纫机公司（Singer）、德国的拜耳化学公司（Bayer）、瑞典的诺贝尔公司（Nobel）就开始在海外设立生产性分支机构，从事制造业跨国经营活动，已初具跨国公司的雏形。第二次世界大战后，特别是20世纪50年代之后，随着西方发达国家垄断资本的大规模对外扩张和生产的进一步国际化，对外直接投资迅猛增加。进入20世纪90年代以来，尽管受到某些不稳定因素，例如东南亚金融危机、发展中国家长期债务危机的影响，但是随着世界经济全球化趋势的不断增强和国际分工的日益深化，对外直接投资迅猛增长。据联合国贸发会议历年《世界投资报告》统计，20世纪90年代以来，国际直接投资保持持续大幅增长，远远超过同期世界贸易增长率，尤其是20世纪90年代中期以来增长势头更为迅猛。与此同时，跨国并购交易规模急剧扩大，已成为国际直接投资的主要方式及其增长的主要推动力量。据统计，跨国并购从 1993 年的 831 亿美元增加到 2006 年的 8 800 亿美元，增长近 10 倍。2007 年上半年，全球并购总额达到 5 810 亿美元。

随着对外直接投资和跨国并购的发展，20 世纪 90 年代末以来，全世界跨国公司的数量每年以 29% 的速度递增。目前，跨国公司的生产总值已占全世界生产总值的三分之一，并且控制了全世界三分之二的国家贸易和技术转让业务，可以说，没有一个比较成功的公司不是搞跨国经营的。而按照世界各地区跨国公司的分布，其发展趋势有所不同。

日本侧重于发展综合性跨国公司。日本的跨国公司规模大，经营商品多，涉及贸易、生产、金融、运输、仓储、信息等众多领域。日本在发达国家发展跨国公司的目的在于获得当地的资金和技术，同时还可以占领更多市场和减少贸易摩擦；在发展中国家投资的大多是制造业，其目的在于获得廉价劳动力、原料和市场。目前，日本境外跨国公司的规模居世界第二位。日本发展跨国公司的具体做法多是在本公司国际部、制造部或产品部下，在国外设子公司。日本规模较大的跨国公司中，其最高领导管理层和中间管理层很少有外国人参加，主要通过控制股权、派遣董事、技术转让或控制销售渠道等办法来控制子公司。子公司的最高管理机构是董事会，而日常的具体管理工作则由经挑选的执行董事组成的管理委员会负责。

美国的跨国公司多生产技术密集型产品。美国一般采用多元化和渗透作为发展跨国公司的策略。美国跨国公司一方面利用新产品去开拓和占领新市场，在新产品开发上投入巨额资金。如美国通用电气公司每年投入 10 多亿美元来开发新产品。另一方面，美国把在其国内已经成熟的产品，有计划地逐步推向国外，实行跨国生产和销售，以延长该产品的生命周期。美国跨国公司为了实现对市场的支配和控制，特别注重对技术的垄断，对知识产权实行严格的保护。美国跨国公司对其子公司的控制和管理，往往都是从全球的宏观筹划来实现，对子公司的重大决策和调整，都是由总公司同意安排决定。

西欧的跨国公司大部分是专业性跨国公司，而且特别重视售后服务。20 世纪 70 年代中期以前，西欧各公司立足于国内市场，跨国公司的数量还不多，规模也不大。20 世纪 70 年代中期以后，跨国公司的数量不断增加，规模也逐渐扩大，主要面向西欧各国发展。目前，欧洲共同市场形成，欧洲各国相互投资更趋热烈。西欧跨国公司在欧洲以外的投资主要集中在非洲、美国和加拿大等地，这些跨国公司初期多集中在原材料的生产上，现在逐渐转向制造业。

西欧跨国公司的规模一般都较大，英国最大的 10 家跨国公司就控制了英国三分之一的海外投资，西欧跨国公司海外投资率较大，达到 39.7%，英国则更高，达到 45.2%，而美国和日本分别为 32.6% 和 8.2%。

2. 中国国际企业的发展现状。

（1）中国国际企业发展的特点。1979 年 8 月 13 日，国务院提出了要出国办企业，从而揭开了中国企业跨国经营的序幕。经过改革开放三十多年的发展，中国企业跨国经营经历了从小到大、从弱到强的国际化阶段。2001 年中国加入世界贸易组织（WTO）之后，世界大门被彻底打开，中国企业跨国经营进入迅速发展阶段，呈现出以下特点：第一，中国企业国际化发展越来越快，规模越来越大。截止到 2005 年年底，中国对外直接投资累计达到 517亿美元，对外承包工程累计完成营业额 1 358 亿美元，对外劳务合作累计完成营业额 356 亿美元，对外设计咨询完成营业额 14 亿美元。在《2006 年世界投资报告》公布的全球 100 家最大的发展中国家跨国公司排序中，中国的跨国公司占了一半。其中，25 家来自香港特别行政区，15 家来自台湾省，10 家来自祖国大陆。截止到 2007 年底，近 7 000 家境内投资主体，在全球 173 个国家或地区设立的对外直接投资企业超过 1 万家，累计对外直接投资总额达到 1 179 亿美元。这些数据表明中国企业的跨国经营已初具规模。根据商务部的统计，截止到 2013 年，中国境内投资者已对全球 194 个国家和地区进行了直接投资，从对外投资流量的角度看，中国企业已经进入世界前三，"走出去"步伐已经取得一定成效，积累了一定经验。第二，中国对外直接投资分布的行业主要集中在采矿业，交通运输、仓储和邮政业，批发和零售业。由此可见，中国跨国公司以劳动密集型产业为主，而且中国能源不足问题日益凸显。第三，中国跨国公司目前对外投资地点相对集中，亚洲地区为中国对外经济投资最大的市场，占 75%，其中中国香港地区则占了 68%；拉丁美洲占 18%；北美占 2%，非洲占 0.5%。第四，对外并购投资显著增加。2008 年国际金融危机发生后，中国对外直接投资并购金额较 2007 年增长了 379.4%，随后，除 2009 年略低于 200 亿美元外，其他三年均超过 250 亿美元，显著高于 2007年之前的水平。据联合国贸发组织统计，中国跨境并购数量也呈现出快速增长，2008 年占全球并购交易案数的份额为 1.0%，2011 年提高到 2.5%。第五，国有企业为对外投资主体。2011 年末，国有企业在中国对外直接投资存量中占比为 62.7%，仍为主导，而私营企业仅占 1.7%。商务部合作司公布的 2011 年非金融类对外直接投资存量前 100 强中，民营企业只有 10 家，排名最靠前的是华为公司，位列第 27 位，其余均为国有、国资控股或参股公司。其中，中央企业就达到 45 家。表 1-1 为中国 2013 年最大的 20 家跨国公司及其指数。

表 1-1　2013 年中国最大 20 家跨国公司及跨国指数

排名	公司名称	2012 年海外资产（万元人民币）	2012 年海外收入（万元人民币）	2012 年海外员工（人）	跨国指数（%）
1	中国石油天然气集团公司	82 014 698	133 849 854	104 319	26.75
2	中国石油化工集团公司	71 508 698	88 963 675	52 171	24.37
3	中国中信集团有限公司	29 785 207	6 026 889	55 070	19.76
4	中国海洋石油总公司	24 368 889	22 613 150	4 778	25.8
5	中国中化集团公司	19 326 724	36 604 899	9 054	55.73
6	中国远洋运输（集团）总公司	18 745 556	12 769 869	4 752	43.46
7	中国铝业公司	14 236 768	685 286	453	12.1
8	中国五矿集团公司	9 641 657	9 111 950	7 325	24.4
9	中国保利集团公司	8 258 611	1 798 733	7 404	19.83
10	浙江吉利控股集团有限公司	7 656 507	12 927 804	20 530	67.25
11	联想控股有限公司	7 527 965	12 167 819	8 300	38.29
12	中国建筑工程总公司	7 259 896	3 341 590	9 088	7.12
13	中国交通建设集团有限公司	6 363 121	4 873 732	4 398	11.59
14	中国化工集团公司	6 206 588	4 438 347	10 215	17.75
15	中国海运（集团）总公司	5 983 611	2 553 765	2 172	25.81
16	中国电力建设集团有限公司	5 625 991	5 903 690	75 000	28.61
17	中国联合网络通信集团有限公司	5 595 907	134 000	259	3.44
18	中国兵器装备集团公司	5 530 197	10 026 848	2 256	17.97
19	中国华能集团公司	5 054 136	2 114 999	467	4.75
20	中兴通信股份有限公司	4 753 619	4 460 174	8 825	

注：跨国指数是以下三个比率计算得出的平均数，即：海外资产 / 总资产，海外销售额 / 总销售额，海外雇员 / 雇员总数。

资料来源：http://news.xinhuanet.com/fortune？ 2013-08/31.

（2）中国国际企业的优势。尽管中国企业国际化经营起步较晚，与世界发达国家相比还有一定差距，但中国国际企业也具备一定的竞争优势，可以归结为以下几个方面：第一，要素成本的比较优势。主要表现在劳动力成本的比较优势，以及一些资源密集型产业的比较优势。我国人口众多，具有劳动力成本低的比较优势。此外，土地成本比较低，但技术和资本成本较高，不具有比较优势。第二，后发优势。中国跨国企业进入国际市场时，已经有其他同行业跨国公司存在，且该企业的核心技术主要是从国外引进的，具有技术依赖性特征。中国企业在模仿创新方面具备较强实力，在"干中学"，能够较快地掌握他国的一些科研成果和管理经验，从而降低研发成本。通过引进模仿、消化吸收并进行再创新，取长补短，发挥自己的比较优势，积极开展国际化经营。第三，市场优势。中国很多企业实施国际化经营面临的是成熟的国际化市场，从产品生命周期理论来看，中国很多企业出口或者进行对外直接投资的产品一般都处于标准期或成熟期；从生产要素构成来看，很大一部分属于非熟练劳动力密集型产品，均有利于企业的国际化。同时，从世界经济及国际市场发展趋势来看，中国以微电子、计算机为代表的知识密集型产业具有很大的发展潜力。

（3）一带一路战略的实施必将推动中国国际企业的大发展。2013年9月7日，习近平主席在哈萨克斯坦纳扎尔巴耶夫大学发表重要演讲，首次提出了加强政策沟通、道路联通、贸易畅通、货币流通、民心相通，共同建设"丝绸之路经济带"的战略倡议。2013年10月3日，习近平主席在印度尼西亚国会发表重要演讲时明确提出，中国致力于加强同东盟国家的互联互通建设，愿同东盟国家发展友好海洋合作伙伴关系，共同建设"21世纪海上丝绸之路"。2014年博鳌亚洲论坛年会开幕大会上，李克强总理以"共同开创亚洲发展的新未来"为题发表演讲，全面阐述了中国的亚洲合作政策，并特别强调要推进"一带一路"的建设。

"一带一路"是指"丝绸之路经济带"和"海上丝绸之路"。"一带一路"战略实施的实质，是提升沿线国家与地区在地理空间上的通达性，降低贸易、投资以及人员往来、要素流动方面的市场壁垒，提高区域内市场交易活动的便利性，营造"一带一路"沿线国家与地区统一的区域市场。2014年两会期间，李克强总理在《政府工作报告》中介绍重点工作时指出，将"抓紧规划建设丝绸之路经济带、21世纪海上丝绸之路，推进孟中印缅、中巴经济走廊建设，推出一批重大支撑项目，加快基础设施互联互通，拓展国际经济技术合作新空间。"在海上丝绸之路方面，有关部门正在抓紧制订规划，加快推进海上通道互联互通建设，港口建设是规划的重点之一。

"一带一路"战略的实施将大大改善中国企业在"一带一路"沿线国家与地区的经营环境，降低中国企业的跨国经营风险，推动和加快中国企业"走出去",以有效利用境内境外两种资源、开拓境内境外两个市场,获取更大的成长空间。因此,中国企业要紧跟国家战略,配合国家战略,紧紧抓住国家"一带一路"战略作文章,增强企业国际化营运能力。

第二节 国际企业人力资源管理概述

一、国际企业人力资源管理的概念

国际人力资源管理是随着企业国际化而出现的人力资源管理的新类型。越来越多的企业已经认识到,国际人力资源管理是企业国际经营活动成功的关键性因素之一。有效的国际人力资源管理是保证国际企业全球经营战略目标顺利实现的基础。

国际企业人力资源管理(IHRM)也被称为跨文化人力资源管理。与国际企业的概念一样,关于其内涵,迄今还没有一个统一的定义。美国人力资源管理专家摩根(Morgan)指出,国际企业人力资源管理是在人力资源活动、员工类型和企业所在国类型这三个维度之中的互动组合。布里斯科和舒勒(Brisco, Schuler)在他们2004年共同出版的《国际企业人力资源管理》一书中,将跨文化人力资源管理界定为:它是关于理解、研究、应用和改变所有人力资源活动的学科,企业在全球环境中的人力资源活动通过影响人力资源管理的过程去增强包括投资者、客户、员工、合作伙伴、供应商、环境和社会在内的股东的体验和价值。我国人力资源管理著名学者赵曙明认为,区分国内人力资源管理和国际人力资源管理的关键变量是后者在不同国家经营并招募员工所涉及的复杂性。

由此可见,国际企业人力资源管理是通过人力资源管理的各种活动,如战略、招聘、甄选、培训、薪酬和绩效管理等,以适应文化特征的一门学科。一个有效的国际人力资源管理体系既包括企业范围内的人力资源管理政策与程序,也包括适应不同国家、地区的人力资源管理政策和程序。对于国际企业而言,尤其需要调整公司的人力资源管理方式,以适应不同国家的传统、文化和社会制度。

由上述定义可以看出,国际企业人力资源管理活动所面临的环境相当复杂,主要表现在两个方面:一是组织中的员工来自不同国家;二是公司经营面对的是新的国家环境，涉及跨国公司所在国的政治、法律、社会制度、文化教育等诸多的因素。因此，人力资源管理者们必须拥有更高的管理技巧以适应公司文化和所在国文化，实现多国籍员工、跨文化组织下人力资源管理的基本目标，最高效地开发人力资源，最终实现组织目标。因此，相对于国内人力资源管理，国际企业人力资源管理又具有复杂性和特殊性。

二、国际企业人力资源配置的一般模式

人力资源配置是国际企业根据自身发展中合作与控制的需要，在其实施全球战略过程中对人员的配置。

（一）人力资源配置模式应与国际化的不同发展阶段相匹配

20世纪90年代以后，维农（Vernon）的跨国企业产品周期理论得到学术界的普遍推崇。他认为根据贸易、投资状况的区别，国际产品周期可以划分为高科技期、成长与国际化期、成熟期三个阶段。在此基础上，阿德勒、伽德（Adler，Ghadar，1990）提出了企业国际化经营的阶段划分，即国内生产阶段、国际化阶段和多国经营阶段。此外，根据国际市场和国际企业经营的发展趋势，他们还创造性地提出了国际企业经营的第四阶段——全球经营阶段。阿德勒和伽德进一步指出，根据这种阶段划分，企业在不同的国际化经营阶段，文化因素对企业管理有着不同程度的影响，国际人力资源管理要和国际化经营阶段相匹配。也就是说，在企业国际化经营的不同阶段，特定人力资源管理手段的有效与否取决于企业所面对的外部环境及其战略选择。

1. 国内生产阶段——生产导向。在这一阶段，产品技术和工艺占据了管理者的主要注意力，产品销售主要在高度专业化和有限的国内市场范围内进行。国际市场较小、产品的独特性及缺乏竞争者的市场环境，使企业采用民族中心型的态度，即使存在产品出口，企业通常也完全忽视文化差异的存在。母国人员对国外代理商只是偶尔进行商务访问，基本不使用外派人员。

2. 国际化阶段——市场导向。在这一阶段，由于竞争者的加入，企业重心集中于扩大市场和产量，通常在这一阶段开始国际化经营。企业开始通过出口输出产品，随着市场培育的成熟，逐渐将生产职能向消费市场转移。在这一阶段，改进生产手段和开拓国际市场成为企业突出的管理任务。公司出于一般管理、技术转移和控制的目的，会大量使用外派人员。同时由于生产与营销均需考虑文化差异因素，来自东道国的管理人员往往被招聘安置到销

售、营销或人事等部门，人员本土化初显端倪。

3. 多国经营阶段——价格导向。此时，产品市场的发展已进入成熟期，产品标准化使生产成本大幅下降，市场竞争的加剧则要求企业将生产转移到要素价格低廉的国家。文化差异在企业经营中的重要性在下降。价格、生产成本替代市场位置成为决定广商选址的重要因素。因此，公司处于成本控制的目的将减少外派人员，尽量使用东道国人员，从而出现管理本土化的高潮，但这并不意味着没必要继续维持外派人员，只是其比例和重要性在相对下降。

4. 全球经营阶段——战略导向。在这一阶段，企业产品既要满足全球成本竞争的需要，又要区分当地市场的偏好和特定要求。因此，"思想全球化，行动本土化"成为这一阶段的典型写照。此时，企业的经营将同时在生产、市场和价格等多个角度进行全球化竞争，而经营中对差异性和全球化的共同关注，使得文化差异因素再次引起管理者的注意。企业从全球范围内获得产品创意、要素进行生产，但在最终产品的生产和建立客户联系上则强调对当地市场的了解。

与此同时，企业管理强调为有潜质的管理人员提供成长和积累经验的机会，并在整个企业中建立持续学习的环境。这时，跨国公司海外分支机构的高层经理人员配置将以全球为导向，注重于选择最合适的人才担任最合适的职位，管理人员的国籍则逐步在淡化。

总之，阿德勒和伽德的模型从产品国际发展的角度将公司战略和结构与人力资源管理联系起来，从而为我们理解国际企业人力资源管理提供了一个很好的视角。

（二）国际企业人力资源配置的一般模式

1. 母国化。这一战略一度被广泛采用。这是一种偏向于母国的国籍政策，即选择母国公民担任企业在世界各地海外子公司的经理人员。现实中，许多企业选择这一模式以显示其国外分公司中母公司的"存在"。特别是在企业国际化经营的早期阶段，使用母国人员作为分公司的高级管理人员是最有效的人事安排。以美国公司为例，很多美国跨国公司愿意任用母国公司人员担任分公司的总经理或总会计师。典型的日本企业如丰田汽车、松下电器、东芝电器等都采取了这种模式，其在海外的分支机构都由派驻的本国人主持工作，这些外派经理人通常已经在公司总部有过相当长的工作经验，或者曾经被派遣到集团其他分支机构，所以，他们更了解企业文化、政策以及当地分支机构在整个全球网络中的角色和责任。

2. 本土化。这一模式的特点是让各地区分支机构由来自当地的管理者担任关键岗位，总公司则由母国人员管理。此模式的优点是让具备丰富的本土作战经验、了解本地市场和商务实践、建立了稳定商务关系资源的本土人才得到充分施展，克服了民族为中心带来的短视弊病，降低海外派遣高管要支付的高额成本，同时为企业获得经济价值。例如，联合利华公司在高管人员设置上遵循中国子公司本地化的人力资源管理习惯，公司主要雇用或选拔中国人作为高级管理人员，60% 的高管人员是由中国人来担任的。

3. 全球化。即不论国籍，在整个组织范围内寻找最佳人选进行任命。在这种模式下，人才资源开发与管理的决策主要从公司的全球利益出发，一般不分人员国籍，只要能胜任工作，符合公司的用人标准就可以，目的是组建具有国际性的管理班子。这一模式的指导思想是，既然跨国公司有能力在全球范围内合理地利用自然资源、财政资源和技术，就没有理由怀疑它能在国际市场上合理地利用人力资源。随着经营的国际化，人才资源开发管理全球化是必然发展趋势，同时相应地造就和涌现出大批世界性管理人员。例如，可口可乐的中心模式是在世界范围内招聘和选拔雇员，满足当地对高管人员的需求，同时在全球范围内培养和配备人才。

一般来说，跨国公司会根据其发展的不同阶段采取不同的人员配置方式。在国际化经营的第一和第二阶段，一般采取的是母国化模式；在第三阶段，即多数跨国公司目前所处的阶段，一般会采取当地化模式；而在第四阶段，则多采取全球化模式。

无论是采用母国模式还是采用全球化模式，作为一种结果，跨国母公司派遣相关人员执行海外任务的人数在不断增加。这些外派人员为母公司拓展海外市场，协助母公司管理海外企业，保证子公司与母公司之间的沟通顺畅。而且，他们在完成外派任务后所获得的全球化视野、国际知识与经验在母公司控制海外分支机构、知识转移与构建全球思维方面将发挥重要作用。对于中国企业而言，企业已将跻身全球市场的危机感与竞争意识转化为战略行动，外派人员作为企业的知识性资产，成为现阶段母公司加速国际化进程、深层次融入全球竞争获取竞争优势的战略工具。因此，外派人员管理成为企业国际化发展的核心环节。

 **小案例 1**

青岛 F 公司人员配置战略

F 集团 9 年前从印度起家，原是通用电气公司成立的专门为其遍布世界的各业务集团从事业务流程外包的一个事业部。2005 年 1 月，通用电气集团将其拥有的 F 集团 60% 的股权转让给另外两家美国投资公司，自此，F 集团从通用电气独立出来，开始了大规模的业务扩张，不仅面向通用电气，还开始与其他世界知名企业如日产汽车、戴尔计算机、霍尼韦尔、辉瑞制药等开始业务合作，提供财务、人力资源、IT 等后台管理专业服务，目前已发展成为 BPO 领域最大的专业集团公司，全球拥有员工 2 万余人，分支机构有 16 个，在日前由 NeoIT and Global Service 杂志组织的全球 BPO 业内最佳企业的评选中排名第二。2000 年 6 月，作为第一家进入中国的专业性外包公司，F 集团公司进驻青岛。

一、高层管理者的配置

F 公司自 2000 年进入青岛以来，历任两位首席执行官。第一任是具有多年海外工作背景的中国籍管理者，任期两年。在此期间，其凭借良好的社会关系，对中国人才和商务的了解以及与总部保持的密切沟通，使公司顺利起步、业务短时间内获得了超常规的发展，员工总数 2000 年 8 月为 12 人，2000 年底达 40 人，2001 年底 400 为人，2002 年超过 1 000 人，连续两年业务总量和从业人员数都成倍增长。

第二任首席执行官是来自通用电气日本地区的一位日籍高级管理者。他在美国著名学府麻省理工学院获得博士学位后，直接进入了通用电气集团位于美国的研发机构，之后返回日本，在不同事业部从事过技术、销售等管理工作，来青岛之前，他已经是一位在通用电气公司服务了 24 年的资深管理者。F 集团从通用电气分离出来后，他继续作为 CEO 留任青岛，凭借其对 F 集团公司企业文化的深厚了解和与跨国公司客户合作的丰富经验，经过四年半多的努力，F 公司成功地实现了多元化跨越性发展：在蓬勃发展的青岛外包行业成为龙头老大，公司服务产品内容由初期较低层次的数据处理、电话服务中心，扩大到远程计算机硬件和软件维护支持、供应链管理、财务分析计划、电话营销、ITERP 软件咨询等高附加值的客户服务；客户数量也从仅服务于通用电气集团一家，扩展到同时为吉列、日产汽车、霍尼威尔、吉百利、索尼等众多跨国企业在日本或中国的运营机构提供业务流程外包服务。

二、中层管理者的配置

自 2002 年起，F 公司开始出现来自海外的中层经理，人数不多，主要集中在人力资源总监、市场开发部总监、部门运营总监等岗位，就任时间都比较长，通常为 2~3 年左右，国籍也趋于多样化，主要来自日本、美国、澳大利亚、印度等国。2005 年初开始，随着本土人才培养日渐成熟，部分外派的中层管理人员完成使命，逐渐离开中国；已经娴熟掌握多门外语、具备丰富的实践经验的本土经理们担当起财务总监、人力资源总监、TI 总监等关键岗位职责。

三、2005 年人员配置特点

2005 年年末以来，F 公司新一轮海外派遣项目开始启动，这次派遣呈现出与以往不同的新的特点和趋势。第一，被派遣人来自外包行业的中心——印度。印度作为亚洲第二大发展中国家，在过去十年中，外包和软件服务业获得了举世瞩目的发展，带动了国家整体经济的快速增长，与中国一起，成为经济界的关注热点。作为外包行业先锋，F 集团总部汇聚了顶尖的人才、一流的技术与丰富的经验，越来越多的皮肤黝黑、操着浓重印度口音英语的经理们出现在青岛的运营中心，带来了行业的先进管理和技术经验。第二，被派遣人背景多样化。派遣员工中有些是处于组织结构中层的管理人员，也有一些可能是有一技之长的技术骨干。他们中大部分都不曾在印度之外的国家工作过，有的来中国之前没有丰富的管理经验，有的甚至没有坐过飞机。他们的使命很明确：传授技术，带出徒弟，在中国建立起一模一样的业务流程，确保它正常运作，然后返回。第三，派遣时间短。通常仅有一年至两年，短则半年，派遣时间长短往往取决于所承担的项目和任务。

可见，不论跨国企业采用何种人才配置战略，都是基于对本企业成本和效率双方面衡量决策的结果。实际上，跨国企业可能在企业某一发展阶段内采用两种或以上相结合的战略，而且，具体战略的选择也会受到多种因素的影响：如不同区域内职业经理人的成熟程度；东道国法律法规的限制；当地分支机构讨价还价的能力；技术技能转移的难易程度和自然属性；当地产业和市场导向是对本土快速反应能力的需求还是对全球统一标准化的需求等。

第三节　外派人员与外派人员管理

一、外派人员、外派任务类型和外派人员类型

（一）外派人员

外派人员的出现可以追溯到殖民地时期，那时许多宗主国官员和他们的家庭成员一起在殖民地国家和地区生活，完成相应的管理任务，他们可以被看作是最早的外派员工。随着经济全球化趋势的发展和国际型企业的迅猛发展，企业国际海外业务量不断增加，海外分支机构日益增多，外派人员对企业的发展起到至关重要的作用。其作为一个独特的群体也日益受到人们的关注。

据调查，目前全球 80% 的跨国公司都出现了人员外派，其中 45% 预计会在未来增加外派的人数。美世人力资源咨询公司对全世界各个行业约 200 家跨国公司进行了调查并发布了《2005—2006 年国际员工外派调查报告》，结果显示：在这两年里，约有 44% 的跨国公司增加了对子公司的国际外派次数。根据中国商务部的统计，截至 2010 年年底，我国企业设立的境外企业达到 1.6 万家，遍布世界 170 多个国家和地区，在外各类劳务人员达 76.9 万。《中国国际移民报告（2014）》指出，中国海外国际劳工派遣人数持续增长，2013 年上半年，中国对外劳务合作新派出各类劳务人员 22.6 万人。随着"一带一路"国家战略的实施，中国外派队伍会日渐壮大。

通常，我们将跨国公司的员工分为三类：母国员工、东道国员工和第三国员工。本书所研究的外派人员指的是被跨国公司总部派往海外子公司工作并生活在东道国的母国员工和第三国员工。

1. 母国员工。母国员工指的是跨国公司中来自母公司所在国并拥有母国国籍的员工。他们构成了跨国公司外派人员的主体，通常受母公司指派经营和管理公司的国外子公司，母国外派人员一般是技术专家和管理人员。

2. 第三国员工。第三国员工指的是来自子公司所在国之外的第三国或者拥有母国与东道国之外的第三国国籍的员工。例如，一位加拿大管理人员在一家美国跨国公司设在新加坡的子公司工作，那么这位加拿大籍管理人员就是典型的第三国员工。有一些美国的跨国公司在中国的海外子公司的高级管

理人员就来自新加坡等国，那么这些高级管理人员也属于第三国员工。

通常来说，外派职务主要由母国公民担任，以保证东道国公司能够更好地执行母公司的战略，但随着国际化进程的进一步深化，越来越多的跨国企业，尤其是国际知名的跨国企业，开始委派有经验的第三国公民担任外派职务。另外，不同国家的公司在外派人员的选择上也各有不同。例如：日本企业由于强烈的民族优越感，更偏向于委派本国的员工，而欧美企业在外派人员的使用上更具有文化的开放性，善于整合、运用公司劳动力多元化的优势。

（二）外派任务类型

根据执行任务的内容，我们可以将外派任务分为四种类型：

1. 技术型外派任务。这种技术型的外派任务是指外派人员被外派到海外子公司，由于他们的技术能力与海外子公司所需要的技术能力相似，这些外派人员通常不会同派驻地公司员工有密切的互动，当海外公司所使用的技术与母公司有差异时，他们大多会在不同的公司轮换，而不是调回母公司。

2. 策略型外派任务。这种类型的外派任务是母公司想让外派人员通过外派经历，发展为未来的高层管理者，因此，母公司安排外派人员执行这种类型的任务，是组织接班计划的一部分。

3. 高发展型外派任务。这种类型的外派任务具有规划性，母公司希望通过外派任务提升外派人员工作能力，培养出具有全球性领导能力的人才。这些外派计划通常就是让外派员工在各国的分公司轮调而且执行任务。

4. 战术型外派任务。这种类型的外派任务与技术型外派较为相似，在外派任务类型中较为常见。

（三）外派人员类型

基于外派任务类型，外派人员一般可以分为四类：第一，分公司高层领导人。他们的职责是监督和指挥整个海外业务。第二，重要职能部门经理。他们的职责是在子公司中建立职能部门，并对某项具体职能负责。第三，解决难题的能手。他们的职责是分析和解决某项特殊业务问题。第四，一般员工，主要从事具体事务。

二、外派人员管理

外派人员管理是国际企业人力资源管理的一个分支领域，也是一个崭新的领域。

（一）外派人员管理的目的

1. 国际企业角度。对国际企业而言，其实施外派的目的是为了完成特定的工作任务和培养人才。

（1）完成特定工作任务。国际企业主要是通过外派人员实现对东道国子公司市场、管理或其他方面的领导、监督、控制等，具体表现在以下几个方面：第一，可以加强对海外子公司的控制。国际企业母国通过任命外派经理可以有效地控制高层管理者的位置，而在较低职位上任用东道国或第三国人员，这样便于母公司通过高层管理间接地控制子公司的生产和经营，有利于母公司的整体统筹规划。第二，可以加强对先进技术和管理经验的垄断。在国际企业的生产经营过程中，应用先进技术和管理经验会对东道国产生一定的技术扩散效应，但是通过外派经理可以有利于技术和管理经验的保密，从而保持国际企业在该领域的垄断优势，降低生产经营的风险。第三，可以保证产品和服务的标准化。选用外派经理有利于监督和管理生产过程，确保产品达到特定的生产标准和质量要求，以保证与母公司产品和服务的标准化相一致。第四，可以减少雇员流动，降低培训成本。外派经理的职业生涯主要受母国文化的影响，在工作上受母公司指派，对母公司有较大的忠诚度和依赖度，因此，外派经理会保持在东道国工作的相对稳定性。此外，国际企业选用外派经理会降低在东道国搜寻符合公司要求的人员的成本，减少培训成本，尤其当东道国的管理、技术和教育水平明显低于母国时更是如此。

（2）培养人才。国际企业可以通过外派培养管理者的综合能力，提升其全球领导能力。

2. 外派人员个人角度。外派人员个人而言，其接受并执行外派的目的包括职务提升和个人发展两个方面。职务提升就是通过外派锻炼自我，提升能力，为回国后在母公司升职打好基础；个人发展就是通过外派开阔自己的视野，积累经验，打造自己的核心竞争力。

（二）外派人员管理的特点

与国内一般人力资源管理相比，外派人员管理具有以下特点：

1. 管理对象的特殊性。国内人力源管理的实施对象是国内员工，而外派人员管理的对象则主要是指受母公司指派经营和管理海外子公司的管理人员以及技术专家，其工作和生活地点在国外。

2. 人力资源管理所涉及的内容复杂。国内人力资源管理所从事的工作不外乎人力资源战略、人力资源规划、招聘、选拔、培训、薪酬、绩效、职业生涯管理和劳动关系等，而外派人员管理除了履行上述职能外，还要考虑外派人员跨文化适应问题、课税以及回任配置问题。

（1）跨文化适应问题。母公司需要强化对外派人员的跨文化培训，以促使其能尽快适应海外子公司的工作和生活环境，因此，外派人员培训具有独特性。

（2）课税问题。众所周知，不同国家有着不同的个人所得税课税模式，概括起来讲，有分类所得税、综合所得税和分类综合所得税三种模式。如何使得同一国家在不同东道国的驻外人员所负担的税赋公平，以减少驻外人员的税赋负担，这是外派人员管理的一大难题。

（3）外派人员的回任配置问题。完成外派任务，外派人员还面临着回任配置问题，包括回任岗位问题、回任家庭问题、薪资问题、重返适应问题等。

3. 外派人员的个人生活成为人力资源管理的内容。外派不仅是个人工作的变动，而且外派的整个过程涉及个人生活的变动，从选拔、培训、到任、在任、回任等。因此，人力资源管理部门必须和员工家庭有深层次的互动和接触，甚至包括说服员工的家庭，使家庭成员了解驻外的相关信息，包括当地情形、公司职员、薪酬情况、回任期限等，使得家庭成员成为外派人员的坚强后盾。

4. 外派地人力资源管理环境的差异。因为海外子公司的环境与母公司不同，母公司对于工作地点不同的外派人员的人力资源管理制度和政策也会有所不同。

5. 面临诸多的风险和外部影响。由于涉及不同文化环境，人力资源管理需要面临更多的不确定因素，例如，东道国的政治经济环境的变化、发达国家重视工会的力量和作用等。

6. 管理过程需要广阔的国际视野。由于各国的文化存在差异，外派人员要在异文化环境中有效开展工作，必须具备开放心态、国际视野和跨文化的人际能力与管理能力。

（三）外派人员管理的内容

基于外派管理的目的和特点，外派人员管理的内容主要应包括两个方面，如图 1-1 所示。

1. 外派人员的跨文化管理。外派人员的跨文化管理是指外派管理流程，包括三个阶段：出国前准备、出国任职阶段和回国重新安排阶段。

第一阶段为出国前准备阶段，主要内容涉及招聘选拔、培训开发以及家属工作。第二阶段为出国任职阶段，涉及培训开发、家庭的安置定居、外派

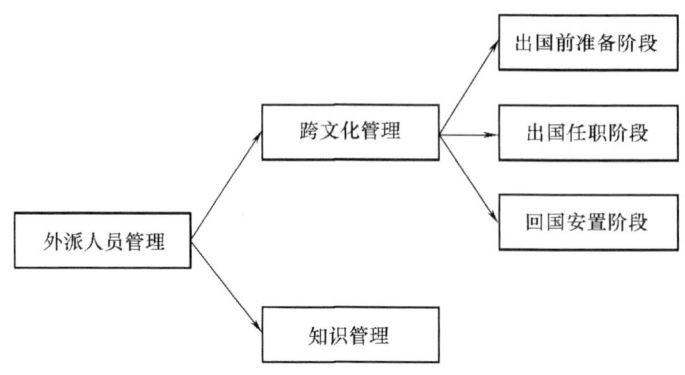

图 1-1　外派人员管理的内容

人员薪酬、绩效管理等；第三阶段为回国重新安排阶段，包括经验交流、岗位安排、升职等内容。

2. 外派人员的知识管理。外派人员在从事国际化经营中获得了丰富的经验和知识，包括显性知识和隐性知识，成为跨国公司的知识性资产，对于提高组织知识水平、完善组织知识结构、实现组织更大发展具有重要促进作用。因此，随着知识经济和全球化竞争的日趋激烈，从知识管理的角度重新审视外派管理，成为跨国企业的共识。

就知识管理而言，重点应当是通过知识转移，促成企业核心竞争力的形成。

知识转移的概念来自于创新研究领域，是由美国技术和创新管理学家蒂斯（Teece）于 1977 年首次提出的。他认为通过技术的国际转移能够帮助企业积累有价值的知识并促进技术扩散，从而缩小地区之间的技术差距。詹森和米克林（Jensen，Meekling）解释知识转移时认为，知识转移包括存储知识、处理知识的能力和知识输入 / 输出大脑等途径。霍萨姆（Holtham）指出知识转移是一种沟通的过程，知识不像商品可以自由传递，学习知识的时候，即知识转移时，必须有重建的行为，而且要具备应有知识，才能完成转移。达文波特和和普鲁斯（Davenport，Prus）认为知识转移包括知识传递和知识吸收两个过程。接收知识意味着对信息的充分理解并能够据此采取行动。如果知识没有被吸收，那么这一知识就不能说已经转移了；提供知识并不代表转移知识。由此可以看出，知识转移涉及知识发送方和知识接收方两个主体，客体是知识，客观条件是传输的途径，目标是能够利用知识来指导行为。总之，企业知识转移，是知识从知识源向知识受体传递的过程。

苏兰斯基（Szulanski，1996）的研究表明，知识转移的基本要素包括知识源、转移渠道、信息、接受者和情境，这些要素相互作用来影响知识转移的效果，他将知识从源单元到接受单元的转移过程分为四个阶段：初始阶段（Inatiation），指源单元识别可以满足对方要求的知识；实施阶段（Implementation），指双方建立适合知识转移的渠道，同时源单元对拟转移的知识进行调整以适应接受单元的需要；调整阶段（Ramp-up），指接受单元对知识进行调整以适应新的情境；整合阶段（Integration），指接受单元对知识进行制度化并成为自身知识的一部分。不仅如此，各阶段之间还有明确的里程碑式的界限。无论是在海外子公司还是回到母公司，外派人员一直处于不同的文化情境中，知识转移也是在一定的情境中，外派管理需要根据知识转移和情境的关系来实施。

 **相关阅读**

中国石油企业外派人员管理中存在的问题

近年来，随着中国石油企业"走出去"战略的实施，中方员工越来越多地被外派到海外工作。截止到 2010 年，已超过 1 万人。但是，石油企业在外派人员管理上存在诸多问题，成为制约我国石油企业实施海外发展的绊脚石，因此，高度重视并完善对外派人员的管理工作，已成为石油企业亟待解决的重要课题。石油企业外派人员管理中存在的问题主要有：

一、外派员工的选配体系欠科学

我国石油企业在外派员工的选派管理上，尚未建立一套科学的选配体系，主要表现为：在选派之前，没有给员工提供有关外派岗位、工作任务、工作条件、薪资待遇等方面的信息，导致外派员工对海外工作缺乏了解；在选配过程中，只注重对石油专业技能和以往工作经验的考察，而对一些诸如环境适应能力、人际关系能力、沟通能力和学习能力等胜任力要素缺乏科学测评，造成一些外派人员因难以适应海外工作环境和文化而提前回国。此外，在选派人员时也未考虑员工的个人意愿和职业兴趣。由于石油企业海外经营的地区自然环境和社会环境条件相对较差，集中在中东、南美以及非洲等地区，且当地的风俗习惯、生活方式等与国内差异巨大，许多员工不愿意被外派，但人力资源部门在开展外派工作时，常常在未与员工进行充分沟通的情况下，将员工外派出去，这种依靠行政命令式的外派容易引起外派员工的逆反心理，进而影响其在海外的工作表现。

二、外派员工的跨文化培训缺失或不足

我国石油企业普遍缺乏外派员工全面系统的跨文化培训。由于该项工作的缺失或不到位，外派人员往往会根据已有的工作认知和经验来开展工作，容易因东道国的文化差异、工作风格等原因而发生工作失误。特别是在外派员工到达东道国之后，不能接受到进一步的跨文化培训，使其适应国外工作和生活难度加大，无形中增加了外派人员的压力和受挫感，进而导致工作绩效欠佳，甚至选择提前回国或离职。

三、外派人员的职业发展规划缺失

目前中国石油企业大多缺乏针对外派人员的职业发展规划，外派人员在国外承受了生活和工作上的多重压力，其工作积极性和工作表现通常均不比国内，加之缺乏清晰的职业发展规划来引导，使员工的工作绩效大打折扣。由于缺乏职业发展规划，绝大多数外派人员在外派之前，常常对自己的职业发展目标和发展路径没有清楚的认识，甚至连外派的期限和回国工作安排等也几乎一无所知，员工在茫然间踏上了外派之路后，看不到职业发展前景而丧失了工作动力，充满了无奈、失落、郁闷、焦虑等负面情绪，工作状态也受到影响。

〔资料来源：张冬平。石油企业外派人员的职业生涯管理，当代石油石化［J］.2010（9）.〕

三、外派失败

（一）外派失败的概念

在外派实施过程中，许多企业遇到的困惑是：一些本来在母国业绩十分出色的管理人员，被派驻国外以后，面对全新的工作环境、文化背景、思维方式、生活习惯等，往往会"水土不服"，表现不尽如人意，不能达到预期目标，一定程度上影响到企业经营的绩效和整体竞争力的提升，甚至造成企业经营

的失败。这种现象被称为外派失败。外派失败包括三种情况：第一，外派人员无法在当地开展工作而提前遣返。第二，外派人员虽然任职期满，但是绩效低下，不能达到预期绩效或是没有效率。母国公司进行外派的最终目的是提升企业竞争力，因此，此种情况同样是外派失败的表现。第三，外派人员圆满完成任务回国后，由于没有得到妥善再安排而导致离职。

通（Tung，1981）比较了美国、欧洲和日本的外派失败率，结果显示，被调查的美国公司半数以上有 10%~20% 的失败率，7% 的公司有 30% 左右的失败率；59% 的欧洲跨国公司有大约 5% 的失败率，38% 的公司失败率在6%~10% 之间，3% 的公司失败率在 11%~15% 之间；76% 的日本公司有大约5% 的失败率，10% 的公司失败率在 6%~10% 之间，14% 的公司有 11%~19%的失败率。薛和特雷西（Shay，Tracey，1997）研究表明，16% ~40% 的美国公司的外派管理人员都会提前回国，在那些没有提前回国的人员中，有高于 50% 的外派人员绩效低下。布莱克和格雷格森（J. Stewart Black，Hal B. Gregersen，1999）的研究发现，10%~20% 的外派经理由于无法胜任工作、工作不满或无法适应跨文化的新环境而提前归国。在完成任期的人员中，近1/3 的人没有达到预期目标。他们的后续研究发现，大约有 1/3 圆满完成外派任务的人员回国后三个多月仍没有得到妥善安置，只在临时性岗位工作；超过 75% 的外派人员认为回国后所安置的岗位相比外派职位降低了；61% 的外派人员认为他们的国外工作经验缺乏在母国企业继续运用的机会；外派任务完成后回国的人员平均离职率高达 25%。Brookfield Global Relocation Services公司于 2011 年对全球 120 家跨国公司展开调查，发布了《2010 年全球外派趋势调查报告》，结果显示，在归国后第一年内，离开原公司的外派人员为38%，而 2009 年为 35%。

（二）外派失败的原因

外派失败的原因是错综复杂的，主要包括：第一，国际企业对外派工作重视不够；第二，外派目的不明确；第三，外派经理自身综合素质和工作能力欠缺；第四，外派经理不能适应异国文化与环境。第五，外派经理家属不能适应异国文化环境等。

（三）外派失败的后果

无论何种形式的外派失败，都会对企业和个人造成不利影响。首先，外派失败对企业造成了消极影响。相关研究指出，对于美国跨国公司而言，外派失败的成本大约在 55 000~150 000 美元，主要表现是业绩水平下降，市场份额减少，管理成本上升，与东道国客户、政府官员和其他利益相关者关系的破坏，最终影响到海外子公司的发展和企业全球战略的实现。其次，外派失败对外派人员个人也造成了一定的负面影响，主要表现是在同行中自尊心、自信心和声誉受损，在企业中地位降低，在劳动力市场声誉度下降，不愿对其他外派人员提供支持（例如顾问、社会支持者、培训者等）。

外派失败已经成为国际企业人力资源管理的软肋，也是令决策层感到非常头痛的问题，因此，如何克服外派失败，使外派过程成为外派人员的幸福之旅和成功之旅，并有效实现企业的外派目标，成为国际企业亟待解决的重要管理课题。

小案例 2

回任即待岗吗？

A 先生具有丰富的市场方面的经验，他于 2003 进入一家大型民营高科技跨国集团公司，不久后被派往南非进行市场开拓工作，曾任海外营销集团副总经理、洲际平台市场总监、洲际平台总经理等职务，在南非完成了生产基地建设和营销渠道建设的双重任务，并带领团队摘下集团公司海外销售业绩的桂冠。驻外工作 5 年后，A 先生向公司打报告申请回国。但是，回任后，满怀希望的他发现公司没有给自己安排合适的职位，而是被告知需要暂时待岗，时间不定。想到 5 年来拓展南非市场的艰辛和自己为公司立下的汗马功劳，他感到自己没有受到应有的重视，带着深深的失望，他想找之前的外派归国同事进行沟通，但他发现这些员工大多已经另谋高就。待岗 3 个月后，A 先生也从原公司辞职，应聘到另外一家公司。

小案例 3

小董的辞职

小董于 6 年前应聘到我国某国际石油海外投资公司，当时公司正处于海外战略起步阶段，为新进员工提供了具有挑战性的工作与学习机会和成长空间，随后他被公司派往非洲某国工作。尽管小董并不太情愿被外派，但考虑到未来的职业发展前景，他还是接受了这个任务。在被派往工作地之前，他并没有接受过跨文化方面的培训，在随后的工作中，初到非洲的小董感受到了巨大的压力和挑战：由于石油产业海外项目投资大、风险高、工期紧、任务急，在工作中，小董因语言和文化差异难以与当地雇员开展有效沟通和合作，加之当地社会治安差、娱乐项目少、饮食单一等问题，都给他的生活和工作带来了一定的困扰。在公司项目部和朋友们的大力帮助下，小董努力进行了自我调整，工作和生活逐渐步入了正轨，进步较快，三年后被提升为副处级干部。随后，小董和爱人打算生个小孩，但考虑到东道国卫生条件较差，为保证优生优育，小董提出回国工作一段时间，但公司考虑到他的副处级职务，以不好安排工作为由拒绝了其请求。在与单位多次交涉无果后，小董权衡了家庭和职业生涯发展之间的关系，最终决定辞职。

该案例说明，由于这家企业外派人员的职业生涯管理体系不健全，导致了小董的离职，这方面的具体表现是：第一，缺少工作—家庭平衡计划。个体职业生涯发展的每一阶段都与家庭因素息息相关，二者的协调和冲突对外派员工的工作情绪和绩效有重要影响。结合本文案例来看，该企业未能对外派人员小董的家庭情况，特别是配偶和子女情况予以重视并协调处理，导致小董的工作需求与家庭的生育需求之间产生了矛盾，在与单位交涉无果的情况下，小董为了维持工作和家庭之间的平衡而最终选择了跳槽。第二，尚未打通职业发展通道。案例中，小董为了保证优生优育而提出回国工作一段时间的要求是正当的，可公司却因其职务原因而拒绝了其请求。由此可见，该企业的职业发展通道尚未建立，同级别但不同性质和门类的职位之间难以实现有效的横向对接，致使外派员工对未来工作安排缺乏清晰的认识而增大了其离职风险。

 **小案例 4**

洋行长本土受挫

深圳发展银行是中国第一家上市银行，是中国第一家外资占第一大股东的银行，也是第一个由海外人士来担任行长的银行。韦杰夫曾是花旗银行深圳分行的行长，在亚洲金融界有一席之位，于2004年12月14日~2006年2月11日期间任深圳发展银行行长。然而就是这么一个"老金融"，在短短一年时间里，经历了由闪亮登场再到黯然退场的历史过程。尽管各届有不同的版本来解读分析这个情况，但不容忽视的一个因素就是关于文化差异的问题。

韦杰夫任职期间，发生了许多事。第一件事情是他在担任行长的短短三个月时间，前任董事长蓝德彰辞职。第二件事是他与继任董事长法拉克·纽曼冲突不断，矛盾日渐加深。第三件事情则是不大不小的一场风波：信贷总监、财务总监相继辞职，尤其是30%的中层管理人员陆续辞职，使得深圳发展银行很"受伤"。最后一件事情是"削藩运动"，在整个深圳发展银行引起震动。

随后，韦杰夫的辞职也就让人不感到意外了。

 **小案例5**

令人左右为难的外派人员

唐纳德是一位有着丰富国际工作背景人员，他曾经在开罗以美国研究教授的身份生活了五年；回到美国后在安格斯公司工作，帮助公司建立跨部门、功能交叉型团队，既节约了成本又提高了质量。正是由于唐纳德在美国总部出类拔萃的表现，被国际主席兼首席执行官（CEO）比尔·伦极力推荐，外派到欧洲，其使命是帮助雄心勃勃的欧洲安格斯公司的CEO沃特豪斯，去建立无缝隙运营团队，协助公司更好地与收购来的各欧洲零件供应商进行沟通和协调，促使各部门经理成为一个互相依赖的团队成员。

但是自从公司指定唐纳德负责莫斯科、安卡拉和华沙的三大政府项目后，沃特豪斯虽为此付出了很多的心血，却因为唐纳德与安格斯公司本土员工之间的文化差异和一系列误会矛盾，导致双方无法进行正常沟通，进而影响到沃特豪斯的工作进度和效率。

概括起来说，唐纳德与公司员工有以下几个方面的不和谐问题：第一，因文化差异引起的问题。显然，唐纳德较为激进的管理组织方式让注重条理的欧洲人难以接受，导致了欧洲公司团队的不适应；他的美式幽默不被其下属所认可（如，称下属主管施薇丽小姐为秘书）；其美国式简单明了的风格被下属认为是"不专业"。第二，因工作价值观差异引起的问题。众所皆知，唐纳德是一个的工作狂，也许在美国，他的敬业精神会受到众人的欣赏与肯定，但在欧洲，员工们不喜欢会议超时，或者在午息时还要继续和上司谈论工作上的事情，因为占用了他们的休息时间。对这一点，唐纳德似乎没有意识到。

第三，沟通缺失。唐纳德不够重视与其手下的项目管理负责人——贝蒂娜·施薇丽小姐的沟通，也不够重视她的意见，武断地和两名培训师签下了两年的合约。而且，唐纳德与施薇丽小姐相处得也不是很愉快，并且没能利用好施薇丽小姐杰出的管理沟通能力和语言的能力，来帮助自己尽快适应新的工作环境。此外，唐纳德也不重视和项目经理的沟通。许多经理反映唐纳德签下的培训师的讲座信息量过大，并感觉培训师有些不可一世的样子；并且，不满唐纳德没有给他们提供足够的背景知识。还有，经理们不满唐纳德的讲座安排，认为讲座超时，占用了让各部门互相交流的茶休时间，并且在印发的名片上，所有的人只有姓氏和名字，没有印上头衔。

除了上述问题外，一直困扰唐纳德的还有自己妻子工作不适应和他女儿在英国学习及报考大学时出现的问题。唐纳德的夫人和女儿都很不喜欢欧洲的生活，尤其是女儿不太适应英国的教育体制，学习成绩大不如在美国时优秀，在申请大学的时候也遇到了挫折。这些都影响了唐纳德的情绪和工作。

自然而然，沃特豪斯开始考虑是否解雇唐纳德。因为把唐纳德留下，可能会导致上述项目失败，并且沃特豪斯认为，自己没有那么多的时间让唐纳德去适应文化差异，而要是送走唐纳德，将改善员工们们的士气，欧洲经理们也皆大欢喜。但是沃特豪斯还要顾及自己的上司——比尔·伦，他一直认为唐纳德是最好的人选，沃特豪斯不能就这样辞退唐纳德。另外，如果辞退了唐纳德或者送他回底特律，那么之前他为创建团队所付出的努力都将付之东流。再说，辞掉了唐纳德就等于毁了他的事业，唐纳德不至于得到这样的下场。

沃特豪斯不知道该怎么处理这个棘手的问题。

思考题

1. 什么是国际化？企业为什么要从事国际化经营？
2. 什么是国际企业？
3. 什么是多国企业、跨国公司和全球企业？

4. 什么是国际企业人力资源管理？

5. 国际企业人员配置有哪些模式？

6. 国际企业外派人员包括哪些人？

7. 外派任务分为几种类型？

8. 外派人员管理具有哪些特点？

9. 企业外派的目的是什么？

10. 外派人员管理包括哪些内容？

11. 什么是外派失败？外派失败会造成哪些后果？

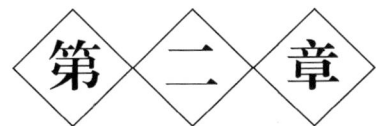

外派人员管理的理论基础

李晓雨在泰国

    李晓雨是云南大学的一名毕业生，毕业后通过汉办的志愿者选拔，被派往泰国，成为一名汉语教师志愿者。她性格一直比较开朗，所以当她只身一人前往泰国北部的一个中学任教时，对未来满怀憧憬，但是，她发现来机场接她的学校人员对她很冷漠，从机场到学校8个小时的路途上几乎没与她说一句话。她知道绝不是因为语言不通。李晓雨是个爱说爱笑的人，她几次想打破沉默，但一直不明白自己到底在什么地方得罪了来接她的人，还是别人根本不想和自己说话。她只好一个人看着车窗外，风景秀丽，但她无心欣赏。到了目的地，司机和接待的人把她安排到一间小房子后就离开了。房间里只有一张平板床，没有任何其他物品。一个初来乍到的女孩，好几个小时没吃饭，没喝水，又不知道商店在那里，身上也没有当地的钱币，晓雨真的有些受不了了，她趴在床板上，泪水忍不住簌簌而下。她问自己：到底做错了什么？为什么别人对自己如此冷漠？为什么这些人和她想象中热情好客的泰国人差距这么大？第一天到学校上班，她的感觉仍然不好，似乎每个学生和老师都对她很冷淡，没有真诚的微笑，没有人和主动和她打招呼。这下可把晓雨急坏了，她开始注意自己每一个细小的举止言行，生怕别人不喜欢她。她一直觉得是因为自己做得还不够好，所以别人不接受自己，甚至不接收中文老师的课程。

    晓雨是个倔强、好强的女孩，她不服输。之后，她开始认真地向泰国老师学习他们对待学生和同事的方式，积极参加他们的各种活动。有一次，她在办公室里看到，一个30岁左右的女教师批改了一个学生的作业之后，在那个初中学生的脸颊上亲吻了一下。晓雨觉得自己长这么大，从来没看到过老师亲吻学生，然而在这里，她发现这样做效果真的很好，那个老师和学生的关系非常融洽、和谐。在那个教师的鼓励下，她也开始尝试亲吻学生的脸颊，发现效果出人意料的好！越来越多的人认识了晓雨并成了她的朋友。她慢慢体会到了冰在融化的感觉。有一次，一个老教师来问她是否要去参加学校的升国旗活动，她爽快地回答说："好啊！"那位老教师有些惊讶地说："你们中国来的老师不是不愿意参加我们的升国旗仪式吗？你是真的愿意还是假的？"她坚定地说："我愿意！"从那之后，她每周都很早来到升泰国国旗的地方集合。老师们和同学们对她的态度都发生了很大的变化，晓雨和他们成为好朋友，大家有什么活动都会拉上她，有些学生还从家里带些美食和她一起分享，她找到了一种家的感觉。

（资料来源：百度文库。）

在这个案例中，李晓雨与泰国当地人之间的问题并不是由语言障碍所引起的，而是由文化差异和文化障碍引起的。

一般来说，跨文化交际过程大体上可分为蜜月期、挫折期、调整期和适应期四个阶段。李晓雨在一开始对泰国人抱有一种思维定式，即原有的"文化成见"。在她的想象中，泰国人是"热情好客"的。而在她刚刚到达目的地时，却发现前来接她的当地学校人员的态度并不像她想象的那样友好，反而十分冷淡，对于初来乍到的她也没有给予相应的帮助和照顾。在接下来的工作中，李晓雨发现学校里其他泰国老师对她的态度也不热情，不仅没有帮助她适应教学工作，甚至连主动的打招呼也没有。此外，学生也没有和她建立起和睦融洽的师生关系。想象与实际情况之间的巨大差距使她很难及时调整好自己的心态来适应这一状况，甚至不断地质疑自己的行为。这使得李晓雨在同泰国人的跨文化交际中迅速从蜜月期进入到了挫折期。

在接下来一段时间的工作中，李晓雨开始注意自己的行为举止，直到她看到一位泰国教师在批改了学生的作业后亲吻了学生的脸颊，这件事给李晓雨带来的触动很大。原因是由于中国的传统文化一直强调"尊师重道"，教师常常是高高在上不容冒犯的对象，泰国教师与学生之间亲吻脸颊这样的动作在中国是绝少会发生的。当然这也与中国人含蓄、内敛的性格有关。因此我们不难看出，母语文化与异文化的差异是造成跨文化交际障碍的一个重要原因。由于对异国文化的不了解，很容易将母语文化的思维方式带入跨文化交际中，以至于加深了双方的隔阂。在李晓雨意识到这一问题后，她也开始按照当地人的方式来进行交际，并尝试亲吻了学生的脸颊，效果出乎意料的好，她与当地人的交际也开始融洽起来。这时的李晓雨已能够逐步克服母语文化与异文化之间差异带来的交际障碍，并逐步进入到调整阶段。

案例中提及的另一个重要事件是升旗事件。李晓雨热情爽快地同意参加泰国学校的升旗仪式，使当地教师十分惊讶，从此其他泰国老师和学生对她的态度也发生了根本变化。这次事件是一个分水岭，李晓雨开始进入适应阶段，这与她坚持不懈地融入异文化的努力是分不开的。

通过上述分析我们应当认识到，第一，在进行跨文化交际之前，要尊重当地文化，应当多了解、多吸收异文化的文化知识，尤其是语用文化知识。只有在了解的基础上才能够进一步做到理解和适应。第二，应注意分析母语文化与异文化的异同，多关注二者之间的差异部分，提高文化敏感度，多与当地人交流，求同存异。通过多理解、多接触来打破原有的思维定式，以推动交际顺利进行。第三，应当从跨文化交际的实际需要出发，选择性地进行适当的文化依附。选择性文化依附是对异文化既不完全否定，也不全盘接受的一种策略。比如李晓雨每周都按时参加泰国学校的升旗仪式，就是选择性文化依附的一种很适当的体现。它减少了李晓雨同当地人之间的文化差异感，也增强了与他们之间的友好和亲密度。第四，还应当注意提高移情能力。移情是人与人之间消除隔阂、相互沟通的必要条件，只有真正设身处地地领会对方的思想和感情，才能够避免误会和交际偏差。第五，从个人的角度来说，及时调整个体心态尤为重要。李晓雨只身一人来到泰国，这使她十分容易产生孤独、思乡等消极情绪，在交际遇到挫折的时候，更加应该注意保持积极、乐观、自信的心态，避免消极回避，甚至敌对的态度。只有这样，才能够更好地克服"文化休克"。

第一节　文化价值观理论

一、文化的内涵

文化是一个我们耳熟能详、使用频率极高的概念，也是一个抽象的概念。很多人文学科涉及文化方面的研究，如：文化学、人类学、社会学、哲学、语言学等。不同学者从不同角度对文化给出了不同的定义。英国人类学鼻祖爱德华·泰勒（Edward Taylor）是现代第一个界定"文化"含义的学者，他在

1871 年出版的《原始文化》一书里把"文化"作为一个中心概念提出，将其定义为："文化，或文明，就其广泛的民族学意义来说，是包括全部的知识、信仰、艺术、道德、法律、风俗以及作为社会成员的人所掌握和获取的各种能力和习惯的复合体。"这是最为经典的文化定义。这个定义对学术界所产生的影响一直延续至今。法国人类学家 C. 列维－斯特劳斯（C. Levi-Strauss）从行为规范和模式的角度给文化下定义，他提出："文化是一组行为模式，在一定时期流行于一群人之中，并易于与其他人群之行为模式相区别，且显示出清楚的不连续性。"C.S. 克劳福德（C.S.Crawford）从心理学角度来定义文化，他认为："文化包括传统上解决问题之方式。文化系由反应而组成，因具成效而为社会成员所接受。总之，文化是由通过学习所得解决问题之道所组成。"这里，克劳福德强调文化是一个调适、学习和选择的过程。L.J. 卡尔（L.J.Carl）从遗传的角度来定义文化，他以为：文化的本质正在于"团体中过去行为之积累与传授的结果"。赫斯科维茨（Herskovits）认为：文化，是人工创造的环境，也就是说，除了原生态之外，所有由人添加上去的东西都可以称之为文化。

综合上述学者的观点，可以看出，他们对于文化有两种基本的界定方式：一种是广义的界定；另一种是狭义的界定。笔者采用狭义的文化观，认为文化是由社会产生并世代相传，指导个体行为并引导个人成为团体一分子的一组共享的符号系统，它包括中层文化（通过某一文化的语言、态度、社会规范、人情世故、风俗习惯、行为准则来体现）和核心文化（通过某一文化的价值观、信仰、思维方式来体现）。

二、文化价值观理论的主要内容

由上述文化的定义可以看出，文化基本核心由两部分组成：一是传统的思想；二是与人类有关的价值观。也就是说，一个民族文化的特色主要由其传统和价值观决定。

二十世纪八十年代，荷兰管理学家吉尔特·霍夫斯泰德在调查了 40 个国家的 117 000 位 IBM 员工的工作价值观的基础上，根据对所得数据的量化分析，发现有四种文化维度可以分辨出不同文化中公民的行为差异。这四个文化维度分别是：个人主义和集体主义；权利距离；不确定性规避；价值观的男性维度与女性维度。他在《文化的结果》一书中发表了该研究的成果。

二十世纪八十年代后期，霍夫斯泰德的研究样本扩大到 60 个国家和地区，这次的研究不但证实了上述 4 个维度的存在，同时结合他的学生彭克麦在香港的研究成果，又发现了一个新的维度：长期导向和短期导向。

（一）个人主义与集体主义（Individulism/Collectivism）

这个维度表示的是个人与群体间的关联程度。霍夫斯泰德将个人主义和集体主义定义为"人们关心群体成员和群体目标（集体主义）或者自己和个人目标的程度（个人主义）"。个人主义指的是一种松散的社会结构，而集体主义则是一种紧密的社会结构；个人主义文化注重个体目标，相反，集体主义文化则更强调集体目标；个人主义文化中，人们应当自己照顾自己和直系家庭，而在集体主义文化中，人们期望他们的内群体或集体来照顾他们，作为这种照顾的交换条件，他们对内群体拥有绝对的忠诚，做事更多地考虑到人际关系的和谐而胜于工作本身。

 **小案例 1**

多余的关心

有个美国留学生生病了，同宿舍的中国学生关心地问道："听说你生病了？"美国学生回答："是的，重感冒"。中国学生又说："多喝些水，多穿衣服，中药治疗感冒效果很好，可以吃一些。"令他没有想到的是，美国学生这样回应："你不是我妈妈，是吗？"这让中国学生感到非常尴尬。

这段对话充分说明，美国文化强调凡事都要依靠自身的努力，是一种高度个人主义的文化。

（二）权力距离（power distance）

这一维度表示人们对组织或机构内权力分配不平等这一事实的接受程度。权力距离大的文化成员视权力为社会的基本因素，强调强制力和指示性权力；而权力差距小的文化成员则认为权力的运用应当合法，重视专家或合法性的权力。在美国，人们拥有平等的观念，即人人生而平等，没有任何团体或者个人能够拥有特权。这是典型的低权力距离的文化。加拿大、以色列、新西兰、丹麦、奥地利等国家都属于这样的一种文化。生活在这种文化背景下的人从小被教育人人生而平等，尽管有些人的出身带有一定优势，例如财富和名誉等，但他们并非理应比别人更优越一些。不过这并不代表生活在这种社会中的人们一定会受到平等的待遇，他们只是比别人更加拥有平等的观念。

相反，在高权力距离文化里面，权力是分等级的。某些群体比如贵族或者执政党比一般的平民拥有更多的权力。生活在这种文化背景下的人从小就被告知有些人生来高贵一些，因此他们拥有更多的权力，而尊重权力比尊重平等更有意义。墨西哥、巴西、印度、新加坡还有菲律宾都属于这种文化影响下的国家。

 **小案例2**

文化价值观小测验

社会心理学家曾在中美两国做了一个小测验：

情景1 如果你开着一辆桑塔纳轿车，正在十字路口等待绿灯，你的前面是一辆夏利或长安，这时候绿灯亮了，但是你前面的车迟迟没有发动，这时你会：

        A：按喇叭   B：不按喇叭

情景2 如果你开着一辆桑塔纳轿车，正在十字路口等待绿灯，你的前面是一辆奔驰或宝马，这时候绿灯亮了，但是你前面的车迟迟没有发动，这时你会：

        A：按喇叭   B：不按喇叭

两个国家的社会心理学测量结果显示：在美国，情景1中被测者选择按喇叭的比例为60%，情景2中被测者选择按喇叭的比例为30%；在中国，情景1被测者中选择按喇叭的比例为100%，情景2中被测者选择按喇叭的比例为70%。

为什么会有这么大的差异？我们用文化价值观理论进行分析。中国文化是一种权力距离较大的文化。情景1中，你的车子比前面的车子好，说明你要么比前面车子的主人有钱，要么比他（她）地位高，于是就有些藐视他（她），他（她）耽误你的时间，你当然要按喇叭；情景2中，你的车子比前面的车子差，说明前面车子的主人比你有钱或者地位比你高，会使人产生一种矮人一等的感觉，当然就不愿意按喇叭了。

（三）不确定性规避（Uncertainty Avoidance）

所谓不确定性回避（Uncertainty Avoidance）指的是一个社会感受到的不确定性和模糊情景的威胁程度，并试图以提供较大的职业安全和建立更正式的规则，不容忍偏离观点和行为。一个鼓励其成员战胜和开辟未来的社会文化，可被视为高不确定性回避的文化；反之，那些教育其成员接受风险，学会忍耐，接受不同行为的社会文化，可被视为低不确定性回避的文化。高不确定性回避国家的人们比较起来更忙碌，常常坐立不安，喜怒形于色，积极活泼，其文化对法律、规章的需要是以情感为基础的，这不利于产生一些根本性的革新想法，但却可以培养人们精细、守时的特质，因而善于将别人的创意付诸实施，使之在现实生活中生效；而低不确定性回避国家的人们比较起来则显得更沉静些，也更矜持，随遇而安，怠惰，喜静不喜动，懒散，人们对于成文法规在感情上是接受不了的，除非绝对必要，社会不会轻易立法，其文化能容忍各种各样的思想和形形色色的主义，因而有利于产生一些根本性的革新想法，但却不善于将这些想法付诸实施。

（四）价值观的男性度与女性度（masculinity/Femininity）

霍夫斯泰德把这种以社会性别角色的分工为基础的"男性化"倾向称之为男性或男子气概所代表的维度（即所谓男性度 masculinity dimension），它是指社会中两性的社会性别角色差别清楚，男人应表现得自信、坚强、注重物质成就，女人应表现得谦逊、温柔、关注生活质量；而与此相对立的"女性化"倾向则被其称之为女性或女性气质所代表的文化维度（即所谓女性度，feminine dimension），它是指社会中两性的社会性别角色互相重叠，男人与女人都表现得谦逊、恭顺、关注生活质量。男性度/女性度的倾向用男性度指数（MDI：masculinity dimension index）来衡量，这一指数的数值越大，说明该社会的男性化倾向越明显，男性气质越突出（最典型的代表是日本）；反之，数值越小，说明该社会的男性化倾向越不明显，男性气质弱化，而女性气质突出。

在男性气质突出的国家中，社会竞争意识强烈，成功的尺度就是财富功名，社会鼓励、赞赏工作狂，人们崇尚用一决雌雄的方式来解决组织中的冲突问题，其文化强调公平、竞争，注重工作绩效，信奉的是"人生是短暂的，应当快马加鞭，多出成果"，对生活的看法则是"活着是为了工作"；而在女性气质突出的国家中，生活质量的概念更为人们所看重，人们一般乐于采取和解的、谈判的方式去解决组织中的冲突问题，其文化强调平等、团结，人们认为人生中最重要的不是物质上的占有，而是心灵的沟通，信奉的是"人生是短暂的，应当慢慢地、细细地品尝"，对生活的看法则是"工作是为了生活"。

（五）长期导向与短期导向（Long-term oriented/Short-term oriented）

长短期取向是霍夫斯泰德在后来的研究中加进去的一个重要评价维度，这个维度表明一个民族对长远利益和近期利益的价值观。具有长期导向性的文化和社会主要面向未来，对待事物以动态观点去考察，注重节约，做任何事留有余地；短期导向性的文化与社会则面向过去与现在，着重眼前利益，注重对传统的尊重和负担社会的责任（见表2-1）。

中、日、印、美四国在这五个文化维度上的量化指数见表2-1所示。

表2-1 中、日、印、美在五个文化维度上的量化指数

文化维度	国　家			
	中国	日本	印度	美国
个体主义	21	46	48	91
权力距离	63	54	77	40
不确定性规避	49	92	40	46
事业成功	51	95	56	62
长期导向	118	80	61	29

三、文化价值观差异对外派人员管理的影响

文化价值观差异对外派人员管理的各个环节，如招聘、培训、职业生涯管理、绩效管理、薪酬管理都会产生较大影响。

第一，对招聘的影响。集体主义文化的组织倾向于从其喜爱的群体中选聘外派经理，而在个人主义的文化中，人们认为选聘应当公平竞争，让最优秀的人脱颖而出。在文化距离大的国家，人们评价一个人更多地依靠他所在的群体，比如家庭背景、毕业学校等，而在文化距离小的国家，选聘外派人员更多地依据其自身业绩和能力。

第二，对培训的影响。在集体主义的文化中，培训侧重于组织所需要的技能，员工只是被动接受，而在个人主义文化的国家，培训集中于个人取得成就所需要的一般技能。在权力距离大的国家，培训的重点在于服从和统一，而在文化距离小的国家，培训主要是针对自主能力，方式灵活。

第三，对职业生涯管理的影响。在个人主义文化中，职业生涯管理更强调个人的参与，注重个人兴趣、爱好和发展目标，而在集体主义的文化中，职业生涯管理更强调企业的责任，更注重企业目标。

第四，对绩效管理的影响。在个人主义文化中，绩效评价主要是以个人为单位，而在集体主义文化中，员工对于集体有较强烈的认同感，因此更倾向于以集体作为单位进行绩效评价。在风险规避程度较高的社会中，员工不愿意承担具有挑战性的工作，因此考核通常以员工的资历、忠诚度等为依据，而在风险规避程度低的社会中，考核通常是以员工的实际绩效为依据。在长期导向的社会中，绩效目标通常是有利于公司长远利益的，而在短期导向的文化中，主要评价近期的工作业绩。

对薪酬管理的影响。在个人主义文化中，强调个人英雄主义，员工之间薪酬水平差距较大，而在集体主义文化中，强调合作、和谐，倾向于采取平等化的薪酬政策。在高不确定性规避国家中，主要根据资历和专长确定薪酬，而在低不确定性规避国家中，主要根据个人绩效确定薪酬。

第二节　文化智力理论

一、文化智力的内涵

2003 年，厄尔利和昂（Christopher Earley, Soon Ang）提出了文化智力的概念并给出了明确定义，认为文化智力（CI）是指人们在新文化背景下，收集并处理信息、做出判断并采取相应有效措施以适应新文化的能力。2004 年，厄尔利和莫斯科维斯基（Earley, Mosakowski）在《哈佛商业评论》上又重新对"文化智力"进行了界定，认为它指的是一个管理者从容应对不同文化的能力。他们进一步解释说，每当进入一个新的环境，人们都会暂时延缓判断，"文化智力"比较高的人，延迟判断的时间会大大缩短，遇到新情况时往往能应对自如，能理解不同文化中的细微之处，并很快化解冲突，工作起来更加得心应手。随后，彼得森（Peterson）从操作化的角度来阐释文化智力，提出文化智力是各行各业的工作者为了实现有效沟通，与来自不同国家的客户、合作伙伴以及同事保持融洽的商业关系的能力，包括语言能力、空间能力、情感能力以及人际关系能力等四个方面。

从这些定义中我们可以看到，不同学者对"文化智力"的界定并没有本质的区别，据此，笔者认为，文化智力指的是人们与来自不同文化的人打交道时，所表现出来的适应新文化的能力。

厄尔利和昂（Earley，Soon Ang，2003）进一步指出，人的文化智力是可以培养的，心智正常、具有专业能力的人都可以通过一定的选练提高自己的文化智力。

二、文化智力的构成要素

厄尔利和昂（Earley，Ang，2003）提出，文化智力包括三个维度，认知性（cognitive）、动机性（motivational）、行为性（behavioral）。2006年，厄尔利（Earley）及其同事发展了文化智力的四构成要素，形成了元认知、认知、动机与行为四维度的文化智力结构。其中，元认知性文化智力聚焦于认知的较高层次过程，是指在与来自不同文化背景的人相互交往时，个体所具备的意识和知觉。具备高元认知性文化智力的人在与不同文化的人交往过程中，敏感地意识到其他文化的喜好，在交往过程中或者之后，会对自己的文化假设提出疑问，并调整自己的知识模型。认知性文化智力更加关注个体有序的意识过程，是个体从教育和经验中，获得不同环境下的规范、行为和习俗的认识和熟悉。高认知性文化智力的人往往基于他们对新文化中的经济、法律、社会系统、文化价值的基本框架的了解，来寻找与来自不同文化背景的人的相同点与不同点。动机性文化智力是个体适应不同文化的内在动力与兴趣点。高动机性文化智力的人发自内心地关注跨文化情景，并且自信自己在跨文化情境下能有效应对。行为性文化智力指的是，当与来自不同文化背景的人互动时，表现出恰当的语言与非语言行为的灵活性。高行为性文化智力的人能够对不同的情境，基于他们的语言与非语言的能力表现出合适的行为，如通过语言、语调、语速、肢体语言和面部表情等表现出来。

托马斯（Thomas，2006）从跨文化沟通的角度提出了与厄尔利（Earley）等人不同的三维文化智力结构。他认为文化智力的结构应该以托米（Ting-Toomey，1999）提出的跨文化沟通能力为基础，包括知识（knowledge）、警觉（mindfulness）与行为（behavior）三个维度。知识是指对文化的甄别以及对跨文化交流原则的掌握，既要明确所要面对的文化类型，又要分辨与其他文化的差异以及这种文化将如何影响人们的行为。警觉是指在基本的意识层面，对自身所处的内部和外部环境的持续关注。行为是指基于知识与警觉，选择适当的行为模式来应对特定的文化环境。托马斯认为，上述三个维度为一个相互关联的系统，共同产生对不同文化的有效作用能力。在这三个维度之间，警觉是连接知识与行为的关键点，起到桥梁作用，如果个体只有对不同文化的知识储备而缺乏警觉性，找不到与特定文化环境相匹配的知识点，将会导致其采取错误的行为。

总之，文化智力是一个复杂的、多维度的结构，目前学术界对此问题还没有达成共识，未来研究需要对这个基础性问题进行进一步探讨。

三、文化智力的测量

目前，测量文化智力有两种方法：心理测量方法和非心理测量方法。

（一）心理测量方法

厄尔利和莫斯科维斯基（Earley，Mosakowski 2004）提出了对个人文化智力的诊断方法，并根据文化智力的三个组成要素（认知、动机和行为）开发了一份诊断量表，包含12道题目，每个要素分别有4道题目，比如，诊断认知因素的题目有："在和来自陌生文化背景的人打交道之前，我会问问自己希望获得什么"；诊断动机因素的题目有："我很容易改变肢体语言（比如，目光接触或者身体姿势），以便适应来自另一种文化背景的人"；诊断行为因素的题目有："我确信自己能够像朋友一样对待来自不同文化背景的人"。整个量表采用利克特五分等级量表进行评价，从1到5分别代表"完全不同意、不同意、中立、同意、完全同意"，根据在每个维度上的得分，可以把人们的文化智力分为六种类型：偏执者（the provincial）、分析者（the analyst）、天生者（the natural）、大使（the ambassador）、模仿者（the mimic）、变色龙（the chameleon）。具有最高文化智力水平的变色龙是非常难得的管理人才，他们通晓不同的文化体系，能与他人积极高效合作，能很好地融入不同的文化中去。但是，这种分类更多是一种定性的、经验性的假设，今后的研究可以去验证这一假设。

昂（Ang，2006）根据其提出的四维文化智力结构开发了文化智力量表（CQS）。通过对文化智力和文化胜任力的研究进行回顾，以及对具有丰富全球工作经验的8个经理进行访谈，确定了量表中的题目。通过对新加坡以及美国的样本进行调查，考察文化智力的四维度结构（元认知、认知、动机、行为）量表的信度、初始项目的构想效度和预测效度，以及在不同时间下、不同空间中的通用性。元认知性文化智力包括4道题目，比如，"我很清楚自己与不同文化背景的人交往时所运用的文化知识"。认知性文化智力包括 6 道题目，比如，"我了解其他文化的法律和经济体系"。动机性文化智力包括 5 道题目，比如，"我喜欢与来自不同文化的人交往"。行为性文化智力包括 5 道题目，比如，"我能够根据跨文化交往的需要而改变自己的语言方式（如口音、语调）"。

国内一些学者（唐宁玉等）将上述四维文化智力量表引入中国，以大学生为样本验证了此量表的结构效度，而且通过此量表验证了文化智力模型的跨文化效度。

（二）非心理测量方法

非心理测量方法包括评价中心（assessment center）以及临床评估（clinical assessment）。评价中心不仅是选拔跨国管理人员的一种强有力的手段，还是一种很有价值的提高文化智力的培训方法。一方面，受评者可以从评价结果得到有关自身优点和不足的反馈信息；另一方面，评价者可以从评价过程中认识到什么是管理行为中的重要要素。使用临床评估来测量文化智力一般需要通过多种渠道来获得相关信息，例如对被试的步态、面部表情、说话声调等各方面进行观察，形成初步印象或初始假设，然后再经过访谈、调查、观察等方法来验证。使用临床评估成功测量文化智力有赖于获得全面可靠的信息，以及测评专家的专业知识和心理素质。因此，鉴于这些非心理测量方法实施上的复杂性及对测评专家较高的要求，学者们在测量文化智力时，基本上以问卷为主。

 **小案例 3**

福特玛公司领导层的冲突

福特玛公司总部设立在瑞典，是一家全球著名的移动通讯和嵌入式解决方案软件供应商。2005 年 2 月，该公司收购一家中国公司的手机软件业务后，在中国内地组建起福特玛中国公司。与其他外资企业相同，福特玛公司也在努力推进"本土化"管理，但文化冲突和制度差异经常给他们的"本土化"进程带来诸多困扰。例如，瑞典经理人面对冲突会采用比较直接的方式来解决问题，而中国经理人更强调职业技巧，倾向于回避冲突或采用其他迂回方式来解决问题；母公司对工会的认识和中国公司差异很大。在欧洲，工会权力很大，母公司基于种种顾虑一直不允许中国公司成立工会，直到中国公司人力资源主管专门聘请律师和总部沟通，总部才勉强同意；由于某些原因，中国公司要解聘一些刚招不久的本科毕业生，按照毕业生三方协议规定，公司违约需支付该学生一定金额的赔偿金，中国公司财务部向总部申请预算，总部完全不能理解，认为该做法不符合总部管理规范，坚持不予批准；就连最简单的中秋节给员工发放月饼的事情母公司也难以理解，福特玛在中国分公司的"本土化"进程陷入重重困境。

事实上，福特玛公司领导层的冲突是由于经理人文化智力的的低下和欠缺造成的，冲突双方往往都想努力证明自己是对的，认为对方不可理喻或者蛮不讲理。中方员工认为外方过于傲慢和僵化，中方领导层如果不站在他们一边就会被斥为"卖国求荣"。外方领导层坚持认为，外资企业的优势就在于制度严明，中方员工的要求太过随意和投机。

显然，对于福特玛公司领导层而言，关键在于如何跨越文化障碍，寻求和创立一种双方都能认同和接纳的、发挥彼此文化优势的管理模式。随着国际化战略的不断推进，国际企业的领导人迫切需要培训和提升文化智力，以减少管理中的冲突和矛盾，提高组织绩效。

第三节　跨文化适应理论

关于跨文化适应的研究最早是由人类学家进行的，主要从个体角度研究在对异文化适应中的心理反应和变化，其中包括个人的文化态度、思维方式、信念、动机、民族归属意识、文化摩擦、人际关系、文化调整、文化交流能力等诸多因素。最近几十年，心理学家在这一领域做出了重要贡献，尤其是跨文化心理学家们提出了自己的理论框架，进行了大量实证研究，强调文化是应对各种心理过程的影响。

一、跨文化适应的内涵

适应是个体与环境互动一段时间后的产物，它是一个变数很大的变量，是从"完全适应"到"完全不适应"的一个连续带。

跨文化适应就是两个文化体之间互动的持续过程；它是指对立的两端通

过言语和非言语的相互交流而形成的一种平衡、共生的和谐状态。

衡量跨文化适应效果的标准有三个：身体功能的健全（functional：fitness）、心理的健康（psychological：health）以及跨文化身份的出现。

根据跨文化适应研究先驱约翰·贝利（John W. Berry）的观点，文化适应的过程实际上对发生相互接触的两个不同文化都会产生影响，但是，由于影响程度大不相同，对主流文化（host culture/dominant culture）群体影响很小，对新到这个文化环境的群体的影响相对而言就大得多，这一过程甚至可以影响到他们工作生活的所有方面。与此相对应，已有的文化适应研究将焦点放在文化适应过程对这些新到群体或者非主流文化族群的影响上。随着研究的深入，现阶段的理论正尝试着将"实现跨文化适应"描述为是"陌生人与接受陌生人的环境双方共同努力的结果"。

二、跨文化适应的策略

从非主流文化族群的角度看，跨文化适应策略有四种：与环境的整合、对环境的抗拒、试图改变环境、与环境隔绝。

（一）整合

文化适应中的个体既重视保持传统文化，也注重与其他群体进行日常的交往。

 **小案例 4**

如鱼得水的日子

一个在德留学的中国学生，开始的时候一句德语也不会。后来他到附近的一个敬老院找老人们说话，他与老人们时常交谈，渐渐地语言就不再是问题了，同时，他还认识了一些朋友，也包括一些中国留学生。

现在除了上课，他每周花一个下午到敬老院去看老人，花两个下午到国际难民组织去做志愿者，每周有一天做助教，同时经常参加留学生组织的活动，他很喜欢在德国的生活。

（二）同化

个体不愿意保持他们原来的文化认同，却与其他文化群体有频繁的交往。

 **小案例 5**

不和中国人交往的中国人

开始的时候，王斌都是和中国留学生住在一起，说中国话，吃中国菜。后来他觉得这样和国内没有两样，于是搬了出去，开始和德国人住在一起，再也没有回到原来的圈子。他很喜欢别人把他当作德国人来交往。

（三）分离

个体重视自己的原有文化，希望避免与其他群体进行交流。

（四）边缘化

个体既不能保持原来文化，又不被其他群体文化所接受。

 **小案例 6**

炼狱的日子

一个女留学生，到德国已经四年，但仍很不适应，要不是为了不辜负父母和亲戚朋友的期望，她早就想回国了。

在德国，她的生活基本上是学校和宿舍两点一线，几乎没有娱乐，也很少找人聊天，包括和中国留学生聊天。

由于靠勤工俭学挣学费，因此生活很清苦，连吃个红薯都是一件很奢侈的事（红薯价格在当地为 20 元 / 千克）。

三、跨文化适应的模式

跨文化适应模式是这一领域备受关注的一个问题。由于研究视角的不同，得出的结论也各不相同，目前，学术界公认的有以下几种模式：学习模式（the learning model）、压力—应对模式、复原模式（the recovery model）。

（一）学习模式

学习模式指出，跨文化适应是一个学习居住国社会文化习俗（包括认知和行为规则）的过程，它是一个获取跨文化沟通能力（intercultural communication competence）的过程。跨文化沟通能力由三大要素构成：跨文化理解力（intercultural awareness）、跨文化敏觉力（intercultural sensitivity）和跨文化有效性（intercultural adroitness/effectiveness）。社会学习理论和心理学领域的学者更多地强调个体在新环境下对认知和行为规则的学习；传播学者更倾向于强调个体获取必要的言语和非言语的沟通技能以便能有效和恰当地与当地人交往。

 **小案例 7**

学习是必修课

杰克是美国一家跨国公司派往日本分公司的一个销售经理。此前他在中国分公司工作过，学到了许多文化知识，也培养了文化敏感度，这是他第二次外派。"日本文化很独特，与美国文化、中国文化有很大的不同，与日本人很难打交道，但我必须学会他们的文化。我学到了许多不同的方法去达到目标，有时候你原来的方法不管用，你需要尝试新的方法。美国人很直接，这在某种程度上可以提高效率，但是日本人却不是这样，他们很含蓄，很间接，他们很有礼貌，很爱面子，信守承诺，因此，你必须改变你的思维方式，需要有一定的灵活性，想方设法了解对方，理解对方，这样才能和对方进行很好的沟通，并让对方心服口服的"。

（二）压力—应对模式

压力—应对模式将跨文化适应视为一个降低不确定性或减小压力的动态过程。它假设当旅居者面对居住国文化中的新文化元素时，其心理体系的平衡状态被打破，这一体验会产生压力或不确定性，旅居者也会产生一种特定的动力或需求去对应由此产生的内部不平衡或不协调。托比郎（Torbiorn，1982 年）的主观调整（subjective adjustment）模式很适当地反映了这种方法。他认为旅居者对居住国文化体验的满意或不满意的程度会改变他们的观点、行为和环境之间的关系。换言之，旅居者的满意体验会使其内心达到平衡，继而实现跨文化适应，反之亦然。

（三）复原模式

复原模式认为，跨文化是一个动态的过程，以兴奋开始，逐渐出现危机，最后在新的文化环境中逐渐适应。复原模式的著名理论是 U 曲线理论、文化休克理论和在 U 曲线理论基础上发展出来的 W 曲线理论。

1. U 曲线理论。里斯嘉德（Lysgarrd，1955 年）对访美的 200 名来自斯堪的纳维亚半岛的富布莱特学者进行研究，得出跨文化心理变化呈 U 形曲线，即便在美国停留少于 6 个月和多于 18 个月的人比停留 6~18 个月的人的心理状况要好。正如里斯嘉德的 U 形曲线所示，当个体在新进入陌生文化的初期，带着新奇与热情，处于起点最高处，随后为失望与失落期，最后逐渐恢复，处于高点。旅居者在经历了最初对居住国文化新生活的"蜜月期"之后，受到文化障碍的影响，他们会位于 U 形曲线的底部。旅居者只有克服了文化障碍才能逐渐适应居住国文化而重新回到 U 形的顶端，并最终达到一种完全适应状态或者成为一名"多元文化者"（multicultural person），也就是完成了个人身份的重建。见图 2-2

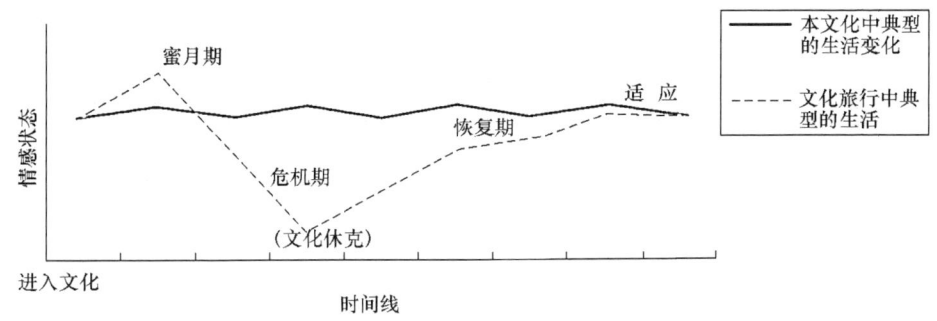

图 2-2　跨文化适应 U 形曲线

2. 文化休克理论。

（1）文化休克的内涵。文化休克又称文化振荡。奥布格（Oberg）于 1960 年提出这个概念，指的是在非本民族文化环境下工作、生活的人，由于失去了熟悉的社会交往信号或符号，而在心理上产生的深度焦虑的精神症状。通俗些讲，就是在新文化环境初期，个体由于感受到与母文化的差异而引起的生理上、心理上和行为上的反差、不适或失控感。处于异文化环境下的人们一般都要经历这一挫折期或振荡期。欧博（Oberg，1960 年）将文化休克分为六个维度：压力感（feeling of stress）、迷失感（feeling of loss）、被拒 / 拒绝感（feeling of being rejected or rejecting）、困惑感（feeling of confusion）、焦虑感（feeling of anxiety），以及无能感（feeling of impotence）。有学者认为，文化休克也可以从另外六个维度来划分，包括语言休克（language shock）、角色休克（role shock）、转变休克（transition shock）、文化疲劳（culture fatigue）、教育休克（education shock）、适应压力（adjustment stress）以及文化差距（culture distance）。

 **小案例 8**

安东尼的无助

安东尼从小在里昂长大，父亲是波兰人，母亲是越南人，年轻时保姆和他讲匈牙利语。他本科学的是心理学，后来获得一个工商管理硕士学位，现在就职于巴黎一家跨国公司。由于他在销售部做得非常出色，被提升为欧洲分部的主管，而后被派往公司位于纽约的分公司工作。谁也没有料到他的反应如此强烈。

"我抵达纽约后，感觉很无助。我到任后没有时间调整时差就开始工作，身体很疲惫。在生活方面，我很不适应，我不知道应该去哪里购物，到哪里理发，到哪里给孩子找学校。在工作方面，我也感受到巨大压力，这是我一次在矩阵式世界里工作，感到自己对别人没有直接的权威，我从来没有意识到美国办公室的工作方式与法国会有这么大的差异。"

（2）跨文化适应的四个阶段。受里斯嘉德（Lysgarrd，1955 年）U 形曲线的启示，奥布格将跨文化适应划分为四个阶段：

第一，蜜月期。在这个阶段，体验者通常有游客一样的心境——情绪激动兴奋，看到任何事物都很好奇，就算遇到文化差异也以积极的眼光看待。对于异国风情有着罗曼蒂克的幻想。整个人充满热情和自信，急着安顿下来，同时又想赶快尝试许多事情。这种心态更加会因为当地导游、学校、公司或者访问机构初期的热情招待而产生。

第二，振荡期。在这个阶段，体验者开始逐渐意识到生活在异国的不便——主要体现在对于语言、交通、购物、饮食等日常生活的细节上。例如：当笑话听不懂，还得要人翻译时；当没车或不会开车，还要请人接送时；当与外国人打交道，遇到困难或挫折时，因此体验者将会出现较强的心理困惑和生理不适，对于"新家"和"旧家"都有说不清的矛盾心态。对于"新家"，体验者有着排斥和反感。比如说，总是刻意扭曲当地人的行为和语言，潜意识里对当地人产生种族偏见。对于"旧家"，也因为有种报喜不报忧的心态，以至于与之前的关系网络脱节。在这个阶段，体验者容易抑郁。例如，留学生在异国他乡时，可能会出现下例状况：极度地思念家乡；竭力地躲开那些自己不适应的公众场合；身体不适；睡眠不安；精神压抑；感觉无助；对他国文化抱有敌对情绪，如不喜欢、不习惯他国礼仪（如礼节性拥抱）。

第三，调整期。经历了震荡期之后，人们开始调整自己与环境的关系，寻找适应新的生活环境和文化环境的方法，语言水平有所提高，与当地人的交往也开始增多，开始交朋友，孤独感和失落感有所缓解，同时，人际关系的加强也会让受到文化冲击的体验者更加自信起来。对第二文化的看法既不像蜜月期那样浪漫、不切实际，也不像震荡期那样反感、不满，对该文化的了解在逐渐加深。

第四，适应期。经过一段时间的调整，对生活环境逐渐感到习惯，人际交往范围扩大，对第二文化也在逐渐适应，并采取比较客观的态度，甚至对其中的一部分能够接受，对不能接受的部分也要求自己理性地对待。体验者能够为"新家"做贡献，也被"新家"的成员所接受。这样就开始了建立新生活的良好周期。大部分人在这个阶段自我定义为多元化人，因为他们能够同时从多个文化背景出发看待、解释和处理问题。

3. W 形曲线。

W 形曲线由格拉豪恩（Gullahorn）于 1963 年提出。他根据对留学生的异文化适应过程的研究，提出跨文化适应曲线，简称 W 曲线。以青少年到国外留学的文化体验为例，该曲线共分为七个阶段：蜜月期——所见所闻都感到十分新鲜，周围人也觉得很亲切；斗争期——面对日常生活和工作中的困难出现无力感，常常在斗争与逃脱之间徘徊；纠葛期——困难和问题无法解决，而使情况更加恶化；适应期——逐渐适应当地社会和日常生活；再纠葛期——自以为对异文化已经了解，但对复杂问题仍无法明确把握；归国前期——喜悦地等待着归国，精神振奋，但又恋恋不舍；归国后的冲击期——与所期待相反，在生活及其与人接触当中，有疏远之感，必须进行文化的再适应。

该模型在 U 形曲线基础上把重新适应囊括进来，更为全面地描述了随着时间的变化，旅居者对新文化环境的态度和满意度。

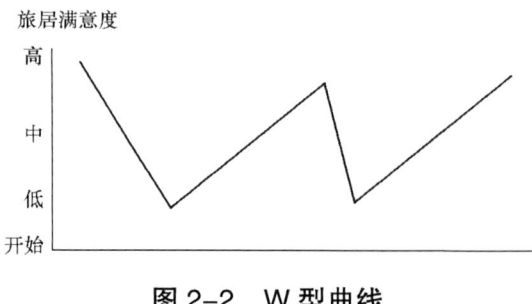

图 2-2　W 型曲线

四、影响跨文化适应的因素

影响跨文化适应的因素包括社会因素和个人因素。

（一）社会因素

1. 社会支持系统及网络。一般研究者都认为，社会支持是预测心理适应的显著因素。

社会支持有很多来源，包括家庭成员、朋友、同学等。在所有的社会支持来源中，最受关注的是婚姻关系，心理学家普遍认为婚姻是社会支持的基本来源。例如，奈杜（Naidoo，1985）的研究报告显示，在加拿大的亚洲移民妇女，当丈夫提供的支持比较多时，她们体验到的压力较少。

对于旅居国外的人来说，除了家庭之外，他们的社会支持资源还可以包括同胞和当地人。阿德尔曼（Adelman，1988）认为，按照信息支持和情感支持的观点，由同胞提供的支持系统是很有用的。那些有相同旅居经历的人可以提供给旅居者信息，帮助他们应对新的环境。同胞还可以提供情感帮助，支持他们宣泄自己的情感，释放在新的环境中遇到的挫折；同胞可以为旅居者提供保护作用，使其心理安全、自我尊重和归属感得到增加，减少压力、焦虑、无助感和疏远感。但是，有些研究者提出不同的观点，认为这种社会支持资源也可能会阻碍旅居者对当地文化的学习。一项对在美国学习的非洲学生进行的研究发现，那些与同胞联系比较密切，和同胞一起消磨很多时间的人适应水平往往比较差。一项对在澳大利亚的英国移民的研究也发现，有较多同胞朋友、较少当地朋友的移民对移民生活不太满意。所以，同胞提供的社会支持可能是有害的，也可能是有帮助的。

旅居者与其他群体成员的关系，特别是与当地文化成员的关系，也会影响他们的适应。有当地朋友的旅居者适应问题比较少，满意度与心理幸福感比较高，与当地人关系的满意度与外国学生的整体满意度联系在一起，包括学业和非学业方面的满意度。陈向明（1998）对旅居美国的中国留学生的研究发现，由于不能跟当地人进行良好的交往，使中国学生产生很多负面情绪，如无助感、孤独感和负罪感等。而且，陈向明还发现，中国学生不能与当地人进行良好的交往有很多原因，其中一个重要的原因是交往的模式、交往态度和交往习俗不同。

2. 文化距离。巴比克、考克斯和米勒（Babiker，Cox，Miller，1990）提出文化距离的概念，认为文化距离是旅居者体验到的压力与适应问题的调节变量。按照每个文化的社会文化特征，文化可划分为或远或近的一个连续体。文化距离影响跨文化适应者体验到的压力与适应问题，其假说预测：跨文化适应者的文化与居住国的文化距离越大，其跨文化适应就越困难。

已有实证研究表明，文化间的差距越大，跨文化交往中建立和保持和谐关系的难度就越大，例如旅居英国的澳大利亚人比旅居中国的澳大利亚人对东道国的适应要容易一些。

博齐纳（Bochner）提出了影响旅居者适应的"核心价值观差异假说"，认为产生文化距离的主要原因在于价值观差异，它也是造成文化冲击和引起文化不适应的主要原因。核心价值观完全相反的社会成员之间的交往很快就会造成仇恨和敌意。例如，在某些存在性别歧视的社会中，强调妇女地位的提高会招致谴责；而在男性主导的社会中，认为妇女在就业和性别上应当独立令人反感。

3. 主流文化群体的态度。主流文化群体的态度对心理与社会适应会产生很大的影响。很多研究发现，种族歧视和旅居者的心理幸福感之间有很强的负相关。如，对在加拿大的塔基人来说，他们知觉到的歧视与其较差的心理适应联系在一起。

从文化距离的角度出发，中国人应该比较容易适应日本的环境，但是很多研究都发现与西方人比较，中国人在日本的适应比较差，其中一个主要的原因就是中国人在日本受到了歧视。因此，可以看出主流文化群体的态度也是影响跨文化适应的一个很重要的因素。

4. 东道国的文化质量。东道国的文化质量包括以下两个方面：一是东道国的文化氛围；二是东道国人们的交往质量。东道国人们的交往质量是指东道国本国人们相互交往的模式是否热情融洽。本国人们交往模式是文化的根本，会给外来者营造一种气氛：本国人们交往热情友善，外来者也会更容易融入；本国人们交往较冷淡，外来者也会感受到这种冰冷气氛，从而不敢与本国人们交往。有研究表明，台湾人的热情善良很好地促进了美国交换生的跨文化适应。

（二）内部因素

1. 人格。人格对跨文化适应的影响受到很多人的关注，因为如果找到某些影响跨文化适应的人格因素，就可以运用于选拔当中，通过选拔把那些能更好地适应其他文化的人筛选出来，以减少跨国公司选拔派驻海外公司的员工和政府选派留学生的失败数量。已有研究发现，人格对跨文化适应影响的研究主要有以下几个方面。

（1）个性。随着人格理论在跨文化情境中的适用性得到证明，人格与跨文化适应的关系得到广泛研究。已有实证研究表明：外向性、开放性、宜人性和责任心都是跨文化沟通及跨文化适应的有效预测因素。沃德（Ward）、莱恩（Leong）和罗尔（Low）的研究发现，心理适应性应受外向性、宜人性、责任感和神经质的影响，而社会文化适应性受外向性和神经质的影响。

关于跨文化适应的预测人格变量，早期研究者认为外倾性能够推进跨文化适应，但在这点上不同的研究结果不大一致，有些研究得出负面结论，有些甚至认为二者没有关系。为了解决这种矛盾，沃德（Ward）和同事进一步提出了"文化适合性"的概念，即心理适应的预测量不是外倾性，而是旅居者的人格与当地文化群体的人格是否"适合"。他们以在新加坡的美国人作为样本，用艾森克（Eysenck）人格问卷把他们在外向性上的分数与新加坡当地人在外向性上的分数进行比较。结果发现，虽然外向性在本质上与心理幸福感没有关系，但是与新加坡人分数接近的美国人体验到的心理适应水平比较高，这个实验研究支持了他们的观点。

（2）控制点。控制点是指当人们面对问题时，在大多数情况下，人们认为：是自己可以控制事情的发展，还是外界因素影响和控制着事情的发展，如果人很相信外界因素，如运气对事情的影响，那么他就是一个外控的人。这方面的研究主要是了解控制点对心理适应的预测作用，很多研究发现控制点是心理适应有效的预测源。如郭、格瑞和林（Kuo, Gray, Lin, 1976）发现外控点是在美国的中国移民心理健康问题的有效预测源，比人口统计学因素、社会文化因素以及生活变因素都重要。

用于预测跨文化适应的其他人格因素有：个性的灵活性、对新环境中负面因素的认知能力、坚韧、控制感、自我效能感和自我监控等。

2. 应对资源：知识和技能。有关文化的知识和技巧可以增加对新社会环境的心理适应。知识和技能一方面依赖于以前的经验，很多研究发现以前有国外生活经验的留学生在以后的跨文化生活中适应得比较好。获得文化知识的另一个途径是训练和教育，例如是否能熟练地使用当地语言，这是可以通过培训获得的。那么语言能力与跨文化适应之间的关系如何呢？一些研究认为，语言的流利程度与心理幸福感、适应和一般满意度联系在一起，有些研究者没有发现语言技能与心理适应的显著关系，有些研究还发现语言技能和心理幸福感有相反的关系。例如高井（Takai, 1989）发现，在日本的留学生，其日语流畅程度与生活满意度成反比，因为具备一定语言能力的外国人对与当地人的交往有较高期望，但是这种期望又达不到，因此使语言能力高的旅居者的满意度降低。这说明当使用语言能力来预测跨文化适应时，存在着其他的调节变量，如认知和期望。

3. 期望。期望是指个体在进行跨文化适应前，对跨文化接触的想象。现实的、与实际体验匹配的期望，能促进移民良好的适应。期望与现实体验匹配证实跨文化适应者有足够的心理预备去处理潜在的生活压力变化，期望的正确性可以使人对以后的压力环境进行正确的评价，建立起信心，减轻焦虑。

研究者不仅考虑期望的准确性，也考虑当期望与现实体验不匹配时，不匹配的方向和广度。从方向来看，期望可以划分为过低和过高的期望，过低的期望是指实际体验比期望正面，即旅居者对旅居生活的期望比较低，而实际上的旅居生活比他们想象得要好。过高的期望是指实际体验比期望负面，即旅居者对旅居生活的期望比较高，而实际上的旅居生活比他们想象得要差。很多研究发现，当旅居外国的人期望比较低时，实际的生活满意度会增加。

4. 动机。如果是自己主动、自愿提出走出国门，而且准备比较充分，有详细的时间计划和资源计划，跨文化适应就比较快。反之，遭遇较强文化冲击的可能性就比较大。

5. 归因。归因理论由美国心理学家海德提出，是说明和分析人们行为活动因果关系的理论。人们用它来解释、控制和预测相关的环境，以及随这种环境而出现的行为。归因主要有两种可能。一种是内部归因，即自我焦虑、忧郁和脆弱是由于自己的内在原因造成的。另一种是外部归因，即自我焦虑、忧郁和脆弱是外部环境造成的，与我自己没有关系。研究发现，做内部归因的会比做外部归因的人经历较强的文化冲击。

小案例 9

从文化休克中走出

英国人 Bach 受世界第二大酒业公司联合道麦克集团公司委派,于 1992 年来到北京,开拓中国的市场,负责"八喜"冰激凌的全部业务。刚刚来到中国的 Bach 对一切都感到新鲜,什么都想看看,什么都愿尝试。但是,这种情形没有持续多久,Bach 开始感到沮丧,因为这个东方国度太多的东西是他无法理解和无法接受的。他开始敌视这个国家,只交外国朋友,不吃中国菜,严重时曾想到回国,可是英国并没有更好的职位等着他。困惑中,他从北京大学请了中文老师,开始学习中文,接触中国人,结交中国朋友。渐渐地,Bach 走出了困境。他拜访中国客户,过年给员工们发放"红包",采取一些有益于企业管理的文化措施,甚至偶尔喝喝"二锅头"——因为在中国,喝酒可以增进人们之间的感情。Bach 成功地在中国工作了 10 年,回国后,又成功地转任罗杰斯公司总部。

小案例 10

机场美式文化速成课

故事发生在 20 世纪 80 年代末。维克多是一个斯洛文尼亚人,为了逃避祖国的战乱,他决定移民美国,带着简单的行李买了飞往美国的机票。当他在终点站纽约的肯尼迪机场下机准备出机场时,却被拦了下来。原来,他的祖国发生了政变,而且还成为了美国的敌对国!维克多的护照和身份证件,以及移民文件都全都失去了效用,他被扣在了机场。瞬时间,维克多成了一个没国没家的孤立的人,他成为国际政治变化的牺牲品。被扣在机场期间,维克多只有两个选择:要么返回祖国,可是他的国家政变后,已经不再承认办理了移民手续的他是国民;要么拿到有效的证件,进入移民的美国,但他的证件显然已经失效而且再也无法补回了。站在这个不属于自己的国家,看着来来往往陌生的人群,维克多不禁感到迷茫。在机场滞留的 9 个月里,维克多不仅要面对生存的压力,还一直受到机场官员弗兰克·迪克逊的排斥和非难,而乐观的维克多却自得其乐地在这样一个封闭的候机室里开始享受自己的别样人生,他可以被看作是成功适应美国文化的典型代表,那么他是如何在短短 9 个月内实现跨文化适应的?

一、积极开放的心态

维克多天生具备开朗乐观的性格。当面对突如其来的国家灾难和接踵而至的一连串跨文化适应障碍时,他没有逃避,也没有放弃,而是选择了入乡随俗,随遇而安。当然,他也并非是一味消极地接受,而是通过自身不断地调适,积极融入到新环境、新生活、新文化中去。可见,在跨文化适应的过程中,保持良好的心态是至关重要的。

二、快速掌握语言交际能力

维克多首先意识到语言对于自己适应新生活的重要性。在机场滞留的 9 个月中,他从未停止过语言学习。他每天坚持看美国新闻节目,常常对着镜子自己发音,同时拿着俄文版和英文版书籍对照着学习英语。功夫不负有心人,一个多月后,他逐渐掌握了在机场生活的必备英语,可以顺利和别人交流了。

三、构筑社会支持系统

维克多真诚地对待身边的每一个人,并力所能及地去帮助别人,在机场结交了一些朋友,而他的英雄举动也为他赢得了众多机场员工的欢迎和尊重。朋友的支持不仅给予维克多生活上的帮助,同时朋友的关心也有助于他减轻压力,消除烦恼。

第四节　跨文化人力资源管理理论

20 世纪 80 年代以来,国外许多学者开始关注跨文化人力资源管理的理论和实践。近年来,经过国内外一些学者的探索,在理论建构和实证研究方面取得了重要进展,拓展了人们的研究视野。我们可以按照研究视角将该领域的研究分为如下两个层面。

一、宏观层面的研究

20 世纪 90 年代末期以来,随着人力资源管理的发展,战略人力管理受到前所未有的关注。受到战略人力资源管理的影响和启发，跨文化人力资源管理开始关注跨文化战略人力资源管理，主要考虑人力资源管理活动应来源于并服务于国际企业所关注的关键问题和战略活动。

对于跨文化战略人力资源管理，德西瑞（Dexirui）和道林（Dawling）曾提出了一个国际企业战略人力资源框架。根据该模型，国际企业在全球环境下经营，面临的外部因素非常复杂，包括国家和地区特征、产业特征、组织间网络和联盟。外部环境对内部因素（国际企业结构、组织和产业生命周期、国际市场进入方式、国际企业战略、国际企业的管理经验、总部的国际导向）、国际企业的关注焦点和目标、人力资源职能战略、人力资源实践都会产生直接影响。而内部因素和国际企业所关注的焦点和目标对战略人力资源管理也会产生影响。

二、微观层面的研究

20世纪80年代至90年代末期，美国学者薛和特雷西（Shay，Tracey）、布莱克和格雷格斯（J. Stewart Black，Hal B. Gregersen，1999）对美国公司跨文化人力资源管理外派人员管理进行了大量实证和定量研究，一般采用实证的方法来分析海外子公司在配置人力资源使用驻外人员时出现的问题，研究者将重点放在外派人员绩效的影响因素上，并提出了相应的对策。量化研究方法的采用，以及令人信服的结论，使得跨文化人力资源管理进入到一个科学的研究阶段。

（一）外派经理绩效的界定

凯利嘉瑞（Caligiari，2000）认为，外派人员的绩效包括四个维度：技术绩效、情境绩效、管理绩效以及与外派人员特定的绩效。其中，技术绩效指的是个体完成特定任务的熟练程度，直接服务于工作目标本身，比如，新产品的生产、对东道国当地员工进行技术培训以及销售数据的管理等。情境绩效指在工作以外的努力程度，包括组织公民行为、亲组织行为、主动性、奉献精神等。管理绩效指的是人际促进水平，包括保持良好的工作关系，代表组织与当地公众互动，有效沟通以及保持信息畅通等。与外派人员特定绩效指的是转移信息和运用跨文化知识的绩效表现。卡米和林登（Kraimer，Linden，2001）将情境绩效、管理绩效及与外派人员特定的绩效整合在一起称为情境绩效，将技术绩效等与完成工作任务和工作目标本身相关的绩效称为任务绩效。本文所说的外派经理绩效既包括任务绩效，也包括情境绩效。

（二）外派经理绩效的影响因素

早期的研究者在研究外派失败时，将研究重点放在外派人员个人因素上，随着研究的进展，研究者逐渐将重点放在跨国公司管理层面的因素，认为外派人员跨文化能力不足是由于管理职能无效造成的。

1. 个人因素。

（1）个性。已有学者对大五个性特征与外派绩效的关系进行了研究。凯利嘉瑞（Caligiari，2002）在对美国信息科技公司的94名外派经理的调查后发现，外向性、宜人性和情绪稳定性与其离职率负相关，而尽责性与管理者的外派绩效有正相关关系。许伊茹（2011）在对外派中方员工调查后发现，大五个性特征中的尽责性、开放性与任务绩效之间有正向影响关系。

（2）文化智力。昂（Ang，2007）研究发现，文化智力与外派经理的绩效以及适应能力高度正相关。其中，认知性文化智力显著预测文化判断、决策制定以及任务绩效，动机性文化智力显著预测了不同文化环境下的普遍适应能力，而行为性文化智力与任务绩效正相关。可见，拥有高文化智力的外派经理会拥有更强的文化适应性，面对新地区、新组织、新团队、新同事时，可以更快地识别出新文化与母文化之间的异同，并主动协调二者之间的冲突，使自己与新文化相融合，工作起来更加得心应手，从而提升自身的工作绩效。

（3）自我效能感。自我效能感是指人们对于自身完成某项任务或工作行为的信念，它涉及的不是技能本身，而是自己能否利用所拥有的技能去完成工作行为的自信程度。奥斯曼（Osman-Gani，2009）等人的研究发现，高自我效能感的个体会取得较高水平的外派绩效。新环境要求个体改变原有信念以及思考和行为方式，给工作任务的执行带来一定的困难，积极、适当的自我效能感能增强个体胜任工作的自信心和期望感，促使个体战胜困难，运用已有的知识技能较好地处理异文化情境下的人际矛盾和冲突，高效完成工作任务。

（4）外派人员的调整适应。国际任务的要求通常会超越外派人员个人的能力、知识和技巧，这对外派人员顺利完成工作任务提出了很大的挑战，特别是在与东道国员工交流以及转移知识时尤为如此。因此，作为外派人员，了解东道国的文化特性，获取完成任务的必要能力尤为重要。这个过程就是外派人员的适应过程。

外派适应是多方面的，它主要包括三个方面：工作适应、互动适应和一般的适应等。工作适应是指外派人员感觉到的有关工作和责任方面的适应程度；互动适应是指外派人员感觉到的有关与上级、同级和下属互动的适应程度；一般适应是指外派人员感觉到的对于东道国文化的适应程度。一般适应几乎等同于文化适应。现有的研究显示，外派人员不能适应国外的文化是外派失败的主要原因之一。

2. 家庭因素。

（1）配偶因素。布莱克和斯蒂芬（Black，Stephen，1989）的研究表明，外派管理人员配偶的跨文化适应能力与其跨文化适应能力及绩效表现紧密相联。也就是说，外派经理配偶或家人如果不能适应跨文化的环境，也可能会影响外派经理自身的跨文化适应，从而在某种程度上影响其工作的顺利开展及个人绩效。曹礼平（2009）研究发现，外派经理配偶支持包括工作上的协助、生活上的帮助、心理上的安慰鼓励等，这对其工作绩效具有正向影响。可见，配偶因素是导致外派成败的重要原因之一。

（2）工作—家庭冲突。工作家庭冲突是指当来自工作和家庭两方面的压力在某些方面出现难以调和的矛盾时，个体产生的一种角色交互冲突。也就是说，由于工作任务或者工作需要使得个体难以尽到对家庭的责任，或是因为家庭负担过重而影响工作任务的完成。黄俊发（2013）以中泰合资企业的外方员工为研究对象，发现工作—家庭冲突与其工作绩效之间存在密切关系。如果存在行为上的冲突时，外派员工在工作上的表现会受到一定影响，而如果存在工作—家庭压力冲突时，则会大大降低员工完成工作任务的热情、主动性和合作性，他们会减少执行职务要求之外的任务和活动。琳妮娜和沃尔许（Linehna，Walsh，2000）研究发现，由于男女在家庭中的角色分工差别，相对于男性外派经理而言，女性外派经理面临更为突出的工作—家庭冲突，从而使女性外派经理的绩效受到一定影响。

3. 社会因素。

（1）社会网络。社会网络是指外派经理在当地的人际关系，包括外派同事、东道国的工作伙伴和当地朋友。这些人际关系成为社会资源的重要渠道，他们在工作和生活信息、物质、心理和工作反馈等方面可以为外派经理提供有力的支持和帮助，所有这些都会有助于外派经理在异文化环境中应对压力和不确定性，提升个体的跨文化适应能力和工作绩效。

社会网络的哪些特征会影响外派经理的绩效？在这方面，研究者得出的研究结论不尽相同。托马斯（Thomas，1998）构建了一个外派人员绩效模型，该模型表明外派人员社会网络的结构特征，包括规模、多样性、密度、紧密程度以及频率，都会对外派人员的心理幸福感和工作绩效产生直接影响。曹礼平（2009）以在沪跨国公司外派经理为样本，研究发现，外派人员社会网络规模、东道国政府人员所占比例、紧密度、频率对工作绩效都具有显著影响，但是，社会网络文化多样性、密度则对其工作绩效没有显著影响。

（2）文化距离。霍夫斯塔德（Hofstede，1989）认为，根据不同文化在文化现实、文化价值观上的差异，可以测量出它们之间的文化距离。陈晓萍（2009）认为，外派人员的母文化与东道国的文化距离越大，跨文化人际交往中建立和保持和谐关系的难度也越大，价值观的矛盾和冲突越明显，例如：外派人员在执行总部制定的工作任务时可能遇到母公司制定具体任务时没有遇到的问题；低权力距离文化背景下的外派人员可能难以适应高权力距离文化管理者所体现的决策方式及其任务指派方式；欧洲女性外派经理人在东亚某些国家会遇到阻碍和偏见。这一切都使得身处异乡的外派人员难以适应，会对其绩效产生很大的负面影响。

（3）东道国政治、经济、法律因素。除上述因素之外，东道国政治、经济因素也对外派经理绩效产生影响。如果东道国政治局势稳定，经济发展水平高，法律健全，则对完成市场与销售有比较好的影响，反之亦然。

4. 组织因素。

（1）岗位距离。在新文化与在母文化中所从事工作的异同，即岗位距离（可以通过计算两个工作之间的职责相差的距离来计算），是决定外派人员绩效的一个重要因素。

亚瓦斯（Yavas，2003）等对一些跨国公司外派经理进行调查后发现，产生高绩效的外派因素包括：工作性质最好是与母国的工作类似；派遣工作的内容最好是监管整个海外运作；具有在他国生活的经历；等等。

（2）跨文化培训。外派人员是在一个全新的政治、经济、法律和文化环境中开展工作的，会遇到一系列前所未有的困难，组织提供科学、系统的跨文化培训将有助于其提高跨文化适应能力，克服困难，提升绩效。里特瑞、爱德华多和萨拉斯（lisa N.littrell，Eduardo，Salas，1989）等人研究了跨文化训练与外派人员绩效的关系，结果显示，在外派前和外派过程中，对外派人员及其家属进行系统的、有针对性的跨文化培训和其适应性、工作绩效呈现正相关。

也有学者指出，母公司分权、东道国分公司经营状况、人员素质对外派经理绩效也会产生重要影响。

总之，影响外派人员绩效的因素非常复杂，来自个人、家庭、社会、东道国、组织等方面的各种因素相互交织。

5. 外派人员管理措施。

（1）外派人员的甄选标准和测试。第一，甄选标准。罗丽莎·唐、马克·门登霍尔、加里·奥都在对外派工作进行调查和分析之后，认为应当以外派管理人员成功的关键因素（技术与管理技能、国际任职动力、社交能力、语言能力）作为选拔的主要依据。著名人力资源管理学者亚瑟夫、W.小奢曼认为，选拔外派人员的标准应当是：专业经历、人际技巧、国际经历、家庭灵活性、在特殊国家的经历、语言能力。英国学者乔丹认为，良好的人际关系能力、文化敏感度、语言能力、高抗压能力等四种基本特质是外派人员的必备素质。美国著名学者韦恩·卡肖认为，跨国公司的外派人员选择标准包括五大方面：个性、技能、态度、动机和行为。美国学者约翰·伊凡瑟维奇在其《人力资源管理》一书中提到，甄选外派人员的因素包括个人因素（跨文化的适应能力、专业能力和家庭因素）和环境因素（国家文化因素、语言和跨国企业因素）。最近的研究指出，外派人员的选择往往缺乏组织性和一致性。因为甄选标准基本上是由跨国公司国际人力资源部门确定的，但是决定通常是由企业领导者做出的，他们有时候忽视了国际人力资源部门确定的标准。他们倾向于从喜欢的候选人中进行挑选，而这些候选人往往像管理者本人，或是表现出对于外派工作的兴趣。这些非正式的选拔机制，从某种程度上解释了为什么女性外派人员和第三国人员较少的原因。

第二，测试。许多跨国公司通过面谈、标准化测试、评估中心、试用、推荐等多种方式，对外派人员候选人的综合素质进行全面评估。虽然甄选过程采用了个性特点心理测试法，但专家对于它能否预测文化适应能力意见不一。例如，托贝恩认为，虽然个性特点心理测试法对外派人员优点个性特征有详细记录，但评估这些优点的测试或者标准却鲜有让人信服的。威利斯也认为，如果要用这些测试的话，就必须考虑其可靠性和实际效果，但结果表明，测试分数似乎与外派人员的实际表现没有太大的联系。

（2）外派人员的绩效管理。绩效管理是人力资源管理的难点，而外派人员由于工作的特殊性，导致其绩效管理难上加难。塔卫里娜开发出一个综合性的绩效管理模型，该模型阐述了绩效评估是如何成为公司战略和目标的结果，同时又为其他的人力资源活动提供重要的参考。有关文献还谈到了不同文化对于绩效评估的不同反应，进行绩效评估本身也面临着文化适应性的问题。

关于绩效评估的决定因素还需要做进一步的研究。有很多问题存在，如：由谁来设定目标，采用哪一类目标，以及设定多少目标等。外派管理者与本地管理者相比，更容易得到好的还是差的评价？公司总部评估者的国际经验对评估质量的影响如何？准确地评估外派人员绩效存在哪些障碍？等等。在这些方面的研究还需要进一步加强。

 **相关链接**

激活外派领导力——专访美国智睿咨询董事长兼 CEO 白翰姆

在麦肯锡 2008 年的一项调查中，88% 的中国企业高管表示，缺少拥有跨文化知识和管理国外员工经验的人才，是企业全球化拓展中最大的障碍之一。对于这个掣肘，不少人以为只有中国企业才会遇到，是中国企业跨国发展年头太短，没有经验和资源积累所致。实际上，这个问题在那些拥有多年跨国经验的企业中也不时出现。

美国智睿咨询有限公司（Development Dimensions International, DDI）董事长兼 CEO 威廉·白翰姆（Willian Byham）对此感受深刻。DDI 是一家提供企业领导力发展培训和咨询的美国公司，很多跨国公司都是它的客户。这些跨国公司在拓展本土以外的市场时，或多或少都会遭遇到文化和地域差异而带来的管理挑战，而在拓展中国市场时，这样的挑战尤为突出。

也正因为如此，两年前，白翰姆和他的同事开始着手撰写一本外派人员指南——《如何在中国获得成功的领导力》（Leadership Success in China）。在这本书出版之际，我们就如何激活外派领导力的话题对白翰姆进行了专访。

白翰姆不仅是一位资深的人力资源咨询专家，更重要的，他也是一个需要不断激活 DDI 20 多个外派市场领导者的跨国公司老总。

《中欧商业评论》（以下简称 CBR）：您为什么选择这样一个话题来专门

写一本书？

白翰姆：两年前，我们从客户那边收集到的信息是，越来越多的外派人员来到中国，他们中有将近 30%～40% 在这个市场失败了。就是这个现实促使我们着手写这本书。

CBR：把人员外派到海外市场去，总部对这些人的目标期望值是什么？

白翰姆：从我们服务的客户来看，他们的最终目的都是想实现本地化管理。因此，外派去的人在当地要成为很好的培训师和教练。他要把母公司的文化传承到当地市场去。

CBR：开拓新市场的外派人员与派到成熟市场去的人在责任上有什么区别？

白翰姆：开拓新市场的人需要依据当地市场做出决策，比如决定在当地提供什么样的产品和服务。然后，依据这个决策为公司在当地的发展创建运营基础。而派往成熟市场的人，因为已有前面的同事做好铺垫，因此只要在此基础上执行就可。以财务为例，先去的财务人员，需要建立与当地银行的联系，要处理与税务的关系，而后去的人，就只要做好账本工作就行了。

CBR：什么样的人适合做外派人员？

白翰姆：首先，外派领导者对当地的社会、文化要有兴趣；其次，他要能调整领导力风格以适应当地的特殊性；另外需要指出的是，他的伴侣也要具有适应当地风土文化的能力。很多失败的案例就是伴侣不适应当地的结果。

CBR：企业选择外派人员是否需要建立一套系统化的体系和流程？

白翰姆：原则上应该有，但是一般企业都没有。根本原因在于企业没有合适的备选人才，没有足够的选择余地。我们经常可以看到的是，环顾企业里的四五千人，可能只有一个人适合这项工作，这个人具有技术上的必备关键能力。因此，客户给 DDI 提出的需求，往往就是培养和训练外派候选人的某个方面的能力，而不是帮助建立选派流程。

CBR：一个企业需要事先做好哪些准备，才能在它需要外派人才时能够从容应对？

白翰姆：企业应该首先给备选人才一个相对容易的外派工作，比如说从英国到美国，或者说从美国到澳大利亚，当这些人对在本土以外地区的工作生活能够应对自如并培养起相关意识后，再把他们派到文化差异更大、更远的地方去，比如从美国到法国，从美国到中国。在这个过程中，他们逐渐被培养成专业的外派人才。他们的家庭也一样，在这个过程中得到了锻炼。

CBR：这是否意味着这些经过训练的人将终身成为外派人员，要一直生活在总部以外？

白翰姆：不是所有人都会这样，但是确实有很多这样的人。实际上，外派人员有两类，一类是职业外派人员，另一类则是为了职位培养而外派的人。对职业外派人员来说，他们可能更喜欢这种工作生活方式，比如在新的地方有更便宜的服务、妻子不用工作而且很容易适应当地生活、孩子也能适应或者孩子已经不用操心了。

对于第二类外派人员，外派出去是为了让他们适应不同的岗位，适应不同文化下工作的挑战。这类外派人才最多被外派一两次，时间大约为一两年。

CBR：总部如何对外派人员实行既不失约束又充分授权的管理？

白翰姆：财务控制就是一个很好的约束管理框架。在此基础上，要给外派人员充分决策的自由度，比如依据当地市场选择产品和营销模式等。

CBR：如何衡量在当地市场的业绩？

白翰姆：在外派任务一开始时，总部和外派领导人就要协商业绩目标，要互相理解，最后达成一致。这样才能确保后期衡量是有效的。比如，在有的国家，有效销售的衡量指标会涉及销售人力的问题，但是在另一些国家这个衡量手段就不合适，因为尽管这些国家用的人更多，但人力成本便宜，于是利润更高。因此，在这种情况下，用利润率来衡量销售指标更为合适。所以，外派团队要让总部了解这些实际情况，以确保获得更有效的衡量指标。

CBR：看来，外派人员与总部保持有效沟通非常重要。

白翰姆：这是一个非常关键的问题。我们在撰写此书时花费一个章节在谈论这个问题。实际上，在领导者还没被外派之前，他就应该在总部建立好所有重要的人脉网络，建立好沟通渠道。在他被外派出去后，还应该经常跟这些人保持密切联系，不断沟通，让他们及时知道外派地发生了什么，从而及时获得资源支持。

CBR：外派人员必须通过这些人把信息传到总裁耳朵里吗？

白翰姆：能直接把信息传到总裁那里是最好不过的，不过，在大企业里非常难办到。我认为能跟公司关键部门高管保持良好的沟通也是很有效的。比如，DDI有三条业务线，一条是人才遴选，一条是培养中级管理人才，一条是高管的发掘和培养。这三条业务线每一条都有一个高级副总裁负责。那么，DDI派到中国来的负责人，就应该同时与这三个副总裁取得定期联系。实际上，这种联系在他没来中国前就应该建立起来。通过这种联系和沟通，他能了解每条业务线的策略是什么，哪些因素是这些业务线成功的关键，这三个副总裁最关注的是什么，怎么保证他能及时从这三个副总裁那里得到他所需要的支持。而来中国后，这些副总裁尽管都不是他直接汇报的老板，但是，他仍然应该与他们保持密切的沟通。比如，回总部办事时，他就一定要去看望这三个副总裁，至少要打声招呼。

CBR：很多外派人员在外面工作几年后回到总部就没有位置了，您怎么看待这个现象？

白翰姆：这是非常普遍的现象，但不能因为普遍，就认为这是合理的。这种现象其实是一个非常昂贵的管理失误。事实上，外派一个人出去时，事先就应该知道他在那边能待多久，2年或者3年。你就应该事先计划好，等他回来后，可以给他安排什么样的工作。外派人员的经验和能力比外派前往往有很大增长，对企业来说是更有利的。如果等他外派期满时没有空位给他了，这是一个很大的错误。他的上级和人力资源高管对此事都要负责。这是一个比较差的人力资源管理策略。

CBR：外派一个人出去，多长时间比较合适？

白翰姆：这跟外派任务的目的有关。如果外派人员去做当地的导师、辅导员，那么外派时间就可能是短期的；当然，如果有的人希望在当地长期待着，而且公司在当地也需要这样的人，那么，他也可以长期在当地外派。

CBR：企业应该怎么帮助外派人员比较好地适应当地文化、管理习惯呢？

白翰姆：真正具有挑战性的，是外派人员管理风格和管理方式上的本地化。DDI就为客户提供这样的服务。把客户外派候选人放到我们的评鉴中心去，在评鉴中心里模拟当地可能出现的管理挑战，来评估他的领导力风格和表现。我们除了呈现他的管理方式，还告诉他这种方式在当地是否行得通。我们会根据每个国家的文化和管理风格来提供相应的反馈，帮助他尽快适应或了解自己是否能适应当地。

CBR：DDI至今外派了几任中国区领导人？

白翰姆：3位。目前他们分别担任亚洲区总裁、大中华区总经理，以及咨询顾问团队领导人。

　　CBR：在中国区领导者的位置上，DDI 打算什么时候换上中国本地人才？

　　白翰姆：尽快。中国市场发展起来了，中国本地年轻人成长很快，应该很快就能启用他们。

　　资料来源：中欧商业评论．［J］．2009（3）．

第五节　从电影中看文化差异——《刮痧》赏析

一、《刮痧》剧情简介

　　5 岁的华裔孩子丹尼斯闹肚子发烧，在家的爷爷因为看不懂药品上的英文说明，便用中国民间流传的刮痧疗法给丹尼斯治病，而这就成了丹尼斯一次意外事故后父亲许大同虐待孩子的证据。法庭上，以解剖学为基础的西医理论无法解释通过口耳相传的经验中医学，许大同最后终于失去冷静和理智，法官当庭宣布剥夺许大同的监护权，不准他与儿子见面。

　　爷爷因此事决定回国，为了让老人临行再见一面孙子，许大同从儿童监护所偷出儿子丹尼斯到机场送别，因此受到警方通缉，父子分离，夫妻分居，朋友决裂，工作丢失，接连不断的灾难噩梦般降临，一个原来美好幸福的家庭转眼间变得支离破碎。影片结尾，在一家人不懈的努力和朋友的帮忙下，终于向法庭证明了什么是中国的"刮痧"，一家人终于得以团圆。

二、文化价值观理论与《刮痧》

（一）权利距离的差异

　　根据霍夫·斯塔德的统计数据，我们知道中国的传统文化是一个权利距离较大（high. power　distance）的文化，美国文化是一个权利距离较小（low. power　distance）的国家。在中国，传统的儒家思想强调了等级关系的重要性，指出对于年长的、地位高的和有权势的人应该表示尊重。此外，先秦儒家思想还认为："孝"就是"善事父母"，就是要对父母尽养育之恩。"滴水之恩，当涌泉相报"就是这种思想的真实写照。所以许大同在美国定居后，把父亲接到美国"享清福"，以报答父母的"养育之恩"；为给父亲早点办上绿卡，自愿顶替父亲给儿子丹尼斯刮痧的"罪名"。《刮痧》中还有一个细节，由于两个孩子打架，许大同当着昆拉的面打了孩子一巴掌，后来他对昆拉说："我打我的孩子是为了表示对你的尊重，是给你面子。"在中国人眼里，孩子是自己的"私有财产"，是我生的，属于我，我打他，是我的事，你管不着。虽然许大同打孩子不是为了惩罚孩子的过错，而是给朋友"面子"，但在昆拉看来，打人是犯法的，无论打的是谁。在西方人眼里，许大同的"孝顺"属于"责任倒错"，"不诚实"。美国人认为父母、子女是平等的，父母很少为孩子决定什么事情，而是让其依靠自己的力量去奋斗，许多美国人接受了这样的生活信条：Every man for himself, and God for us all. Every man is the architect of his own fortune。例如，世界首富比尔·盖茨决定百年之后把自己的绝大部分遗产捐给社会，而给子女极少的一部分，就是要断了孩子的念想，让他们做自强自立的人。

（二）个体主义与集体主义

根据霍夫斯塔德的统计数据，我们知道中国文化属于集体主义文化，美国文化属于个人主义文化。人际关系在中美文化中包含着不同的意义。爱德华·斯图尔德和米尔顿·班尼特（Edwar Steward, Milton Bennet）这样论述美国人的朋友关系："虽然美国人保持许多友好的非正式关系，但是他们极少有那种很深而又维系多年的关系。理想的境界是美国式的友谊，建立在自然发生、相互吸引以及温馨的个人感情的基础上。人选择自己的朋友，同时，他们又把朋友关系与社会工作义务分开。"在中国，情形有所不同。交朋友讲究的是时间越长越好，承担的义务越多越好。理想的境界是为为朋友"两肋插刀"、赴汤蹈火在所不辞。中国人对于朋友的期望值很高，若有困难，应该倾囊相助。当昆兰指证许大同打过孩子时，许大同指责昆兰"我一直把你当朋友，但你却在法庭上出卖我！"而昆兰感到委屈和不解："我只是说了句实话。"诚信是美国最基本的美德之一，你让一个美国人撒谎就相当于让他放弃基本的价值观。

（三）不确定性规避

根据霍夫斯塔德的统计数据，我们知道中国文化比较强调对不确定性因素的回避（strong uncertainty avoidance），不鼓励冒险或偏离常规，凡事倾向于按既定规矩进行，较多地依赖有形的、书面的材料，重视准确性。例如，中医"望闻问切"诊断法和经脉、气血、精气、丹田等表述方式被奉为医学经典，加之华佗、扁鹊、李时珍等权威名医立说著书、妙手回春，更加坚定了中国人的信念。影片中关于"刮痧"在美国是否具有合法性很好的说明了这一点。影片中法官要求许大同"找一个官方医生，用简练的、一个老法官能看懂的英文来说明刮痧"，但正如许大同的辩护律师所说的："没有一本美国的医学教科书有关于刮痧的记载，那是不科学的，没有人会为此作证。"在法庭上，当许大同试图解释"刮痧"时，他不得不使用中文"丹田"、"七经八脉"等术语，因为美语里根本找不到相应的词汇来表达，许大同"dan-tian"（丹田）和"seven jing and eight mai"（七经八脉）等词汇让在场的美国人不知所云，法官阻止他继续说下去，让他们去找专家人士来说明"刮痧"为何物，可许大同与其妻简宁费尽全力也找不到这样的人。影片中，爷爷痛惜地自问："刮痧在中国都存在好几千年了，到了美国怎么就说不清楚了呢？"

第六节　从电影中看跨文化适应——《推手》赏析

一、《推手》剧情简介

《推手》以一位从小练习太极拳的朱老先生被在美国当工程师的儿子从中国内地接出后，与美国媳妇玛莎在语言、生活方式上的矛盾为主要内容，探讨了众多移民美国的中国家庭所共同面临的文化隔阂问题以及老一代与后一代人在情感上的危机。朱老先生最后离开了儿子，自己去唐人街的餐馆洗碗打工，唯一能给他一点安慰的是一位从台湾来的陈老太。李安通过这两位老人对故土的怀恋，表达了所有海外移民那种无法遏止的乡愁。

二、《推手》中的中西方文化冲突及其调适

（一）短暂的文化蜜月期

对老朱来说，最激动的时候就是听到儿子要把他接到美国去的消息，虽然影片没有指明，但我们可以肯定他的蜜月阶段就是刚到美利坚的时候。美国的富庶和繁华就不必说，单说要跟好久不见的亲生儿子重逢，跟美国儿媳妇和孙子共同生活，就是非常甜蜜的事情。天下父母心，谁不爱自己的孩子，

谁不想一辈子和自己的孩子一起生活呢？虽然老人家舍不得背井离乡，但是儿子是他的心肝宝贝，胜过世上的一切。

（二）公公和儿媳妇的文化冲突和矛盾

老朱是传统的中国人，拥有中国人的传统性格特点，如含蓄、群体取向、注重修身养性、追求人际和睦等。儿媳妇玛莎是典型的美国青年一代，拥有美国文化特色的个性如坦诚、直接、个人取向、注重平等，需要有私人空间等。于是，中美文化的碰撞、冲突就此拉开序幕。幸福的日子没过多久，老朱渐渐发现现实不是他想象的样子，尤其是儿子和孙子不在家时，家里只有一个中国老人与一个不爱说话的美国儿媳妇待在一起。这时，两种文化、两种性格的差距表现很明显。可以说，这时老朱已经进入挫折阶段。

儿媳妇觉得这位公公很奇怪，吃饭时总是抱着一大碗饭，上面放满了配菜，而且还经常用筷子夹东西到她碗里。她心里充满了疑惑："公公到了这把年纪为什么还不懂保养身体，煮菜还放这么多油？"吃饭时，为什么吃的都是大米、肉与配菜呢？还有，他看电视时，把声音开得很大，有时高兴时，还会跟着电视里的演员唱上一段曲子，吵得儿媳妇无法专心写作。这时儿媳妇忍不住跑到公公跟前提醒，或亲手把耳机递给公公，眼神好像在说："拜托！请保持室内安静！"公公虽伸手接过了耳机，但心里很不舒服觉得这个儿媳妇很奇怪，没有中国儿媳妇可爱、懂礼貌，不懂什么是孝敬老人。吃饭的时候总是守着一碟面条或一盘水果素菜之类，一手拿着刀叉，一手端着几个饼干，这么吃怎么会有营养？公公担心她的身体，夹好吃的东西给她，希望她补充点营养，她却不领情，很坚决地说："NO！"爷爷给孙子夹菜，她也拦着说这不适合给孩子吃。公公跟丈夫聊天时，她在旁边一直抢着说。爷爷在跟孙子玩耍，她连招呼都不打就把孩子抱回去，说怕孩子着凉。儿媳妇从来没有向公公问候过或表示关心，在教育孩子方面，中美文化也有很大差别。比如孩子正在吃饭，突然想玩游戏就出去玩，小俩口也由着他，不说什么。老朱问为什么不制止孩子，晓生坦然回答："平等嘛！"当孩子画一些充满暴力色彩的图画时，玛莎马上亲吻他并鼓励他。当爷爷教小孩画可爱的动物时，儿子却不由分说加以反对。

时间长了，两个不同文化背景、不同时代的人住在一起，天天见面，同桌吃饭，但却各想各的、各做各的，河水不犯井水，谁也不能理解对方的行为为什么这样子。家里的生活气氛就被这种沉重笼罩，久而久之产生一种疏离感，甚至引发误会和冲突。

（三）家庭生活恢复正常

记得有一次儿子晓生问爸爸："住在这儿感觉怎么样？"老朱说："很不习惯。"晓生安慰父亲说；"爸爸还来没多久，慢慢就习惯了。"玛莎曾跟晓生提出和爸爸分开住的问题，晓生坚决反对，她为了这件事很生丈夫的气。有一次，玛莎因写作劳累导致胃病加重，老朱用中国的治病方式来给玛莎治疗，不幸出现胃出血，要住院，这件事让老朱很难过。

老朱一直待在家里，很寂寞，没人和他聊天，老人家就出去转转。天很晚了而爸爸还没回来，晓生心急如焚，急忙开车去找，找到深夜还没找到，因为心情不好，晓生对玛莎大发脾气，指责她不关心自己的爸爸，甚至怒气冲天地把厨房里的东西都摔碎了。大闹之后，晓生跑去喝酒，喝醉回到家一头撞在墙壁上，额头出血。痛苦中，晓生抱着自己的儿子说："在家里，妈咪和爷爷不爱爹，只有杰米心疼"。之后，晓生决定下周把老人送到养老院去，认为只有这样，家里才能恢复正常的生活。

（四）不断让步，不断适应

老朱是一个中国人，而且是一名武师，性格刚强，他无法接受养老院里被动、无聊的生活。最初，老朱很伤心，心里总问儿子为什么这么对待我？在传统中国人的观念中，把年老的爸妈推到养老院去是不孝顺的事情。但是，老朱不想成为儿子的负担，还是默默离去。他到一个中国餐馆洗碗维持生计，因为年老，动作没有年轻人那么快，所以被老板给辞退了。辞退归辞退，但老板居然辱骂老朱，说他是共产党培养的一个废物，伤害了他的自尊。受到天大的侮辱，老朱能忍下这口气吗？老朱这时真正感受到在异国他乡的苦涩味道。再之后儿子泪流满面求他回家，他问："回谁家？"，"我的家就是您的家"，儿子回答。老朱很平静地说："我想开了，只要生活幸福，其他事情都不重要了。你有孝心的话，就在中国城附近租一间公寓，让我一个人安安静静存神养心，如果有空的话带孙子来看看我就行。这样大家见面，还有个高兴劲儿。"儿子最后只好听从父亲的话，成全了父亲的心愿。为了适应新的生活环境，父子俩人都需要时间和空间来进行调适。影片结尾，我们看到美国儿媳妇在跟她丈夫练太极拳，她在一步一步融入中国文化。老朱在中国城当武术老师，除了教中国人练武功以外，还收了不少美国弟子。偶尔有空，他到邻居陈太太家坐一坐，聊一聊，看起来很快乐，他已经找到自己的人生了。

晓生和玛莎常常带着儿子来看他。总之，他们都在逐渐适应这种生活，看来，离家庭团聚那天为时不远了。

思考题

    1. 霍夫斯塔的文化维度理论的主要内容是什么？

    2. 什么是文化智力？如何测量？

    3. 什么是跨文化适应？有几种适应策略？

    4. 什么 U 曲线？

    5. 文化休克理论的主要内容是什么？

    6. 什么是 W 曲线？

    7. 跨文化人力资源管理的主要内容有哪些？

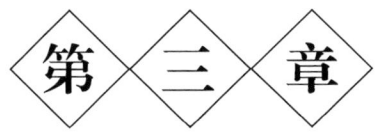

外派人员的招聘与选拔

导读案例

G 公司人员派遣的难题

G 公司是一家从事外包业务的印度公司，2001 年进入中国，以大连为中心，建立了长春和上海两个分支机构，布局全国，以期获得更多的优秀人才，提供更具有成本优势和技术优势的服务中心，做立足大连、辐射全国的行业领先者。随着公司业务的不断拓展，G 公司所提供的服务已经渐渐向产业价值链上方转移，由单纯的数据处理和电话服务中心开始向高端外包服务项目提升，业务内容正向 IT 咨询、财务分析、供应链管理方向扩展，由此带来的挑战也日益明显：在大连甚至在整个国内有从业经验的人才数量有限，现有人员的知识结构和技能远远不能满足日益增长的业务需求，人才缺口成为制约企业快速发展的瓶颈。而送出去，走进来，进行跨区域人才流动和经验分享成为了当时意义深远的战略举措。然而，人力资源的调配远不如资金或生产物资般容易，不仅要考虑组织的需要，个人的需要也具有同等重要的地位，因此，如何有效安排跨国调动，妥善处理相关事宜，是一个有待解决的新课题。

一、人力资源总监的困惑

"五一"长假对于业务流程外包企业 G 公司人力资源总监 Lin 来说并不轻松，总部每月初的定期会议不会因为中国举国休假而修改日程。五月二日中午十二点，她准时出现在公司大会议室里，公司的其他高层领导——首席执行官后藤，财务总监 Windy，四个主要业务部门负责人也都陆陆续续进入房间，电视电话会议设备也已经接通了。

这次的会议上，人员技能制约企业发展的问题又一次被摆到了议题中。对于缓慢的进展，G集团全球总裁显得有些不耐烦："不要再自己埋头干了！大连公司在中国的发展，跟几年前的印度是一模一样的。我们已经有了解决这些问题的经验和能力，为什么不能从印度派遣专家到中国去？我要看到人才在我们各个运营中心内共享！"

会议结束了，跟进计划之一，就是各部门认真讨论在未来12个月内，急需从总部进行人员引进的方案和实施计划，报人力资源部和财务部审批，下次例会就要检验进展了。

休息了两天，Lin回到办公室，大楼里静悄悄的，绝大部分员工还在休假中，只有几个员工因为要配合国外客户工作时间在照常上班。打开邮箱，一封部门人力资源经理的来信吸引了她的注意力。该部门两个月前来了位印度派遣的技术经理，带领一个三人小团队支持某日本客户IT网络基础设施的维护更新项目。这位经理只能说英语，对于下属的工作事无巨细都要亲自过问，可是团队成员都是以日语为工作语言的技术人员，他们可以与日本客户直接沟通，英语交流却让他们为难，何况还被要求花额外的时间和精力去写英文报告。表达沟通中的障碍以及事事汇报所带来的不信任感成为一道巨大的鸿沟阻挡在这位经理和他的团队之间。双方冲突频繁，两个月下来，小组里的三个人都纷纷提出辞职。

回想起两天前与总裁的会议，Lin不禁皱了皱眉头：这已经不是第一次出现类似的派遣经理与中方员工管理和沟通上的矛盾了。很多中方员工的抱怨集中在工作方式上，比如印度人说得多做得少，上班习惯性迟到；更有下属反映他们啥也不干，就会天天作报告跟领导汇报，不但工作没有效率，还要我们围着转。也有很多矛盾并非个人原因造成的，语言和文化上的差异凭空增加了运营和管理的复杂程度：作为为日本客户提供服务的流程，员工掌握的工作语言都是日语，而作为运营机构遍布全球多个国家和地区的全球化公司，英语又是其官方，所有的与总部和各地区公司甚至大连公司内部进行的信息往来，都是用英语。对于大连公司70%以日语为工作语言的员工来说，面临着巨大的学习和沟通压力。

现在换掉印度经理显然不现实，但团队成员也要挽留，人力资源经理建议短期内先找一个翻译，帮助克服语言沟通障碍，同时高一层的经理也要加强对这个团队的管理，多花一些时间，密切注意派遣经理自身可能存在的问题；长期来看，要尽快找到合适的继任者进行培养，毕竟派来的经理一年之后就要回去了。

长假刚过，各业务部门纷纷行动起来。不到一周时间，经人力资源部和财务部及首席执行官审批通过的外援需求表报到了印度总部：从质量控制到专业培训、流程专家，大约有十几个空缺，虚位以待，等着来自总部的专家支持。推动这个项目的专款也很快批了下来，大家不禁轻轻松了一口气，盼望着一两个月内人员迅速到位，就可以整装待发。然而，事情并没有想象中进展得顺利。

令管理层始料未及的是，一个月过去了，十几个中层管理岗位和专业技术职位中，有一大半还没有确定人选，或者说，有一大半推荐的候选人都不愿意到中国来。该做的说服工作也做了，一揽子薪酬福利调动政策也出台了，可是，仍有很多人拒绝赴中国工作。

原本以为从印度到中国工作应该会是很多印度同事向往的，然而事实证明，这种跨国外派似乎并没有吸引力，只有少数几个人很爽快地接受了派遣，开始了调转的准备工作，其他人都在观望，或者谈条件争取更多的待遇，或者干脆拒绝。

看来，不仅要帮助这些派遣经理们到中国之后克服文化差异，缩短磨合期，与中国团队协力合作，否则，只能是浪费时间，花了大钱却得不偿失。Lin 不禁陷入了沉思。

二、派遣经理的难题

等到 Raijv 匆匆忙忙赶到会议室，已经快 11 点半了。他轻轻地推开门，想尽可能少地引起大家的注意，不过没能成功。"你来的正好"，正在说话的运营总监 Bin 冲他点点头："新流程数字化改进项目有什么进展？一会儿给大家说说吧！"Raijv 找了个门边的角落坐下来。最近闹心的事特别多，孩子已经咳嗽好几天了，给她吃了点药店买的止咳药，但病情并没见好转，反而加重，昨天一夜都没睡好。早上，给幼儿园老师打过电话请假，医院一开门就带她看病了。好在对医院也算熟悉，因为这是一个月内他第二次光顾了。上周岳父从印度飞过来，长途飞行再加上中途转机，老人折腾得有点儿吃不消，去医院打了好几天点滴。幸好与大夫连说带比划还可以沟通，等拿完药，把孩子送回家安顿好再上班，会议早就开始了。

Bin 所说的项目是自己刚刚接手的一个新任务，将要移管的一个业务流程涉及很多重复性的手动操作和数据录入，作为部门数字化小组责人，他正带领团队成员进行流程再造设计。以 Raijv 的经验，这并不是什么难题，在被派往中国之前他已经领导过几次类似的项目了，只不过面对的都是欧美客户。这次不同，需要与日本客户合作，而且自己的团队成员都是中国同事，沟通的难度远远大于技术问题。客户似乎竭力避免与自己直接打交道，对 Raijv 提出的需求分析迟迟不回复，或者在开电话会的时候不置可否，每次都无法得出明确的方案和计划。面对缓慢的项目进程，Rajvi 感到一筹莫展，不知道该怎么向大家汇报。

更让 Raijv 沮丧的是，跟同事和下属的关系也随着时间的推移紧张起来，刚开始的礼貌和客气渐渐演变成消极的抵触和隔离，像有一道无形的墙横亘在自己和中国同事中间，彼此很难融入，想要得到团队成员的配合似乎越来越难。

回想起三个月前刚接受公司指派赴中国工作任务时感受到的兴奋劲儿，

Raijv 最近常常禁不住怀疑自己拖家带口到中国来，到底是不是做了一个正确的决定。

三、中国同事的不满

"这个印度人又迟到了，他们什么时候能准时才奇怪呢！"Jim 抬起头，看了看刚进来的 Raijv。

虽然不在一个部门，Jim 也对这位来自总部的经理颇有意见。三天两头请假，总有处理不完的家务事。

一个外籍经理的加入给沟通带来很多麻烦，本来大家都说汉语就可以了，现在还要费劲翻译解释；一起吃饭要注意对方的习惯；本来每个人都有一摊工作忙得要命，跟这个外国人共事又花时间又花精力。而且印度人太善于"讲"了，一点儿小事儿也能极尽渲染，与中国同事谦虚保守的作风比起来实在让人难以接受。

实际上，印度经理在中国运营中心也很难充分发挥作用，毕竟直接面对日本客户就是一个无法跨越的障碍。不能跟客户面对面打交道，对业务的积极影响就有限。与其花那么多钱派人过来，真不如给大家涨点儿工资呢！

资料来源：王梦蓉："G 公司人员派遣研究"[J].大连理工大学硕士学位论文，2006.

上述案例中，为了加强对大连子公司的管理、援助和控制，配合母公司战略目标的实现，印度母公司加大了对大连公司的派遣力度，从高层到中层都可以看到外派人员的身影，但是，什么样的人适合外派？他们应具备哪些方面的能力？需不需要具备外派动机？需不需要考虑家庭、配偶因素？显然，该公司人力资源部门并没有对这些问题进行深入思考，仅从业务技能角度考虑来选拔外派人员，一些跨文化交际能力缺失的印度人到中国之后，和中国同事的合作成为一件痛苦的事情，各方面意见都比较大；同时，团队效率也令人担忧。因此，导致该公司面临人员派遣难题的原因虽然比较复杂，但是在外派人员招聘和选拔上的漏洞却是一个重要方面。

选拔是外派人员管理的首要环节。很多其他的工作都是在它后面发生的，因此，招聘选拔工作的质量直接影响到后面的工作。如果招聘与选拔的工作做得比较好，就会形成一个优化的人力资源管理基础平台，后续的工作就相对容易一些；反之，如果选拔了不合适的人选，由于外派管理的复杂性，将会对后续工作造成极大困难。如果要成功选拔出最佳人选，该公司人力资源部招聘主管必须明确三个问题并掌握相应的方法：第一，外派人员选拔之前应做哪些准备工作？第二，外派人员选拔的标准是什么？如何确定外派人员？第三，采用什么方法进行选拔？

第一节　外派人员招聘与选拔前的准备工作

一、做好外派人员需求和供给预测工作

这是做好招聘与选拔工作的前提和基础。外派人员计划的制订一般需要对三个方面进行预测：外派人员需求预测；外部候选人供给预测；内部候选人供给预测。

理论上说，公司对外排人员的需求是一种派生需求。人力资源部要根据公司战略目标，对公司内外信息进行综合分析，包括外部环境（母国和东道国政治经济状况、文化、法律环境、母国和东道国劳动力市场状况），内部环境（企业发展战略、经营规划、生产技术），在此基础上对海外子公司业务量进行预测，并进一步预测外派人员的数量。虽然将所有因素都考虑在内是一件困难的事情，但是也要尽量考虑周全，利用之前在母公司、海外子公司积累起来的数据进行有效分析，大致推算出在一定时间段内公司外派任务需要多少外派人员。然后，在考虑内外供给的基础上，计算净需求。

二、确定外派人员招聘的渠道

招聘渠道可以分为内部招聘和外部招聘。由于大多数跨国公司都倾向于从内部挑选外派人员，最容易忽视的就是任职于海外的外部候选人。然而，众多案例表明，任职于海外的外部候选人在海外指派中都有不俗表现。内部招聘的方法主要包括推荐法、档案法以及布告法等。外部候选人的招募有多种渠道，可以通过广告、猎头公司和内部人员推荐等。究竟采用何种渠道与企业内部人才备、外派任务类型、成本、企业用人文化等因素密切相关。企业应在综合考虑各种因素后确定外派人员选拔的渠道。

三、选拔标准的确定

根据外派岗位和任务确定选拔标准是非常关键的一步，确定外派人员选拔标准的依据是跨文化胜任力，下面我们还要详细介绍。

四、制定选拔流程

外派人员选拔流程如图 3-1 所示。

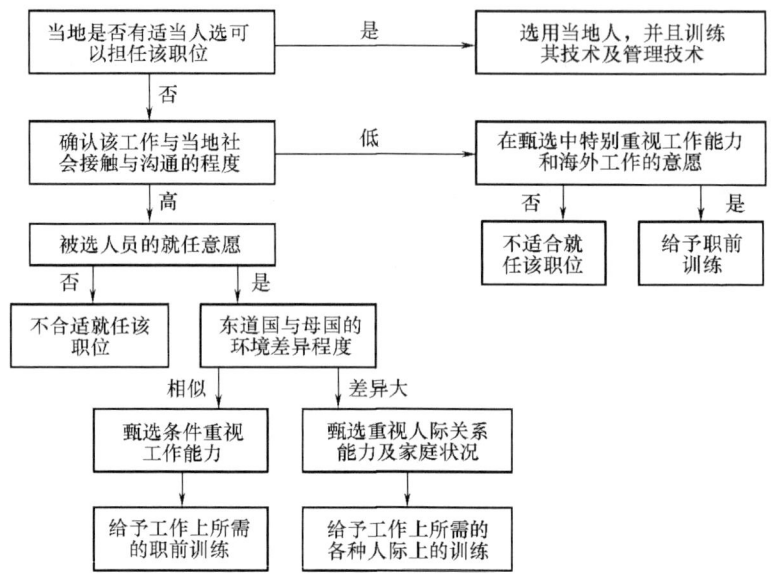

图 3-1　外派人员选拔的流程

五、成立选拔委员会或人才测评中心，确定选拔阶段性目标

成立选拔委员会，确定谁将参与选拔是这一步骤的关键。理想的选拔委员会成员需要具有丰富的国际工作经历，以帮助候选人把握取得国外指派成功所需的关键素质，并确保对这些素质能引起足够重视。许多先进的跨国企业成立了国际人才测评中心，组建起一支由国际人力资源专家、心理学专家、跨国公司中具有丰富国际工作经验的高层管理者和人力资源经理等专业人士组成的专门的人才测评团队。在此基础上，还要明确选拔的每个阶段性目标，以确保能满足全球指派的需要和选拔能按时按质按量的完成。

六、做好时间规划

在正式选拔前应做好时间规划，什么时间发布招聘信息、什么时间测试、计划几日完成招聘工作等，只有规划好每一个时间节点，才能保证招聘工作有条不紊地进行，不会贻误母公司外派人员管理的后续工作。

 **小案例1**

G公司外派人力资源规划与公司战略的有效结合

G公司是一家高科技民营企业公司，具有明确和清晰的战略目标。虽然其战略规划每年会根据外部环境变化有所调整，但在整体思路上保持了相对稳定性。而其外派人力资源规划的制定则以公司战略为基础，具有较强的针对性和可操作性。

（一）外派人力资源总体规划

在外派人力资源总体规划上，力争做到员工年龄、素质、层次、数量等方面的协调。比如在部门主管配置上，以部门经理加经理助理的结构为主，经理助理主要是作为将来接替经理的人选而培养的，因此，其在年龄、资历、能力等方面均与现任经理有一定差距。而G公司首批外派人员基本上都是公司骨干及部门经理。当他们外派一段时间后回任时，不少还是担任原来的职务，经理助理虽然也在成长，但还不足以完全替代他们。

（二）强调一专多能

对公司员工的技能强调一专多能，至少要能担任两个及以上部门或职位的工作，这样公司在外派人员方面有两个好处：一是选择余地大；二是可进行轮换，前拨外派人员回任后，接替下一拨外派人员在公司内的职务。比如，生产部、设备部的部门经理能相互置换岗位，并保证公司的正常运营，当生产经理外派回任时，可接替设备部经理的位置，设备部经理则可作为下一拨外派人员。

（三）在员工配置上强调类型的差异，即追求目标上的差异

对于外派人员而言，有的人追求职位的升迁，有的人则注重技能的提高与完善。公司在在外派人员的选择上更加注重第二类人员。与此相对应的是海外机构的管理岗位及人员设置相对从紧，因为越往上管理岗位越少，员工的升迁迟早会遇到天花板，而员工技能的发展则是无止尽的。外派员工在技能视野上拓展了自己，回任后对岗位选择的范围比较大，对公司其他员工的帮助也会加大。

 **小案例2**

A公司外派人员招聘与选拔方案

A技术有限公司是一家民营通信科技公司，被评为《财富》世界500强企业之一。该公司为进一步开拓海外市场，扩大经营规模，拟外派一批员工至阿拉伯联合酋长国，外派时间为期两年，即2015年3月份至2017年3月。外派前的一系列工作将提前半年于2014年8月开始进行，以下为C公司为外派人员招聘与选拔拟订的方案。

（一）成立外派规划小组，明确子公司职位需求（2014年8月1日至2014年8月10日）

A公司外派人员的招聘人才的目的在于填补海外公司的职位空缺以及满足企业业务长期发展的需要，因而总部首先应成立公司外派人员规划小组，明确海外子公司的职位需求。经过工作分析，职位需求基本分为以下四类：

第一类是管理类人员：包括高级、中级管理层，其运用决策、计划、组织、控制、协调等手段领导团队良好运行。

第二类是专业类人员：包括人力资源部职员、财务会计、行政管理等。

第三类是销售类人员：其主要负责产品的宣传与销售，市场的开发、客户满意度的维护等。

第四类是操作类人员：其主要遵循规章制度规范化操作与加工。

跨国公司只有充分明确了子公司的岗位需求，才能供其所需，填补空缺岗位。

（二）在公司内部与全国高校召开宣讲会（2014年8月10日至2014年8月30日）

在A总部明确了海外子公司的岗位需求后，可依据其职位需求和工作内容，在公司内部与全国高校同时召开为期二十天的宣讲会，旨在吸引有海外工作意向的优秀人才。由于公司内部员工有着丰富的工作经验，相比于外部员工来说更了解企业的文化，对公司的认同感与忠诚度也更高；而高校人才刚刚从校园毕业，丰富的专业知识与创新思维可以为子公司注入更多新鲜血液与力量。

（三）外派人员的甄选（2014 年 9 月 1 日至 2014 年 10 月 1 日）。

1. 面试。面试通过者有资格参加专业素质能力与心理。素质能力的评定；占总评的 30%。

2. 专业素质能力测试。包括职业技术能力、专业能力等测试，可通过为期一周的外派情景模拟，由专门的评定小组进行观察记录，评判应聘者在模拟期内运用专业素质解决问题的能力，并打出相应分数；占总评的 25%。

3. 心理素质能力测试。处理心理压力的能力、跨文化察觉能力、关系建立能力、文化融合能力，可邀请心理专家通过对压力测试的方式评判并给出分数；占总评的 25%。

4. 语言能力测试。以雅思分数或托福分数为具体标准，雅思分数最低为 5.5，托福分数最低要求为 69 分；占总评分数的 20%。

（四）甄选标准

成绩评定：面试 x30%+ 专业素质能力 x25%+ 心理素质能力 x25%+ 语言能力 x20%。

（五）员工的甄选方式

通过面谈法、压力测试法、标准测试法、仿真测验法等，对应聘者进行评定。

正是有了全面的外派甄选方案，C 公司的外派选拔工作才能有条不紊地进行。

第二节　外派人员招聘的原则

一、合法原则

国际外派人员的选拔面临着较为复杂的法律环境，不仅要考虑到母国的法律环境，还要考虑到东道国或第三国的法律环境。因此，在招聘过程中要严格遵守相关法律和政策。例如，有些公司为了招聘海外分公司高层管理人才，可能会采用猎头公司或是直接挖墙脚等方式获取有丰富海外管理经验的管理人才，此时就应注意到公司所选择的人才此前是否与其他公司签有竞业限制或是类似合同，如果有，则一定要慎重行事，以避免不必要的法律纠纷，从而影响公司整个外派计划。

二、公开原则

企业外派人员源的招聘要公开、公正，应将招考单位、种类、数量、报考的资格条件、考试的方法、科目和时间、职务说明等向组织内部和外部社会公告周知，公开进行。这样既有利于社会人才公平参与竞争，选择余地大，又能提升公司形象，提高公司声誉。

三、平等原则

对所有应聘者都要一视同仁，不得人为地制造各种不平等的限制和条件，不分国别、民族、性别，都要平等对待；也不能给出各种不平等的优惠政策，给社会上有志之士提供平等竞争的机会，不拘一格地录用各方面的优秀外派人才。

四、效率优先原则

效率优先包括两个方面：第一，招聘到的人应是符合外派职位需求的，可以担当岗位职责的。第二，在保证质量的情况下，尽可能降低招聘成本，而录用到高素质、企业急需的外派人员；或者说，以尽可能低的招聘成本招聘到同样素质的员工。

五、能级对应原则

在当前的人才招聘中，存在人才高消费、相互攀比的现象。实际资料表明，许多高学历人才并没有被安置到适合其发挥自身最大价值的工作岗位上，他们要么被闲置，要么高能低就。这种不顾职位工作需要的做法造成了人力资本的上升和人才的流失。因此，我们在外派人员招聘中要遵循能级对应原则，即能力要和职位相匹配。

第三节　基于跨文化胜任力的外派人员选拔标准

一、胜任力的内涵、胜任特征模型及其应用

（一）胜任力的内涵

1973 年，美国哈佛大学教授麦克利兰（David McClelland）在《美国心理学家》杂志上发表了一篇题为"测量胜任力而不是智力"（*Testing for Competence Rather Than for Intelligence*）的文章，对以往的智力和能力倾向测验进行了批评，并提出"胜任力"这个概念来克服上述缺陷。这篇文章标志着胜任力理论研究和应用的开端。

所谓胜任力，是指特质、动机、自我概念、社会角色、态度、价值观、知识、技能等能够可靠测量，并可以把高绩效员工与一般绩效员工区分开来的个体特征。它具有如下特点：第一，与工作绩效有密切的关系，能够区分优秀业绩者和一般业绩者，甚至可以预测员工未来的工作业绩。第二，与工作情景相关联，具有动态性。第三，个体的胜任力水平可以通过其行为表现反映出来。这些行为表现是可观察的、能测度的。

（二）胜任力特征模型

所谓胜任特征模型，就是对人员的胜任特征进行不同层次的定义以及相应层次的行为描述，确定出色完成职位工作所需关键能力和素质标准的管理模型。

在这些模型中，比较形象、直观并且具有里程碑意义的模型当属斯宾塞（Spence）提出的冰山模型。斯宾塞依据个体素质的不同表现形式，将胜任力划分为可见的"水面以上部分"和深藏的"水面以下部分"，并对胜任力的五个组成要素进行了层次性的排列。"水面以上的部分"包括技能和知识，与工作所要求的直接资质相关，是外显的，能在较短的时间通过一定的手段测量，较易通过培训来发展。"水面以下的部分"包括社会角色、自我概念、特质和动机，是员工内在的、不容易进行测量的部分，很少与工作内容直接相关。

理查德·保亚茨（Richard Boyatzis）在冰山模型的基础上进一步提出了"洋葱模型"。"洋葱模型"把胜任力从内到外概括为层层包裹的一种结构，形象地展示了胜任力的核心要素，并说明了各要素可被观察和衡量的特点。

在冰山模型的基础上，国内学者进行了长期的探索，提出了一些更具操

作性的创新模型，具有代表性的是何志工等提出的胜任力梯形模型以及彭剑锋等提出的胜任力金字塔模型。

（三）胜任力特征模型在人力资源管理中的应用

1. 胜任力模型与招聘。传统的人员选拔一般比较重视考察人员的知识、技能等基准性胜任力，而没有针对难以测量的核心动机和特质等鉴别性胜任力来挑选员工。

基于胜任力的选拔能够保证系统化的面试过程，帮助企业找到具有核心动机和特质的人员，既避免了由于人员挑选失误所带来的不良影响，也减少了企业的培训成本。基于胜任力模型的人才招聘技术，如心理测试、结构化面试和情景评价等方法也逐渐引起人力资源管理者的关注。

外派管理人员的工作较为复杂，在应聘者基本条件相似的情况下，胜任力模型在预测优秀绩效方面的重要性远比与任务相关的技能、智力或学业等级分数等显得更为重要。

2. 胜任力模型与培训。培训的目的与要求就是帮助员工弥补不足，从而达到岗位的要求。而培训所遵循的原则就是投入最小化、收益最大化。基于胜任特征分析，针对外派岗位要求，结合现有人员的素质状况，为外派员工量身定做跨文化培训计划，可以帮助外派员工弥补自身"短板"的不足，有的放矢，突出培训的重点，省去分析培训需求的繁琐步骤，杜绝不合理的培训开支，提高培训的效用，取得更好的培训效果，进一步开发外派员工的潜力，为企业创造更多的效益。

3. 胜任力模型与绩效改进。胜任力特征模型对每一项胜任特征指标进行了分级、描述、权重定量，也就是说，胜任力特征模型为外派人员绩效考核提供了一套更加系统、完整、科学的考核指标和标准。运用这些考核指标和标准对外派人员实施绩效计划、指导、反馈和评估。

二、跨文化胜任力模型的构建

（一）有关跨文化胜任力的研究

1. 跨文化胜任力的内涵。自 20 世纪 80 年代中期起，部分从事跨文化管理的学者们开始提出跨文化胜任力的概念，并对此展开深入研究。中外学者对跨文化胜任力内涵的研究主要从两个视角展开：一是从静态视角的研究，二是从动态视角的研究。

（1）基于静态视角的研究。基于不同角度，跨文化管理、心理学、教育学、跨文化交际学等领域的学者对跨文化胜任力的内涵进行了阐释。科若斯（Cross，1989）等率先提出了跨文化情境下"文化胜任力"的概念，并对其内涵进行了界定："所谓文化胜任力是一套态度、行为和政策，它能令组织内专业人员在跨文化情境下有效开展工作。"阿柏（Abe）等从跨文化交际学的角度提出，跨文化胜任力是指个体与异质文化的人们交际时所应具备的一种综合能力，即处理交际过程中遇到的文化差异和文化冲突等方面的能力。哈摩尔（Hammer）等认为，跨文化胜任力是指个体在跨文化情境之下以比较合适的方式思考问题和行动的一种能力。约翰森（Johnson）等提出跨文化胜任力应有更丰富的内涵，认为跨文化胜任力是指在跨国经营背景下，人们通过利用一套系统，包括知识、技能和个性来实现与异质文化背景的人们成功沟通、共事的能力。中国学者唐宁玉（2010）等指出跨文化胜任力具有通用性的特征，认为跨文化胜任力是人们在异文化情境下表现出来的特征以及能力，它是个体在跨文化情境中胜任所有工作都必须具备的能力，包括知识、技能、职业道德以及内驱力，它属于一种元胜任力，具有极强的通用性。

（2）基于动态视角的研究。有学者认为，当人们从一种文化情境转移到另一种文化情境时，他们对文化差异的体验、解释往往会经历不同的阶段。所以，跨文化胜任力本质上是个体对文化间差异的一种组织或建构倾向，是一个发展的连续体。班尼特（Bennett）提出了跨文化敏感性发展模型（developmental model of intercultural sensitivity，DMIS），该模型包括 6 个阶段：拒绝、防御、最小化态度、接受、适应以及整合。在前 3 个阶段，个体站在本国文化的角度来看待他国文化，是对文化差异的拒绝、抵御和贬低，这个阶段可以被看作民族中心主义阶段；后 3 个阶段是对文化差异的接受、适应与整合，即个体把本国文化看作现实文化的一部分，能主动投入异文化情境中进行体验，这个阶段可以被看作民族相对主义阶段。

DMIS 模型虽然划分了跨文化胜任力发展的 6 个阶段，但是没有指出这 6 个阶段之间的关系。德国心理学家托马斯（Thomas）提出了更动态的过程模型：跨文化胜任力行动—学习模型。他指出，跨文化胜任力是一种对母文化和异文化的领悟、接受、欣赏和有效利用的能力。跨文化胜任力是个体通过学习并发展自己能力的一种结果，其中，个性特征和情境条件存在交互作用。托马斯认为，在跨文化情境中，要达到较高水平的跨文化胜任力，个体需要具备 5 种行动能力，即行动的潜力（即文化领悟力和理解力）、行动的可靠性、行动的灵活性、行动的创造性（能创造性的解决文化差异和文化冲突问题）、行动的转化性（能够将有效行为运用于不同的跨文化交际情境中）。

动态特征对于我们理解跨文化胜任力的复杂性很有帮助。他告诉我们跨文化胜任力的获得不是一蹴而就的，需要通过学习才能获得。

从上述定义可以看出，由于研究视角的差异，国内外学者对跨文化胜任力的界定并没有达成共识。笔者认同静态观点，认为跨文化胜任力一种与跨文化工作情境和工作任务相关联的综合能力和元胜任力，主要包括知识、能力、技能和个体特质等。

2. 跨文化胜任力的结构。多数学者倾向于认为跨文化胜任力是一个多维度的结构。格斯特（Gesten，1990）认为，跨文化胜任力具有3个维度：认知维度、情感维度和沟通行为维度，而且各维度之间互相影响。其中，认知维度是指个体对于文化知识的获取和分类。个体掌握的跨文化知识越多，其视野就越开阔，在跨文化情境下能够进行更全面、更客观、更理性的的思考，积极理解和看待文化差异；情感维度是从个性特征和态度的角度对跨文化胜任力进行研究，主要包括文化移情能力和跨文化敏感性；沟通行为维度是指个体在跨文化情境下，与异文化人们共事时的行为表现和效能，也被看做跨文化交际能力。

李宜菁、唐宁玉（2010）通过对某电站装备制造业公司的海外项目经理进行行为事件访谈，提取了跨文化胜任力特征，具体涵盖3个方面：认知维度，即文化知识和获取信息、理解定位能力；情感维度，即较强的文化移情能力（或文化共感能力）、跨文化敏感性、适应性以及一定的心理管理能力；交际行为维度，即语言沟通能力、任务角色行为以及尊重。

崔、凡汀伯格（Cui，Van Den Berg，2002）等使用跨文化效能（Intercultural Effectiveness）这一术语来表述跨文化胜任力，指出跨文化效能包括沟通胜任力、文化同感和沟通行为3个维度，分析表明，模型拟合较好。其中，沟通胜任力维度包括语言、主动引起交谈的能力、建立关系的能力和维持关系的能力；文化同感维度包括容忍、对文化的认同理解、对工作风格的认同理解和对文化差异的意识；沟通行为维度包括适宜的社会行为和尊重的表现。

奥沙利文（Leiba-O'Sullivan，2000）认为，跨文化胜任力包括个性特征和跨文化技能两个维度。他认为个性特征是一种稳定的跨文化胜任力，它包含个人的价值观、态度、行为规范和信念；跨文化技能则包括压力管理能力、冲突解决能力和对冲突的自我反省能力。

高嘉勇（2007）等依据深度访谈和两轮问卷调研的结果，构建了中国外派人员跨文化胜任力指标体系，该体系主要包括三个维度：跨文化心理管理能力、跨文化认知能力与跨文化人际交往能力。其中，跨文化心理管理能力维度包括主动性、对抗挫败感的能力、心理压力承受能力、在外派工作中敢于承担责任、自我反省和自我修正能力、使命感、跨文化生活与工作的自信心；跨文化认知能力维度包括尊重并遵守东道国法律法规，参与东道国文化活动（如节日等），尊重东道国职场礼仪与管理文化的能力，尊重东道国同事异文化价值观与行为的能力，识别与判断文化差异的能力，获取东道国政治，经济以及文化信息的能力，入乡随俗的能力，跨文化观察能力；跨文化人际交往能力维度包括：跨文化语言能力，主动与东道国人们建立联系的能力，与东道国人们保持和加深联系的能力，跨文化团队协作能力，人际交往灵活性，有效的文化冲突管理能力，跨文化交往愉悦度。

邓文君（2006）认为，跨文化胜任力不仅包括专业知识与技能，还包括一些文化变量，其中，跨文化敏感性是核心的跨文化胜任力，它是指辨别和体验文化差异的能力。因为，跨文化敏感性的缺失会导致外派人员的文化适应问题和沟通问题、自信心的丧失、工作满意度的降低。

李艳（2010）提炼出了中国外派经理跨文化胜任力的 4 个维度，即个人特征、跨文化认知能力、跨文化交际能力、跨文化动机，这 4 个维度涵盖 24 个要素。

李艳霞（2009）认为，跨文化胜任力包括文化认知能力、跨文化适应动力和跨文化适应行为。

（二）跨文化胜任力模型的构建

1. 跨文化胜任力基础模型。总体来看，国内外学者在对跨文化胜任力内部结构的理论建模和实证研究取得了重要进展，不仅探讨了跨文化胜任力的结构，还深入分析了每一维度的构成要素，并且指出不同文化情境下跨文化胜任力结构的差异。对他们的研究进行归纳整理可以看出，基本上是循着个性、认知、情感、动机、行为 5 个方面展开。这 5 个方面的特征可以构成分析和评价跨文化胜任力的 5 个维度。

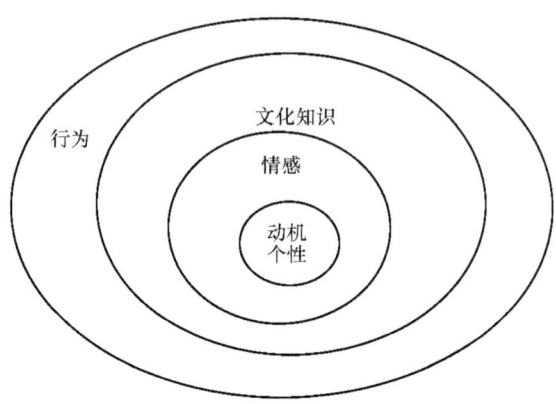

图 3-2　跨文化胜任力基础模型

跨文化胜任力的 5 个维度既相互独立，又相互关联。其显著要素特点相应构成了跨文化胜任力模型的核心构成要素。其中，认知系统是基础系统；外向与尽责的个性特征是前提系统；跨文化动机是动力系统；情感是跨文化胜任力的导向系统；行为是检测系统，是实现跨文化胜任力的具体体现。不同维度占据不同的位置，发挥相应的独特功能。

2. 跨文化胜任力模型要素分解。针对上述推导出的五个维度，我们可以进一步从文献中提取关键词，对跨文化胜任力要素进行分解，并辅以典型例证特征（见表 3-1）。

认知维度包括：文化知识的掌握程度和理解程度，识别与判断文化差异的能力，获取东道国政治、经济以及文化信息的能力。其中，文化知识包括事实性知识、概念性文化知识和归因性文化知识。事实性知识是一个国家的历史、政治经济系统、习俗和社会结构；概念性文化知识是指社会的价值观系统以及价值观系统如何影响人们行为的；归因性知识是建立在前两种知识基础上的何时行为的更高层次的意识。

跨文化动机维度包括：主动性、信心、热情、对异文化的尊重。

情感维度包括：文化敏感性、文化共感性、心理压力承受能力、主动性、对抗挫败感的能力、在外派工作中敢于承担责任、自我反省和自我修正能力、应变。

个性特征维度包括：人格、对模糊的容忍、价值观、文化态度、自我效能感等。

行为维度包括：语言能力、跨文化沟通能力、文化冲突处理能力、建立关系的能力、维持关系的能力、灵活性。

表 3-1 跨文化胜任力模型要素分类及表现特征

分析维度	分类要素	表现特征
认知维度	文化知识的掌握程度和理解程度，识别与判断文化差异的能力，获取东道国政治、经济以及文化信息的能力	能够识别不同文化的差异并领会所处文化环境的关键特征
情感维度	文化敏感性、文化共感性、心理压力承受能力、应变	能融合两种不同文化，站在异文化角度思考问题、解决问题
动机维度	主动性、信心、热情、对异文化的尊重	有信心和热情面对不同文化的挑战
个性维度	人格、对模糊的容忍、价值观、文化态度、自我效能感	外向性、尽责性、开放性
行为维度	语言能力、跨文化沟通能力、文化冲突处理能力、建立关系的能力、维持关系的能力、灵活性突处理能力、建立关系的能力、维持关系的能力、灵活性	通过行为细节体现跨文化沟通意，并产生正向效果

三、基于跨文化胜任力的外派人员选拔标准的制定

基于跨文化胜任力模型，综合考虑第二章归纳出的外派人员绩效的影响因素，笔者认为，除了业务技术技能和领导技能之外，外派经理的选拔标准还应包括：文化智力、个性特征（尽责性、开放性等），目标国文化知识，文化敏感性，文化容忍度，文化移情能力，跨文化适应能力，压力管理能力，语言沟通能力，跨文化人际能力以及海外工作动机。同时，外派经理家庭因素也应被纳入选拔的视野，包括配偶的国外生活意愿、配偶的交际能力、配偶的职业目标、家庭结构和经济状况、子女的教育要求等（如图 3-3 所示）。

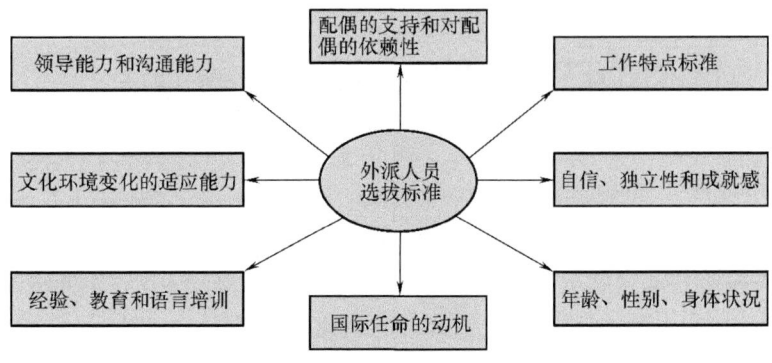

图 3-3 外派人员选拔标准

 **相关链接**

美国公司的外派人员选拔

加入WTO后，我国企业已日益感受到加大与国际接轨、开辟国际市场力度的必要性，越来越多的企业采取尽快在国外建立分公司或办事处的经营策略，而如何挑选合格的人员赴海外工作就成为当前一项非常重要的任务。西方国家尤其是美国在此方面已积累了长期和丰富的经验，参考它们的一些做法会对我们的工作有一定的借鉴意义。

由于认识到该问题的重要性和普遍性，美国的人力资源专家将它视为"国际性人力资源管理问题"中的关键内容。他们认为：在选择海外工作人员时，最容易犯的错误是仅仅对海外工作的专业要求（如语言能力、专业技术）关注较多，却忽视了在文化背景方面的要求。正确的方式应当是通过对候选人个人的工作经验、教育背景、语言技能甚至海外旅行的经历等进行综合分析，以证明其能够在不同的文化环境中生活和工作。紧扣企业特点和工作所在国风俗而设计的"书面测试"能更有效地完善甄选工作。

目前美国已成功开发并启用了"外派人员挑选信息库"作为辅助测评工具，这个信息库是在长达12年的研究和对近万个案例进行分析的基础上建立起来的，据其开发者称，该系统在确认候选人的特点和态度是否适合从事海外工作方面极为有效。

资料来源：中国人力资源网。

第四节　外派人员选拔的方法

有了全面科学的选拔标准，接下来就要采取行之有效的选拔方法，对外派经理本人及其家庭状况做出较为全面的评估，为甄选提供最为准确的信息。目前，国际企业主要采用标准化测试、面试、多文化评价中心技术、第三方评估、背景调查等方法对候选人进行测试。

一、标准化测试

标准化测试是人员测试的传统方法，其优点在于花费时间少、效率高、成本低，对候选人者的知识、能力、技术的考察信度较高，成绩评价比较客观，因此，标准化测试也是长盛不衰的选拔方法。标准化测试主要用来测试候选人的业务技术能力、文化智力、个性特征等。

在对外派人员进行标准化测试的过程中要注意以下两点：第一，选用的试题应具有一定的信度和效度。信度主要是指测量结果的可靠性、一致性和稳定性，即测验结果是否反映了被测者的稳定的、一贯性的真实特征；效度指测评的有效性和正确性，即测量工具是否测量到了需要测定的东西，是否达到了预定的目标。如一份试卷本来是要测试单词量的，但是试题中，不少题目测的都是语法，那么这份试卷的有效性就成了问题，就属无效了。效度是评价一个测验好坏、选择测验的最重要的标准。第二，要注意统一性原则。即所有应聘者应在同一时间内进行测试；使用统一的评分表。

 **相关链接**

文化智力测量量表

请根据你的实际情况，在每一项对应的右侧选择一个最合适的数字。

我觉得我是	完全不同意	有点不同意	同意	有点同意	完全同意
1. 在和陌生文化的人打交道时，我会问问自己希望获得什么	1	2	3	4	5
2. 如果在陌生文化中遇到一些意外，在这之后我会利用这些经验找到应对文化差异的新办法	1	2	3	4	5
3. 在会见不同文化背景的人之前，我会事先与他们建立联系	1	2	3	4	5
4. 进入一个陌生的文化环境时，我会敏感地觉察到某件事是正常发生还是出了什么问题	1	2	3	4	5
5. 我会改变肢体语言（目光接触和身体姿势），以便适应来自另一文化人们的交流需要	1	2	3	4	5
6. 如果新的文化情境要求我改变自己的观点，我能够做到	1	2	3	4	5

续表

我觉得我是	完全不同意	有点不同意	同意	有点同意	完全同意
7. 我会调整自己的说话方式，以便同不同文化的人耳目交往	1	2	3	4	5
8. 如果跨文化情境下交流要求我改变自己的行为方式，我可以很容易地调整	1	2	3	4	5
9. 我相信自己能和来自不同文化的人打好交道	1	2	3	4	5
10. 我相信自己能像朋友一样对待来自不同文化背景的人士	1	2	3	4	5
11. 我能比较轻松地适应陌生文化的生活方式	1	2	3	4	5
12. 我自信能够轻松应对陌生文化背景下的交往和生活	1	2	3	4	5

资料来源: 许伊茹:《企业外派人员个性特征、文化智力影响员工绩效的研究》, 浙江大学硕士学位论文, 2011。

二、面试

由于标准化测试无法获得候选人的全部信息，组织不能对候选人进行深入的了解，个人也无法得到关于组织的更为全面的信息，因此需要通过面试这种双向沟通的方式，使组织与个人各自得到所需的信息，以便组织进行录用决策。

面试是外派人员选拔中最重要的环节，它不仅是跨国公司对候选人胜任力进一步深入了解的必经之路，也是候选人了解外派情况包括外派职位具体情况、薪酬待遇、绩效考核、培训的机会。

（一）面试考官的组成与培训

1. 面试考官的组成。理论上讲，外派人员面试考官应由人力资源部工作人员和用人部门的主管组成，同时还应包括具有海外工作经历和经验或者具有国际工作方面知识的人员参加，这样才能保证面试的有效性、准准性。

2. 面试考官的培训。培训的目的主要包括三个方面：第一，主考官应对招聘岗位有全面的了解，不仅要了解专业技术知识，也要对工作职责、工作内容有所认识。第二，必须使主考官明确，面试不是简单的面对面谈话，不是想问什么问题就问什么问题，也不是完全凭主考官的直觉和经验就能得出判断结果。考官要严格把握评分标准的客观统一。第三，要让主考官明确，面试的目的是为公司选用优秀的人才，是要考察应聘者相关的能力结构，主考官应该从公司的利益出发，公正、客观地对应聘者做出评价，不要只凭自己的好恶做决定，应尽力避免首因效应、近因效应、晕轮效应、对比效应、类我效应等主观因素的干扰。

（二）面试的实施

外派人员面试一般包括三个方面：一是行为面试，二是深度沟通，三是压力面试。

1. 行为面试。行为面试是基于行为的连贯性原理发展起来的。其假设前提是，一个人过去的行为能预示他未来的行为，如一个经常迟到的人下次开会还可能会迟到一样，基于行为面试所涉及的问题都是应聘者过去行为中的一些特定事件，如果使用得好，主考官可以通过应聘者的描述看到他在以前工作中的具体表现，而不只是像"我的工作很努力""我有很强的责任心"之类的笼统悦耳的描述。而且主考官可以这样认为：当应聘者在以后的工作中遇到类似情景时，他也会有类似的表现。

在外派人员面试中，主考官主要围绕一个或几个跨文化情境下的特定工作任务，从"Star"，即背景、内容、行动和后果等方面要求候选人详细回答，从而判断其是否具备目标国文化知识、文化敏感性、压力管理能力、语言沟通能力、跨文化人际能力等。

2. 深度沟通。在面试过程中，主考官还要在与候选人进行充分交流的基础上对其展开家庭调查，目的是对候选人的家庭情况有一个全面的把握，以判断其家庭情况是否适合外派。

3. 压力面试。压力面试是在面试开始时，主考官给候选人一个意想不到的问题，问题通常带有"敌意"或"攻击"性，根据候选人的反应"穷追猛打"，逐步深入，直至候选人应付不了为止。主考官以此观察候选人的反应。其目的是了解候选人承受压力、控制情绪的能力，以测试应聘者应变能力和解决紧急问题的能力。例如，一位外派营销经理职位的候选人在自我描述中提到他在过去的一年里主要从事了三项工作，主考官抓住这一问题，反问他频繁工作变动反映了他的不成熟的行为。面对这样的问题，候选人若能作出平静清晰的说明，则说明他承受压力的能力较强；若候选人表现出愤怒、急躁，就可以认为他在压力环境下的承受能力较差。

需要指出的是，作为一种社会交互作用，面试中包含了多种言语和非言语行为。这些行为无疑会在很大程度上影响面试的过程和结果。评分者不仅关心候选人说了些什么，也很在意他们在面试中的其他行为。因为，非语言信息传达了 75% 的信息。

 **小案例 3**

眼神出卖了他

有一个来自海外的人士准备应聘某跨国公司外派销售经理的职位，公司为此安排了一次面试。在面试的过程中，这个人的双臂和双腿始终保持互相交叉的姿势，显示出一种审慎思考的态度，而且他很少用手掌做出任何手势，眼神也总是游离不定，很明显，在他心里怀有某种隐忧，但是在面试刚刚开始的阶段，主考官还没有掌握足够的信息来判断这些消极的肢体语言所隐含的意义。然后，主考官向他提了一些问题，试图了解他以前的雇主，他在回答问题时做出大量触摸眼睛和触摸鼻子的手势，而且依然是一副左顾右盼的神情。最终公司没有录用他，因为他的肢体语言与他嘴上所表达的信息自相矛盾。事后，主考官出于好奇心，与这个候选人在海外的推荐人取得了联系。事实证明，这位主考官在面试时的确捏造了虚假的工作经历。他或许认为，国外的雇主应该不会大费周折地拨打越洋电话向自己的推荐人求证所有信息。公司如果忽视了肢体语言传递的信号，很可能就会错误地录取了他。

三、多文化评价中心技术

多文化评价中心（Intercultural Assessment Center，简称 IAC）是一种特定的评价中心技术，它综合运用跨文化角色扮演、案例研究、无领导小组讨论、国际谈判模拟、事实判断法等方法来测量候选人的文化容忍度、文化移情能力、海外工作动机、交际能力和多元沟通技能等，以此来评估外派候选人的多文化胜任能力。

多文化评价中心技术是一种信度和效度较高的外派经理选拔方法。因为：第一，它综合使用了多种测评技术，提供了由多个评价者从不同的角度对被评价者的目标行为进行观察并做出评价的机会，能够得到大量的信息，从而能够对被评价者进行较为有效的观察与评价；第二，它所采用的情境性的测试方法是一种动态的方法，在被评价者与他人交往和解决问题的过程中，可以对其较为复杂的行为进行评价；第三，它所采取的测评手段很多是对真实情境的模拟，而且很多情境是与拟任工作相关的情境。在这种情况下，被评价者的表现接近于真实的情况，并且在复杂的任务下，被评价者也不易伪装。因而被评价者在情境测验中的表现在实际工作中有较大的可迁移性，对被评价者未来的表现有较好的预测效果。

（一）公文处理能力测试

这是情境模拟的主要形式。公文的内容包括文件、备忘录、电话记录、上级指示、调查报告、请示报告等。在这一测试中，工作所处情景及将遇到的一系列难题分别写在一张纸上，包括通知、报告、客户的来信、下级反映情况的信件、电话记录、关于人事或财务等方面的信息以及办公室的备忘录等，并放在篮子里。这些问题会涉及各种不同类型的群体——同事、下级以及组织外的一些人。候选人必须先按照重要程度对这些问题排序，有时还要求写出具体措施。在测试中，对每一个人都给予一定的时间限制，偶尔还要被中途打来的电话打断，以创造一个更紧张和压力更大的环境。通过这样的情景，模拟出办公的真实氛围，从公文处理中判断候选人的经验、知识、能力和性格以及处理问题的风格。

此方法在选拔外派人员时有以下优点：第一，灵活性。可以根据母公司对外派任务的要求有针对性地设计问题。当希望外派人员解决子公司的财务问题时，要应聘者完成的题目就可以是财务方面的题目。如果要求外派人员争取更多的市场份额，就要采用多文化评价中心技术完成与市场策划、市场营销等有关的题目。第二，公平性。将个体置于模拟的工作情境中去完成一系列的工作，为每个候选人提供了条件和机会相等的情境。第三，预测性。它能预测使人在管理上获得成功的潜能，有针对性地设计培训项目。

（二）无领导小组讨论法

无领导小组讨论是德国选拔间谍采用的技术，后来被广泛用于企业人员选拔中。外派人员的工作与间谍有一定的相似性，因此，采用无领导小组讨论法进行选拔效果显著。所谓"无领导"，是指不指定谁充任主持讨论的组长，也不布置议题与议程，更不提要求；却要发给一个简短案例，即介绍一种管理情景，其中包含一个或数个待决策和处理的问题，以引导小组展开讨论。根据每个人在讨论中的表现及所起的作用，测评者（实际上也是教练员）沿既定测评维度予以评分。这些维度包括主动性、宣传鼓励与说服力、口头沟通能力、组织能力、人际协调团结能力、精力、自信、出点子与创新力、心理压力耐受力。应注意的是，这些素质和能力是通过被评者在讨论中所扮演的角色（如主动发起者、组织指挥者、鼓动者、协调者等）的行为来表现。

无领导小组作为选拔外派人员的一种有效的测评工具，和其他测评工具比起来，具有以下几个方面的优点：第一，深层次特征的了解。能检测出标准化和单一面试所不能检测出的外派人员的隐形的能力或素质；第二，对人际能力的考察，它能观测到候选人之间的互动，考察其人际交往能力；第三，全面性。能依据候选人的行为特征来对其进行更加全面、合理的评价；第四，进行比较。能使多文化评价中心技术在相对无意识中展示自己多方面的特点；能在同一时间对竞争同一岗位的候选人的表现进行同时比较（横向对比）。

（三）跨文化角色扮演

跨文化角色扮演法有时要求候选人扮演一个特定的管理角色来处理日常的管理事务，进行对话或表演，根据语境说出自己的想法。这种练习实际上是现实生活的模拟，以此来观察候选人的多种表现，了解其心理素质和潜在能力及跨文化动机、跨文化沟通能力的一种测试方法。例如，要求候选人扮演一个高级管理人员，由他来向下级做指示，但是下级来自不同的文化，领会不了其意图。在测试中要强调了解候选人的心理素质，而不要根据他临时的工作意见作出评价。有时可以由主考官主动给候选人施加压力，如工作时不合作或故意破坏，以了解被试者的各种心理活动以及反映出来的个性特点。

 **小案例 4**

下属闹情绪

假如你是公司海外子公司的 CEO，你的下属是来自东道国的员工，学历不高，但是有丰富的实践经验，是公司不可多得的人才。他最近向你抱怨，公司的薪水太低，没有个人发展机会，情绪低落，你如何处理？

现在被测试者的任务就是找该下属谈话，下属由被主考官的助手扮演，被测试者可以用 5 分钟的时间去准备，正式谈话的时间为半个小时。在这半个小时里，下属尽量表现出不合作，给被测试者设置各种各样的障碍，如不理睬被评价者、抱怨、话中带刺、情绪激动等，而被评价者则要努力稳定下属的情绪，找出其闹情绪的原因，想方设法留住他。

（四）国际商务谈判模拟

商务谈判（Business Negotiations）是买卖双方为了促成交易而进行的活动，或是为了解决买卖双方的争端，并取得各自的经济利益的一种方法和手段。国际商务谈判有其独特的地方，那就是文化因素的介入使得谈判过程变得异常复杂。国际商务谈判模拟是给定谈判的场景、谈判的内容和目的，让候选人组成谈判双方，考察其文化知识、应变能力、沟通能力等。

 小案例5

某公司的国际商务谈判模拟

某公司在选拔外派人员时，用到了国际谈判模拟来进行测试。

谈判A方：KLL工厂（卖方）；谈判B方：FLP工厂（买方）

FLP和KLL工厂是两个长期的合作伙伴，KLL是FLP的模具供应商，他的模具供给量占FLP工厂模具使用量的80%。但是，KLL的模具最近一直出现质量问题，给FLP工厂带来了大量的额外损失。当初两厂签订的协议中规定：KLL提供的模具合格率达到95%以上便可。但是这是一条有歧义的条款，既可以理解为每套模具各个零件的合格率达到95%以上，也可以理解为所有模具的总体合格率达到95%以上。

前一种理解有利于FLP工厂，后一种理解有利于KLL工厂。而实际上正是由于KLL生产的所有模具中的那不合格的5%，才造成了FLP工厂巨大的损失。FLP知道自己一下子不可能完全抛开这个供应商，KLL当然也不想失去FLP这个大客户。FLP提出，先前由于KLL的次品导致的损失必须由KLL承担。而KLL坚持认为，FLP的质检部门在接受KLL工厂的模具时就应该看清楚，如果是次品可以退货，而不是等到进了工厂投入使用以后才发现有问题，因而他们拒绝承担损失。双方交涉多次都没有达成协议。最后导致双方的高层领导都开始过问此事。FLP采购部和KLL的销售部经理迫于压力约定本周末碰面，准备通过谈判对此事做一个了断。而且双方谈判代表都非常清楚，如果这次谈不成回去肯定会受到领导斥责。

演练要求：候选人组成谈判双方，为自己的公司争取利益。

谈判目标是：

第一，确定对 95% 以上合格率这一条款的理解；

第二，商议 KLL 赔偿 FLP 工厂损失的事宜。

 **小案例 6**

某食品公司的国际商务谈判模拟

某食品公司在选拔外派人员时也用到了国际谈判模拟来进行测试。

背景资料如下：内蒙古某进出口公司（以下称甲方）向韩国某公司（以下称乙方）出口某种绿色食品（绿鸟鸡）。由于韩国烧烤消费市场很大，再加上绿鸟鸡基本属于放养模式，其生产期长，产量低，乙方派人到甲方所在地谈判新的订货合同。上一单定价为 3950 美元 / 吨，随着订单的增加，货物渐显不足，市场价格攀升。甲乙双方谈判时，市场价呈现波动状态。甲方要求大幅度提高成交价至 5000 美元 / 吨，以防将来不能供货。乙方则坚持，未来难料，马上涨价不公平，认为甲方涨价太多了，可以适当提高采购价。为此，双方展开了一场艰难的新的进出口商务谈判。

演练要求：要求候选人组成谈判双方，谈判的范围主要围绕农产品绿鸟鸡的贸易术语、成交价格、交易币种和支付方式 4 项事宜展开。

（五）案例研究法

案例研究法是将企业实际面临和存在的问题用文字描述出来，写成案例，让候选人通过个人阅读和集体讨论找出存在的问题，对问题进行分析，并提出解决的办法。

 **小案例 7**

为什么秘鲁工人会纷纷辞职？

某公司在选拔外派人员时，用到了这样一个案例，让候选人对案例进行分析，以判断他们的文化知识、交际能力和沟通能力。

一位美国人在秘鲁子公司担任生产经理，他坚信美国式的民主管理方法能够提高秘鲁工人的生产积极性。他从公司总部请来专家对子公司各车间的负责人进行培训，教他们如何征求工人的意见，并对其中合理的部分加以采用。可是这种民主管理方法推行不久，秘鲁工人就纷纷要求辞职。

问题：为什么秘鲁工人会纷纷辞职？

原因分析：这位美国经理缺少文化差异知识和跨文化沟通能力。原因是，在秘鲁以及整个拉美文化中，人们敬重权威，下属不仅服从上司，而且把上司看作自己的主人，希望上司对自己的生活负责。工人们认为，征求工人的意见是上司自己不知道该做什么，反过来问他们。既然上司无能，公司就没有希望，不如提前离职，以便及时找到新的工作。但是生产经理对此不甚了解（或出于文化中心主义），以美国人崇尚个体主义、参与意识较强的观念去揣度秘鲁的员工，导致双方沟通失败。

 小案例8

一筹莫展的波克

迪斯尼公司曾于1993年从几名候选人中选拔出副总裁波克（Burker）到法国发展主题公园。波克过去一直在迪斯尼服务，而且由于工作努力、业绩突出，短短几年内就从一线人员被迅速提升为公司副总裁，其配偶则在另外一家公司拥有一份比较满意的工作，但他们都没有国外工作的经历。

波克接受外派任务后，与家人来到法国。他凭借其在母国企业形成的心智"地图"，开始雄心勃勃地构造新业务和制定规章制度。比如，规定主题公园内禁止卖酒，游人也不能携带酒进入园内；不办理游园预定服务；不设立游园导游等。然而，主题公园自营业以来，实践效果并不理想，游客人数远没有达到预设目标，当地居民甚至对欧洲迪斯尼主题公园的诸多规章制度表示公然对抗，致使公司处于亏损状态。过去一直表现出色的波克此时一筹莫展。与此同时，他的配偶对当地文化、习俗等新环境也表现出较大的不适应。

问题：为什么会出现这种结果？

（六）事实判断法

事实判断测试就是给予应试者少量的有关某一问题的资料，要求他做出对这一问题的全面分析。候选人可以通过向考官提出一些问题，从而获得更多的信息。事实判断测试的目的是测试候选人搜集信息的能力，特别是从那些不愿意或不能提供全部信息的人那里获取信息的能力，以及把握事实并做出正确决策的能力。例如，对中东妇女蒙面这一习俗，外派人员就不应做出"好"或"坏"的判断，即不要用自己的文化价值观去评判异文化的价值观。

事实判断法运用到外派人员选拔中效果比较好。因为外派人员到东道国公司并对当地公司情况不太了解，再加上差异、沟通不畅带来的问题，那么，外派人员需要具备较强的信息收集和信息整合能力。

（七）第三方评估

第三方评估是在公司和个人条件允许的情况下，让外派经理候选人与其配偶先期到目标国了解生活环境和工作环境，与当地同事和相关人员进行交流和沟通，并请专业评估机构对其本人和家庭是否适合外派做出评判。

 小案例 9

诺基亚公司的第三方评估

从 2004 年开始，诺基亚在选拔外派经理到中国来工作之前，会为经理候选人及其配偶安排中国"一周行"，了解在中国的工作和生活环境。他们参观公司提供的房子，了解中国的医疗条件，与在中国工作的各国员工进行交流。在来中国之前，诺基亚中国公司已邀请中国本土的跨文化管理咨询公司在网上运用海外工作评估系统（OAI）评估候选人是否适合在中国的文化环境中工作、生活。

当他们来到中国后，咨询公司还要和他们进行 3~4 小时的面谈，面谈的主要内容是有近 10 页之多的评估报告，和他们一起分析，为什么他们在那些指标中会得到那样的分数。这种员工外派前的访问效果显著。西门子派来考察的某位生活在丹麦的德国经理，他的妻子已有身孕，一周考察完后，这位经理拒绝了外派任务，原因是他的妻子觉得中国的医疗条件不够好。也许这种先期派出访问并且请第三方评估的方式对中国企业来说成本过高。但是，从外派成功率的角度看，它反而降低了由于外派失败所造成的巨大损失。

四、背景调查

背景调查是指通过与第三方电话沟通、邮件确认等方法确认候选人所描述的经历和资历是否真实可信，第三方可以是候选人的上级、同事等。这是在做出最终录用决策前的必要步骤。

 **小案例10**

背景调查不可少

不久前，某猎头为上海一家上市公司推荐海外子公司财务总监时，有位候选人从行业背景、企业背景、教育背景、专业素养、项目背景、管理能力、海外经历等各方面来看都非常合适，客户一见倾心。从推荐、面试到谈薪酬，整个过程都极其顺利，用人单位也愿出7位数的年薪＋期权聘用他。但在猎头顾问做背景调查时，发现其在上一家公司任职时，手脚上有些问题，用人单位权衡再三，最终没有录用该人选，后来通过重新推荐人选而成功录用。

总之，在实际选拔中，企业应根据需要，灵活选择合适的外派人员选拔方法，以确保选拔的有效性。

思考题

1. 外派人员招聘的原则是什么？

2. 外派人员选拔前需要做哪些准备工作？

3. 什么是跨文化胜任力？

4. 跨文化胜任力模型包含哪些要素和子要素？

5. 外派人员选拔标准有哪些？

6. 外派人员面试包括哪些内容？

7. 如何进行外派人员面试？

8. 多文化评价中心技术包括哪些方法？如何运用这些方法？

外派人员的跨文化培训

吉列的全球化经理培训计划

吉列（Gillette）是家喻户晓的公司，其知名产品有男性剃须刀牙膏、牙刷和办公用品等，其主要品牌包括：Braun，Oral-B，Liquid Paper，Paper Mate。该公司在国际市场上得到的利益占公司总销售额和利润的70%以上，其员工至少有75%在美国以外的国家工作。该公司在200多个国家和地区有业务，因此，对全球化经理人的需求非常强烈。公司因此制订了全球化经理人培训计划。

这个培训计划的第一步是招聘合适的候选人。多年来，公司把美国大学的 MBA 毕业生作为自己的招聘对象，因为这些学生来自世界各地，所以更适合做全球化经理。到现在为止，参加该培训项目的人来自阿根廷、巴西、中国、哥伦比亚、埃及、危地马拉、印度、印度尼西亚、马来西亚、摩洛哥、新西兰、巴基斯坦、秘鲁、波兰、俄罗斯、南非、土耳其、委内瑞拉等国家。招聘的主要条件如下：首先是被培训者必须有良好的社交才能；其次是年轻单身，年龄要求在35岁以下，与此同时，他们必须有从事全球化职业的职业生涯设计，处事灵活，热情进取；最后还要求他们除了母语之外，能够讲流利的英文。

符合这些条件的候选人被招进来之后，分四个阶段进行全面培训。第一阶段是将被培训者送回老家，让他们在母国的 Gillette 分公司工作6个月。在这6个月中，他们从初级工作做起，学习与经营业务有关的不同技能，观察资历更长的经理人的工作，积累经验。6个月之后，他们被调到 Gillette 的3个国家总部之一（波士顿、伦敦、新加坡）去工作18个月，学习公司运作的文化理念、内部流程、业务关系、部门之间的关系、国家之间的关系以及了解公司的总体布局和发展方向，慢慢把自己变成"吉列人"。这是第二个阶段。在第三个阶段，他们又回到母国，正式担任一些基层管理职务，在实践中应用自己这些年来学到的知识和技能。如果在这段时间（大约4年左右）工作出色，公司再派他们去其他国家工作，继续锻炼他们的跨文化管理才能。这是第四个阶段。能够在四个阶段都表现良好的被培训者最后将返回自己的母国担任总经理或者高级执行经理，开始真正独当一面的工作。

如此精密周到的全球化经理人培训计划当然不是为了填补短期空缺而制订的，这是吉列深思熟虑的结果，目的在于培养发展那些希望从事全球化职业生涯的员工。公司每年在每个被培训者身上花的钱在2万到2万5千美元之间。仅在波士顿一地，每年的培训费用就是100万美元。但公司认为这是值得的，因为100万美元最多只能聘用3个全球化经理人，而能够接受培训的人数则远远多于这个数。此外，这样培养出来的全球化经理对吉列的忠诚度更高。

吉列在开辟一个新市场时会对管理方面的问题做周密的考虑，比如吉列与中国一家公司的合资就是如此，开业之前经过长达4年的准备。他们很早就开始为此物色合适的人选。吉列知道，他们必须找有中国经验的人，而这些人很可能目前在世界各地工作，如澳大利亚、英国、法国等，将他们抽调出来后，他们原来的职位就需要有人去填补。所以这个培训和使用过程是一环扣一环的工作，没有事先的周密设计，就不可能运作得如此顺利和完美。

吉列的努力没有白费，这些年来，吉列培养了大批全球化经理人。在吉列的高管层中，有80%的人至少曾有过一次外派经历，50%以上的人至少在3个国家工作过。有这样一支跨文化管理能力极强的队伍，吉列在全球化的道路上可以说是遥遥领先。

资料来源：陈晓萍：《跨文化管理》，清华大学出版社2009年版。

从上述案例可以看出。外派人员被选定之后，紧接着需要考虑进行的就是对外派人员的行前培训。行前培训的项目可以确保外派人员在海外工作的效率和成功率，尤其是将员工派到那些与原国家有明显文化差异的目的地国家。一个具有可操作性的行前培训项目，一个能提高外派人员工作效率与外派成功率的行前培训项目，其内容是至关重要的。

第一节　外派人员跨文化培训概述

一、外派人员跨文化培训的内涵

跨文化培训是跨国公司为即将外派的员工提供的系统的、有针对性的在职教育准备。欧美跨国公司外派经理中，大部分员工的配偶和子女同行海外。中国企业中已经陆续有配偶随行海外，虽然目前比例很低，但这是必然趋势。根据前述分析，配偶因素已经成为影响外派经理绩效的重要因素，因此，跨国公司也应对随行海外的配偶和家属进行系统的跨文化培训，提升其跨文化适应能力。

许多跨国公司如美国电报电话公司、宝洁、通用电气公司在外派经理出国前提供多种跨文化与语言培训，不仅培训效果有目共睹，也为其他企业提供了许多经验。

二、外派人员跨文化培训的目的

跨文化培训具有非常明确的目的，就是要提升外派人员的跨文化适应能力和跨文化胜任力，提升其绩效。

三、外派人员的阶段性

外派经理培训贯穿于外派任务的始终，根据外派进程分为外派前培训、外派中培训、回归前培训三个阶段，每一阶段的培训重点应根据需要有所侧重，目的也有所不同。首先是出国前的培训，这被称为导向性培训，也是外派前的准备，培训内容主要包括两个部分：一是语言、文化、历史、风俗习惯、生活水平等东道国状况；二是母公司的海外战略、海外分公司的历史、经营状况、市场情况等。培训的目的在于通过增加外派人员对东道国和海外分公司的了解，减少他们将来可能遇到的文化冲击，增强其对母公司的使命感，以便顺利开展工作。其次是外派期间的培训。在外派期间，跨国公司也要持续组织好跨文化培训，培训内容包括更深层次的语言技能、更高水平的知识技能以及更强的跨文化人际能力。实践表明，此时的跨文化培训比去东道国前的跨文化培训更为有效。这种培训可以采用两种方式：一是传统的集体培训，把到达东道国的外派经理聚集到一起，进行比外派前更具体、更复杂的关于东道国的深层次文化知识培训；二是个体培训，以一对一的导师制为主，通常由一位当地雇员担任外派经理的导师，其主要任务是帮助外派员工了解东道国的风俗习惯和政治、经济、法律制度以及他们的新工作环境和所居住的社区等。与传统培训方式相比，这种导师制的培训效果较显著，可以帮助外派经理迅速熟悉工作和生活环境，使其更快地投入到工作中。培训的目的在于结合外派经理的亲身体验和感受，有针对性地提高其海外工作和生活的适应能力。最后是回国前的培训。当外派人员完成任务准备返回母国时，企业也应对外派人员进行必要的文化培训，培训目的是帮助克服返回母国可能遭遇的文化反冲击以及提升归国后所需的新工作能力等。

 **小案例1**

中国路桥集团总公司的行前培训

中国路桥集团总公司的前身为中国公路桥梁公司，在20世纪60年代时，其只是交通部援外办公室，属于交通部的一个事业单位。改革开放以后，成立了中国路桥集团总公司，在国际上承包公路、桥梁建设工程。

随着中国改革开放的深入，该集团总公司逐步发展成为今天的颇具规模的真正意义上的跨国公司，主要投标承建由世界银行、亚洲开发银行等提供援助的公路、桥梁建设项目，并在非洲、中东以及东南亚等地区设有20多家子公司。该公司驻外人员以管理人员为主，也有一部分操作人员。

公司向驻外人员提供广泛的出发前培训，培训内容包括业务、语言、文化、政策等。尤其在语言方面，该公司有着非常高的要求。所有的驻外人员要在出国之前参加为期半年的外语强化训练，主要在北京外国语大学、北京第二外国语学院和对外经济贸易大学等院校进行正规的培训，人事部门负责对出国人员进行文化教育。

该公司设有出国人员接待站，并有自己的由外经贸部批准和授权的出国人员培训中心（前身为交通部干部管理学院）。除提供语言、文化和业务培训之外，该公司还向驻外人员进行政策方面的培训，如中国政府的政策、所在国政府的政策等。

四、外派人员跨文化培训的流程

外派人员跨文化培训既然如此重要，而培训活动的成本无论从时间、费用与精力上来说，又都不低，所以精心策划与组织是非常必要的。要有效地做好这一工作，应当把它视为一项系统工程，即采用一种系统的方法，使培训活动符合企业的目标，让其中的每一个环节都能实现外派个人、外派任务及企业本身三方面的优化。外派人员跨文化培训系统和一般员工的培训系统基本一致，包括培训需求的确定、培训目标的设置、培训计划的拟订、培训活动的实施以及培训总结与评价五个阶段。图4-1的外派人员跨文化培训模型便显示了这样一个系统。

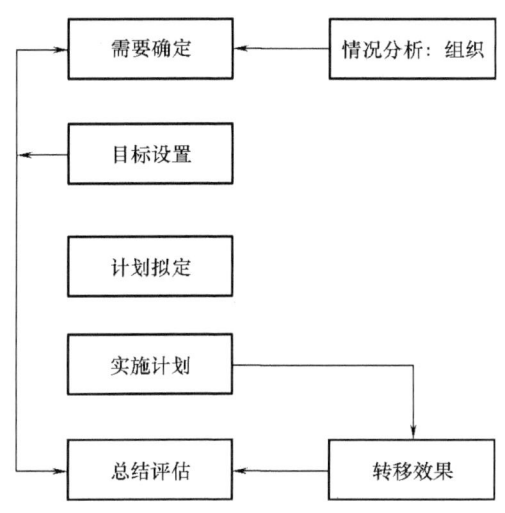

图 4-1　外派人员跨文化培训系统模型

第二节　外派人员跨文化培训需求分析

一、外派人员跨文化培训需求分析的维度

在具体的跨文化培训过程中，首先遇到的问题就是培训内容与目标是什么等问题。没有针对性的培训，不能为企业带来任何收益。所以，培训实施过程的第一步就是要确定企业对培训的具体需要，也就是要进行培训

需求评估。这种评估可以分三个维度（如图 4-2）进行：一是组织分析；二是人员分析；三是任务分析。

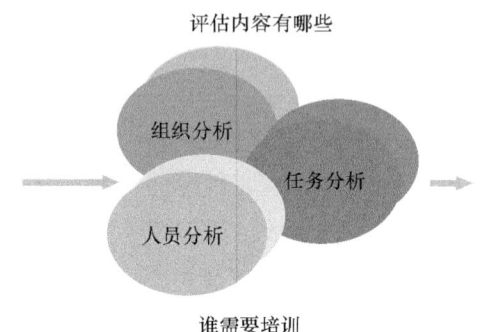

图 4-2　外派人员跨文化培训需求评估维度

（一）组织分析

组织分析主要是通过对组织的目标、资源、特质和环境等因素的分析，准确地找出组织存在的问题与问题产生的根源，以确定培训是否是解决这类问题的最有效方法。跨文化培训需求的组织分析涉及组织战略目标，东道国政治、经济、文化环境对企业经营的影响，海外分公司战略，市场拓展目标，组织培训资源等。要在收集与分析上述信息的基础上，确认绩效问题及其病因，寻找可能的解决办法，为培训部门提供参考。

（二）任务分析

任务分析是以外派工作为分析单位，分析员工所要完成的工作任务以及成功完成这些任务所需的技能和知识，即确定培训的内容。任务分析的第一步就是对工作进行描述，找出对工作有重要意义的具体任务，然后分析成功地完成每一项任务所需的技能和知识。

（三）人员分析

人员分析可以根据在甄选中获得的有关候选人信息，对外派人员的知识、技能、跨文化交际能力、文化敏感度有一个全面的把握，并基于胜任力模型找出其短板，针对其弱项设计培训内容。

小案例2

A企业的培训效果为什么不理想？

A企业是泰国一家大型国际企业，在中国设立了子公司。A企业十分重视外派员工的跨文化培训，海外职位通常在2个月前发布并进行内部甄选。甄选标准包括外语能力、专业能力、婚姻状况、外派意愿等。跨文化培训内容包括：介绍中国情况、中国文化、中国分公司情况、中国市场情况，另外提供汉语培训和案例研究培训。但是效果一直不太理想。

后来调查发现，该企业外派员工到任后遇到的问题是：第一，沟通问题。由于文化差异导致的障碍，与中国员工交流和合作较少，尤其是技术类员工之间的沟通效率很低。第二，管理方式问题。泰国管理强调以家族为中心的管理方式，所有决策都要得到高层的认可。而中国员工对此不太认同。第三，语言交流问题，由于泰国员工汉语水平有限，影响了工作效率和他们的成功率。

经过分析，发现导致上述问题的原因是：第一，跨文化培训规划不完整。企业没有根据组织、任务和人员确定培训需求，导致语言培训强度与需求不匹配；第二，培训内容不丰富，过于强调技术类培训，忽视沟通能力培训；第三，缺乏对外派人员配偶的培训，导致配偶适应能力较弱，影响了外派人员的绩效。

二、外派人员跨文化培训需求分析的方法

可以用来进行跨文化培训需求分析的方法有许多种，在这里我们主要介绍以下几种可供选择使用的培训需求分析方法：访谈法、问卷调查法、关键事件法、经验判断法、跨文化胜任力分析法和工作跟踪法。

（一）访谈法

这是一种大家都了解的方法，就是通过与被访谈人进行面对面的交谈来获取培训需求信息。访谈法在确定跨文化需求中被广泛运用。此方法不仅可以获得较多的信息量，还可以获得个性化的培训需求。在具体应用中，可以与企业管理层面谈，以了解组织对外派人员的期望；也可以与有关部门的负责人面谈，以便从专业和工作角度分析培训需求。一般来讲，在访谈之前，

要求先确定到底需要何种信息，然后准备访谈提纲。访谈可以是结构式的，即以标准的模式向所有被访者提出同样的问题；也可以是非结构式的，即针对不同对象提出不同的开放式问题。结构式的访谈结果比较容易分析，但非结构式的访谈常常能发现意外的更能说明问题的事实。一般情况下是把两种方式结合起来使用，并以结构式访谈为主，非结构式访谈为辅。

采用访谈法了解跨文化培训需求应注意以下几点：第一，确定访谈的目标，明确"什么信息是最有价值的、必须了解的"。第二，准备完备的访谈提纲，这对于启发、引导被访谈人讨论相关问题、防止访谈中心转移是十分重要的。第三，建立融洽的、相互信任的访谈气氛。在访谈中，访谈人员需要首先取得被访谈人的信任，以避免产生敌意或抵制情绪。这对保证收集到的信息具有正确性与准确性非常重要。

另外，访谈法还可以与下述问卷调查法结合起来使用，通过访谈来补充或核实调查问卷的内容，讨论填写不清楚的地方，探索深层次的问题和原因。

（二）问卷调查法

问卷调查法也是一种为大家所熟知的方法。它是以标准化的问卷形式列出一组问题，要求外派人员就问题进行打分或做是非选择。问卷可以以电子邮件、传真或直接发放的方式填写，也可以在进行面谈和电话访谈时由被调查人自己填写。问卷法涉及的调查对象主要包括三类人：第一，针对外派人员在任职国家会遇到的上级、同事展开调查，了解他们认为哪些任务对外派绩效的影响最大，哪些任务执行的频率最高，哪些任务执行起来难度最大。第二，对于有过类似外派经历的工作者，特别是那些当前外派者即将任职国家工作过的人们，了解他们对以往外派经历的看法。第三，外派人员自身。让他就自身的短板和弱点进行分析，找出需要培训的内容。

在进行问卷调查时，问卷的编写尤为重要。编写一份好的问卷通常需要遵循以下步骤：列出希望了解的事项清单；一份问卷可以由封闭式问题和开放式问题组成，两者应视情况各占一定比例；对问卷进行编辑，并最终形成文件；请他人检查问卷，并加以评价；在小范围内对问卷进行模拟测试，并对结果进行评估；对问卷进行必要的修改；实施调查。

（三）关键事件法

关键事件法与我们通常所说的整理记录法相似，它可以用来考察外派工作过程和活动情况以发现其潜在的培训需求。被观察的对象通常是那些对组织目标起关键性积极作用或消极作用的事件。确定关键事件的原则是：工作过程中发生的对企业绩效有重大影响的特定事件，如系统故障、获取大客户、大客户流失、产品交期延迟或事故率过高等。关键事件的记录为培训需求分析提供了方便而有意义的消息来源。关键事件法要求管理人员记录外派员工工作中的关键事件，包括导致事件发生的原因和背景、员工特别有效或失败的行为、关键行为的后果，以及员工自己能否支配或控制行为后果等。

进行关键事件分析时应注意以下两个方面：第一，制定保存重大事件记录的指导原则并建立记录媒体（如工作日志、主管笔记等）。第二，对记录进行定期分析，找出外派员工在知识和技能方面的缺陷，以确定培训需求。

（四）经验判断法

跨文化培训需求具有一定的通用性或规律性，可以凭借经验加以判断。比如，一位经验丰富的管理者能够轻易地判断出他即将外派的下属在哪些能力方面比较欠缺，应进行哪些内容的培训。

采取经验判断法获取培训需求信息在方式上十分灵活，既可以设计正式的问卷表交由相关人员，由他们凭借经验判断提出培训需求；也可以通过座谈会、一对一沟通的方式获得这方面的信息。培训部门甚至可以仅仅根据自己的经验直接对外派人员的培训需要做出分析判断。

（五）跨文化胜任力分析法

基于跨文化胜任力的培训需求分析有两个主要步骤：第一，职位描述：描述出外派职位的任职者必须具备的知识、技能、态度和价值；第二，能力现状评估：依据任职能力要求来评估外派人员目前的能力水平。

使用这一方法的企业或培训经理普遍认为，当职位应具备的能力和个人满足职务的实际能力得到界定后，确定培训需求就变得容易了。

（六）工作跟踪法

通过工作跟踪，我们可以发现外派员工在哪些方面欠缺，从而确定培训需求，这是确定培训需求比较有效的方法，但是对外派工作进行跟踪涉及的人力、物力、时间和精力等各方面因素太多，因此，是否使用此种方法要考虑企业的具体资源情况。

需要强调的是，运用这些方法分析培训需求时，我们需要慎重考虑每一种被使用方法的具体使用效果，其中一些方法本身就可能无法得出"全面客观"的结果；而其中的另一些方法则需要你用到位才可能得到全面客观的结果。

第三节　外派人员跨文化培训的相关理论、内容及特点

一、跨文化培训的相关理论

（一）跨文化能力发展曲线

有效的跨文化素养发展途径要求其培养过程必须符合一定的能力发展顺序。克拉克沃茨（Clackworthy）、劳顿（Laughton）和奥特维尔（Ottewill）的跨文化能力发展曲线将跨文化能力发展分为六个阶段。跨文化能力发展的第一阶段被克拉克沃茨看成"质疑"或"无知"阶段。他把受训者称为"本地专家"。也就是说，受训者具有较表层的文化差异的认识，而他们行事以本国文化为标准。在第二阶段——"觉察"阶段，学习者逐渐意识到跨文化差异的存在，同时他们也开始意识到自身的优势和弱点，存在跨文化技能差距。到了第三阶段——"理解"阶段，学习者开始深入了解跨文化差异的内涵以及跨文化技能发展的性质和纬度。在第四阶段——"合成"阶段，学习者开始将本土文化和异国文化进行融合，这些"二元文化专家"开始掌握以技能为基础的跨文化能力。接着学习者自然地过渡到第五阶段——"选择"阶段，这时，学习者又被称为综合者，能够自如地融合两种文化，并结合技能方法构建跨文化能力。到了第六阶段——"能手"阶段，学习者能够利用跨文化能力管理国际贸易项目，达到了一个多元文化"领导者"应具有的能力水平要求。

（二）跨文化敏感度发展模式

米尔顿·J. 班尼特（Milton J. Bennett）提出了跨文化敏感度发展模式（DMIS）。这一模式提供了理解人们经历文化差异的过程，描述了人们如何从不同的文化角度来观察、思考和诠释他们身边发生的事情。这种发展模式在处理文化差异的过程中体现了一系列渐增的敏感性，即通过对差异阶段性的认知和接受，逐渐从民族中心主义中摆脱出来，班尼特把这种现象称为"民

族相对主义"（ethnorelativism）。该模式共有六个发展阶段，连续经过几大阶段后，个体获得了更大的理解能力，同时对文化差异有了更为积极的经验。每个阶段的特征如下：

1. 拒绝阶段。

（1）与来自于自身文化相近似的文化的人交际时，往往感到舒服；

（2）对文化差异大的生活感到焦虑；

（3）没有注意到身边的文化差异现象；

（4）对于与自身不同的个体采取隔离的控制方式。

2. 防御阶段。

（1）对关于文化与文化差异的问题，个体执著于自身的看法与情感；

（2）对待与自身文化不同的观点与行为，往往采取不信任的态度；

（3）察觉到周围的文化差异，但是不能够有效地理解这些文化而且对这些文化往往有着比较强烈的消极的文化定势。

3. 差异减小阶段。

（1）认为来自于不同文化的个体在深层文化上与你相像；

（2）能够意识到周围不同的文化，但是这些知识仅限于对习俗和仪式的认识；

（3）不再诋毁其他文化；

（4）能够做到"己所不欲，勿施于人"。

4. 接纳阶段。

（1）察觉并意识到自身的文化；

（2）将自身的文化看作经历与理解世界的众多方式之一；

（3）认为其他文化的个体同你自身一样复杂；

（4）认为其他文化中的观点、情感和行为看上去可能不寻常，但是他们的经历与你自身的经历一样丰富；

（5）对其他文化更感兴趣，找机会来学习其他文化。

5. 文化调适阶段。

（1）承认对自身适用的文化价值观多于一种；

（2）能够从其他文化的观点入手来理解和评价自身文化或其他文化的具体情景；

（3）能够主动地调适自身文化的基本行为，使之在与其他文化人们交际时更为得体；

6.文化融合阶段。

（1）能够将多种文化观点、意向和行为融合成为你自身的文化身份与世界观；

（2）能够自如地对待文化问题。

班尼特认为，跨文化学习是一个不断进步的过程（在这个过程中有前进或退步的可能），从跨文化敏感度的角度可以衡量跨文化学习所处的阶段。

二、跨文化培训的内容

如前所述，跨文化培训的主要目的是使外派人员了解东道国文化及其母文化的差异，尊重东道国文化，并能在日常的跨文化环境中顺利地展开工作。从知识认知和经验技能的角度出发，我们可以将跨文化培训分为知识认知类、情感情绪类和经验技能类培训。

（一）知识认知类

这是跨文化培训的一项基础内容，认知类的培训是为了训练个体的思维方式和认知方式。通过培训，受训者更愿意抛弃狭隘主义、偏见、刻板印象等，能根据相关跨文化知识建立理性认识，接受文化的差异性、复杂性。在跨文化情境中遇到问题时，他们更愿意从文化根源来寻找问题，并尝试解决基于文化差异的问题。

知识认知类培训的内容主要包括：

1.文化的概念与内涵、文化的价值模式、特定文化环境的分析介绍等；

2.文化的影响领域。文化具有广泛的影响力，其中有一些与工作密切相关，如员工行为、管理风格、决策、行业规范、职能部门等。因此，根据不同的工作性质和任务特点，要将文化对特定领域的影响告诉受训者。例如，加拿大和中国的人力资源培训就存在差异，抛开语言因素，一名在中国成功的培训师未必会在加拿大同样受到好评。在美国堪称谈判专家的人到了韩国可能会被认为过于傲慢。一位在日本颇受尊敬的领导到了中国可能会被员工们认为不近人情。此时，他们就需要事先理解文化如何影响授课、谈判以及领导风格等方面的内容。这部分内容与工作息息相关，因而可能直接影响到工作绩效。这方面的内容可以引伸出"什么才是适当的行为"，是行为实践的基础和依据。

3.国际商务方面的知识。这方面的知识主要包括国际贸易知识、目标国的法律体系等。

（二）情感情绪类

这种培训之所以有必要，是因为直接接触或暴露在异文化中并不会让人们自动地对异文化有好感。如果人们带着负面情绪进入异文化，就会感受到焦虑、被歧视或者偏见。由于情绪和人的行为有着密切的关系，通过培养积极的情绪，可以改变人们的动机。情感情绪类培训是为了让受训者在情绪、情感和感受等方面对异文化有接受感、愉悦感。

（三）经验技能类

知识认知类培训主要说明"是什么"的问题，而经验技能类的培训内容主要解决"怎么做"的问题。知识认知类的培训内容是经验技能类培训内容的基础，经验技能类则是知识认知类的进一步实践和提升，两者相互联系、相互补充。经验技能类培训是要把存在于头脑中的知识化为行动，检验掌握与运用能力的知识。

以经验技能类为目标的培训是为了提高受训者与异文化的人们互动式的有效性。经过训练，受训者在多文化团队工作时会有更加良好的工作关系，能够理解基于文化差异而发生的冲突，更有可能取得较好的工作绩效。

不同文化背景下人们交往的程度越深且时间越长，其需要掌握的行为技能就越多。这些行为技能中最主要的是跨文化沟通技能。跨文化沟通涉及的信息发出者和接收者属于两种不同的文化。在沟通过程中，信息的发出者如何将信息编码、如何赋予信息意义，接收者阐释各种信息的条件和解码都受到文化的影响和制约。双方的价值观、语言、宗教背景、风俗习惯等文化差异会影响沟通过程，最终影响个体的行为。因此，要克服管理中的沟通障碍，跨文化商务交际能力培训就应该开发经验技能类的培训，这些技能主要包括：倾听技能、反馈技能、授权技能、冲突管理技能、谈判技能、语言技能等。一些发达国家的跨国公司如本田公司在国际经营过程中采用全球本土化战略，相当尊重各地的文化差异，视差异为资源，注重跨文化管理。这些企业在跨国经营中摸索出了一套适合自己的跨文化培训的内容。

 **相关链接**

美国公司的跨文化培训

在候选人确定下来之后，美国公司会对他们进行定向和系统的培训，一般此类培训包括四个层次。第一层次的培训重点在于解释国家间的文化差异（又称"文化震撼"）会给员工带来什么样的影响，其目的是使受训者提高对这种差异的认知能力，使他们了解这种差异对海外业务所能产生的影响。第二个层次的培训与人的态度有关，主要目的是使受训者理解人（积极或消极）的态度是如何形成的，它对人的行为又会产生什么影响。比如，采取什么样的生活方式会加强一个人在陌生环境下的开拓精神等。第三个层次的培训主要是向受训者提供与他将要赴任国家有关的详细资料。第四个层次的培训是以提高受训者的语言能力、适应能力和调整能力为目的。完成这四个层次培训的时间一般在 6 至 8 个月左右。

除了提供这些特殊培训之外，美国企业还对外派人员进行其他一些培训和技能开发工作。如 IBM 公司运用一系列工作轮换来使其海外管理人员的工作更有效率，其他大公司还在世界各地建立起管理技能培训开发中心，使他们能在异国他乡提高自己各方面的技能。一些没有条件做到这一点的公司则采取向本公司海外员工提供一定数额经费，使他们能在当地的学校或各类培训机构获得与他们在本土工作的同事一样的职业技能提高机会。

资料来源：中国人力资源网。

 **小案例 3**

T 公司外派人员培训计划

由于科技行业迅速发展，对产品质量的要求也日趋严格。为了维持自己的竞争优势，T 公司花费大量的预算对员工进行培训和开发。不仅鼓励外派人员学习最新的技术，外派人员还可以根据自己的需要申请相关的培训和开发项目。此外，T 公司认为有效的外派在很大程度上依赖于良好的沟通，因此该公司特别重视对外派人员的语言培训，每一个外派人员都可以参与最多为期六个月的在职语言培训。同时，该公司还开发了入职引导项目，以帮助外派员工更好地融入东道国文化并了解一些有关东道国的重要情况。

 **小案例 4**

A公司外派人员跨文化培训方案

培训与开发时间（2014年10月1日至2015年3月1日）。培训的主要内容如下：

1. 文化培训（2014年10月1日至11月1日）

外派人员在派出前最主要的是要对东道国的文化有一定的了解，A公司可以通过看电影、阅读背景资料、归国人员亲身讲述的方式，举办一场为期一个月的文化培训，培养员工对阿联酋的感性认识。在文化培训过程中，应充分认识到阿联酋为穆斯林国家，因此让外派人员了解穆斯林的宗教信仰与饮食习惯是至关重要的。在不同的文化下有着不同的生活与交际方式，文化敏感性是外派人员必须具备的品质。

2. 管理能力与业务能力培训（2014年11月1日至12月1日）

东道国由于文化及区位环境差异，工作环境跟母国不尽相同，这要求外派人员以良好的自身素质克服差异带来的困难。如果条件允许，A公司可安排员工深入东道国进行一个月的工作体验，身临其境的模拟培训更有利于员工管理与业务能力的提高。

3. 语言培训（2014年12月1日至2015年3月1日）

掌握东道国的语言是外派人员顺利工作的前提，也是培养人际关系与情感融入东道国的重要媒介。A公司可以设置一个为期三个月的英语培训课程，考核合格者可于三月份派出。

三、跨文化培训的特点

（一）培训难度大

跨文化培训是为了培养员工对异文化的适应。G. 沙默斯指出，绝大多数跨文化培训项目的设计必须围绕以下目标来进行：第一，自我意识；第二，文化解读；第三，多样性视野；第四，文化之间的沟通；第五，文化灵活性；第六，文化适应性；第七，建立人际关系的能力。因此，与一般课程的学习相比，跨文化商务交际能力培训的难度更大。

（二）抽象性

很少有专门为解决文化冲突所实施的培训项目，因此，跨文化培训本身就是一个很宽泛的概念，它往往渗透于各种专题培训之中。比如，像一般的语言培训，它往往也包含对这种语言所从属的文化诠释的内容，因此，从这种意义上理解，也是属于跨文化培训的范畴。再比如企业组织的各种技能培训，可能也包含在不同文化背景下处理问题方法的培训，因此，我们也可以将其归纳到跨文化培训范围之中。这就是说，跨文化培训本身是很抽象的，跨文化培训的面很广，包括从一般的语言培训到旨在促进各种文化交融的培训项目等。

（三）多样性

跨文化培训可以从消弭各种文化冲突的角度来实施，包括三个维度：时间、空间和内容。从时间上看，跨文化培训可以在任何时间点上进行，以解决阶段性的跨文化问题；从空间上来看，跨文化培训包含了在跨国公司母国培训和在其他经营地的培训等；从内容上来看，跨文化培训包含了针对所有可能引起文化冲突的各种因素的培训。

（四）择优性

跨文化培训往往是将两种以上的文化同时向不同文化背景的员工进行讲解和诠释，试图让不同文化背景的员工能更多地了解其他文化的内涵和优势，最终将不同文化的优点融合为企业文化的精髓，这就是跨文化培训的择优性特点。例如，跨国公司在中国合资企业内所进行的有针对性的跨文化培训，不是简单地向中国本地员工灌输其母国文化，同时也向母国派出人员进行本地文化的教育，最终目的在于创造一种能使不同文化在跨国公司本地分公司融合的环境。

第四节　外派人员跨文化培训的方法

不同的知识认知、不同的情绪体验和不同的行为学习需要不同的跨文化培训方法。下面介绍跨文化培训中的基本方法。

一、讲座法

讲座法主要由培训师或曾有过跨文化工作经历的资深员工讲授文化概念、文化知识、文化理论，由培训对象记忆知识，其效果完全取决于培训师的授课水平，对称为专家讲授法。讲座法的应用最为普遍，同时也是最古老、最简便、成本最低的一种培训方式。专家讲授法适用于以下几种情况：第一，专家向受训者介绍文化新领域的可叙述或描述的知识，受训者可以通过讲座掌握总体概况或基本概念的知识；第二，专家讲解一系列可通过主题来分类归纳的相关文化事实，可以以系列文化讲座的形式来完成；第三，在专家即将给受训者布置有关文化学习的研究任务，或者需要解决某个问题之前，受训者需要掌握的基础知识可通过讲座来习得；第四，某些具体的文化资料，受训者自学和阅读十分困难时，讲座可以解决学生因理解困难造成的误解。

讲座法的最大优点是：从教师的角度来看，教师的文化讲座一般都会汇集最新研究成果和最新研究方法，以及其本人的学习心得与体会，所以能提供给学生许多宝贵的信息资源。从学生的角度来看，学生在听文化讲座时，其听、写和观察能力会得到训练与提高。其缺点是：讲座法是一种单向的交流，学习者很少能获得主动，他们总是被动地处于接受信息的地位，因此很容易对学习感觉无聊，在学习中变得疲惫；讲座法的第二个缺点是讲座不能达成学习者之间经验或思想的交流和分享；第三个缺点是它强调信息的聆听，而且讲授法很难迅速有效地把握学习者的理解程度和转化程度。

讲座法可以在设计上稍作变化，变成一种比较新的方法，而且也可以克服单纯的讲座所固有的缺陷。

讲座法的第一种变种是团队讲座。也就是说，由两个或者两个以上的培训师就同一或者不同的文化主题进行讲授。团队讲座有两种用处：一是可以发挥不同的培训师的特长，尤其是使这些特长达到一种互补。二是可以使不同的观点得到同台展示，它可以为培训带来更多观点和看法。

讲座法的第二种变种是客坐发言，即事先安排多个发言人，然后让发言人按照事先确定的时间依次出席并进行讲解的方法。这种方法的协调较难。为了使这种方法更加有效，培训师应该事先为发言人设定一个关于他发言的内容与课程相关性的框架。

二、影视法

影视法是将要讲授的文化内容或示范的行为拍摄成幻灯片、影片或录像带，或者制成录音带，通过视听的感官刺激，使参加培训的人员留下深刻印象。其优点是：能随时停下播放的片子，伴以培训师的讲解，加深受训者的理解，收到较好的培训效果；多次反复进行，便于受训者复习所培训的内容。如通过看电影《勇敢的心》，受训者就可以领略原声音乐风笛与呢绒格子裙的魅力，而这些早已成为苏格兰民族的象征。再如，有些电影反映了非言语行为的文化差异。在《阿甘正传》中，当丹（Dan）上尉和他的未婚妻出现在佛利斯特（Forrest）与詹妮（Jenny）的婚礼上时，詹妮（Jenny）主动上前和丹（Dan）轻轻拥抱，并贴一下脸，说："见到你真是太高兴了"。而中国男女初次见面绝不会有此举。在影片中形成鲜明对比的是丹上尉的未婚妻（亚洲人或许是中国人）表现出典型中国人的礼节，她对佛利斯特（Forrest）微笑、握手并用简单的"Hi!"来问候，这与詹妮（Jenny）形成极大的反差。《撞车》反映了美国文化，《喜宴》《刮痧》反映了中美文化差异，《迷失东京》反映了美日文化差异，这些电影都可作为文化学习的素材。

视听资料可以分为两大类：静态的媒体和动态的媒体。静态媒体包括印刷材料、幻灯片、投影。现在这些媒体由于计算机技术的使用都已经过时，因为现在所使用的 PowerPoint 等软件已经完全可以替代这几种媒体，而且在使用的方便程度等多方面远远优于这些传统的方法。动态媒体多种多样，有录音带、录像带、电影等比较传统的能将一个事件成顺序地再现的技术，现在这些技术也为越来越流行的更新的数字媒体所替代，数字媒体在保存、剪辑、添加字幕等方面的优势是传统动态媒体无法比拟的。尽管如此，录像带仍然是最流行的培训技术。在发达国家，录像资料的使用是很普遍的。有许多现成的电影资料可供公司选择。许多公司都自己制作培训节目。他们或者有自己制作录像资料的专家，或者长期聘请这样的专家为自己服务。这样的专家不仅应该是培训方面的专家，还应该懂得影视制作方面的知识。他需要进行拍摄前的准备，包括写剧本、组织演员队伍、布置背景等。录制完成后还需要进行后期制作，包括剪辑和声音与图像的混合等。一些资料显示，录像是除了讲座法之外被利用得最广泛的培训方法。一项近期的调查显示，有69%的公司使用录像作为跨文化商务交际能力培训的工具。录像带流行的一个重要原因是它可以将培训的材料带到世界各地，而不必将培训师请到现场。现在，微型摄录设备越来越先进，这使企业制作方面的成本大大降低，而便利程度大大提高。一些研究者指出，当代青年是看电视长大的一代，对他们来说，视听媒体是一种能获得他们认可的媒体。

三、讨论法

讨论法是将兴趣相同的人聚集在一起讨论并解决某一文化问题，地点一般在宾馆或会议中心，对人数有一定限制。较差的会议效果相当于授课，但较为成功的研讨会则由于结合了其他方法的长处，效果十分理想。这种方法适合于让受训者在讨论中充分表达自己的观点和立场，但是这种方法的潜在的弊端是那些对某一文化主题不太了解的受训者可能会产生理解方面的困难。

四、案例研讨法

案例研讨法创始于美国哈佛工商管理学院，之后被广泛应用于管理教育和培训中。该方法首先由培训师按照培训需求向受训者提供大量真实背景材料并做出相关解释（背景资料通常是一段文字，描述某一个真实的情景并提供足够的细节），之后由受训者依据背景材料来分析问题，提出解决问题的各种方案，并找出最佳方案，达到训练解决实际问题能力的目的。

案例研讨法通常可以通过以下步骤实施：第一，把案例分析材料分发给每个受训者，让他们独立思考；或者以小组为单位分发材料，让他们集体协作，可以要求他们从不同角色的角度分析问题。第二，把小组活动的任务分配给组内不同成员，比如，有的人负责记录小组讨论内容，有的人负责做小组报告。第三，小组报告之后，带领受训者进入经验学习阶段，即让受训者回忆自己的亲身经历，总结自己从案例和小组讨论中得到的结论，并能够应用于实际的跨文化商务交际场景中。

跨文化培训中采用案例研讨法的优势在于：第一，案例分析反映了真实的跨文化商务交际的场景，表明这是一个复杂的过程，并不像它看起来那样简单。它鼓励受训者向"唯一正确的"或"唯一的途径"等概念提出质疑。第二，案例分析帮助受训者关注影响跨文化商务交际中的各个因素的地位。第三，案例分析帮助受训者发现并解决那些由于文化差异所导致的问题。第四，培养解决问题的不同途径和策略。第五，解决问题的方法是基于不同的文化视角提出的。第六，在案例分析过程中的分析讨论以及辩论，使受训者集思广益、取长补短，扩展了知识面，获得了很大收获。

案例研讨法成功与否，取决于培训师和受训者的素质，以及所提供案例的质量。只有这三个方面的有机结合才能创造和谐融洽的学习气氛，产生良好的培训效果。

五、辅导

辅导是受训者以一对一方的式向经验丰富的员工学习跨文化的在职培训方法。这一方法主要在外派任务执行过程中采用。它一般通过指定一个导师或教练，让受训者直接与他们密切合作或者工作，一方面，导师或教练负责激励受训者，帮助他们开发跨文化商务交际技能，并对他们的行为提供强化和反馈。另一方面，受训者通过模仿这些优秀管理人员的行为，也可以达到提高自己跨文化交际能力的目的。一般来说，在这种方法中，受训者并不承担具体的经营管理责任，以便于他们能够更好地学习。

六、角色扮演

角色扮演是让受训者根据简单的背景资料（如剧本或规定的情景）扮演分配给他们的角色。角色扮演通常将受训者分成两部分，一部分进入角色情景去处理各种文化问题和矛盾，让其通过表演体验异文化的感情或异文化人们在特定环境中的反应和处理问题的方式。对扮演者来说，从角色扮演中获得的影响更大。他或她实际上获得了一个自我发现和自我认知的机会；而另一部分受训者则要认真观察扮演者的行为，在表演结束后要对扮演者的行为进行评价，发表自己的看法。这样就保证了台上台下的受训者都能从这一过程中受益。角色扮演可以应用于跨文化人际关系的培训和跨文化行为领域的培训中。角色扮演是在跨文化商务交际能力培训中使用最广泛的一种体验性培训方法。其优点决定了它的受欢迎的程度。角色扮演的优点包括：第一，具有互动性和行为性。角色扮演法让受训者积极参与到整个培训过程中，并对受训者的行为演示给予指导，实现了培训者与受训者之间的双向互动；第二，教会受训者进行换位思考，受训者通过扮演与实际工作岗位不同的角色，可以学会从异文化的立场考虑问题，以及在生活中如何与来自异文化的人们进行更好地交流，进而加深彼此之间的理解，增强合作精神；第三，重塑或改变受训者的态度或行为。角色扮演可以使受训者对过去类似行为或者做法进行反思，在此基础上认真思考并实践新的行为和做法，从而达到重塑、改变其态度或行为的目的，有助于促进新想法、新策略的产生。

但是，角色扮演方法的缺点同样明显：第一，在角色扮演中，角色扮演者所能获得的情景信息比较少，这不利于扮演者的正确参与；第二，受训者的主观反应直接影响培训效果。如果受训者准备充分，态度积极，全神贯注地投入整个扮演过程，那么，角色扮演将是非常有效的培训形式，反之则将收不到多大成效；受训者可能仅仅将角色扮演视为儿戏，从中仅仅获得一种娱乐，完成扮演后并不能将体验带回到工作中；第三，受训者按照固定的角色活动，这就限制了他们的发挥空间和创新行为；第四，对培训者和受训者都有比较高的要求，例如，组织能力和表现能力等。

在了解了这一方法的优缺点后，我们就比较容易去克服其缺点、发挥其优点了。在运用角色扮演这一方法时，为了使受训者获得更好的体验，培训师应该在开始角色扮演活动之前、扮演过程中和扮演之后变化重要的指导作用。在扮演开始之前，培训师应该首先向受训者说明角色扮演的意义，让受训者产生愿意积极地投入活动中去的动机，培训者还应该认真地挑选扮演者，不是所有的受训者都适合扮演角色，应该挑选那些有表现欲望、性格外向的学员。在开始前则应该说明扮演的方法，说明各种各样的角色的情况，说明活动的时间安排，还应该说明观众应该观察什么、准备什么。在角色扮演开始后，则应该对活动进行控制。应该控制的要点包括活动的时间、受训者感情的投入程度、各个小组的关注点。扮演的活动与受训者的关系越密切，他们就越不会分散精力。在扮演结束后，培训师应该提问，提问可以帮助受训者回忆和理解活动。扮演后的讨论也很重要，这可以使受训者有机会分享自己的感受。可以供讨论的主题包括：在练习中发生的事情，他们在扮演中学到的东西，通过参与活动积累了什么跨文化商务交际经验，他们自己如果再遇到这样的情形将采取什么行动，如何将学习到的东西运用到工作中去等。有许多公司尝试将角色扮演活动录制下来，在回放中能获得很好的效果，扮演者能更好地对自己的表现进行自我观察。

 **小案例 5**

顺德盛达家具厂和叙利亚 SUN 家具公司一次谈判的角色扮演

这是一个真实的案例。

一、背景资料

顺德盛达家具厂建立于 1968 年，专业设计、生产和销售中高档办公家具系列，有办公桌、办公椅、沙发，在国内外享有极高的声誉。其设计新颖奇特且实用，符合现代人体工程学和审美观，产品质量优良，并配有完善的售后服务系统。因此，在激烈的家具市场中能够立于不败之地，得以不断发展壮大。

叙利亚 SUN 家具公司始建于 1981 年，主营办公家具的批发业务。以中国、马来西亚等国为原材料供应地。公司本着多品种经营特色和薄利多销的经营原则赢得了广大客户的信任。2011 年 4 月第 102 届中国出口商品交易会中，叙利亚 SUN 公司对盛达公司的高档办公椅感兴趣，但是在价格和数量方面，双方未能在交易会上达成协议。5 月中旬，叙利亚 SUN 公司的 Dan 先生亲自到顺德龙江盛达办公家具厂进行商谈，由张红星先生接待。在谈判过程中，双方先就价格高低僵持不下。盛达公司坚持产品折扣不高于 13%，而 SUN 公司要求折扣不低于 17%。谈判僵持达半小时以后，Dan 先生提出了一种解决办法。在下单后的 6 个月，盛达给予 SUN 公司 10% 的折扣，接下来的 6 个月，给予 SUN 公司 20% 的折扣。但是张红星先生提出了这种合约下的产品数量的多少。他认为如果按照这样的合约，那最初的 6 个月，SUN 公司的订单数量应不少于 1 万件，而接下来的 6 个月的订单数量应大于 1.5 万件。张先生团队经过讨论同意了 SUN 公司的建议。接着，双方就付款方式和发货方式进行了协商，同意使用信用证方式在深圳（FOB）港口发货。

二、角色扮演过程

现在将受训人员分成两个小组，每个小组模拟谈判场景并进行课堂演练。由培训师指导谈判过程。谈判过程中，除价格以外的细节很快谈妥，双方主要是价格高低僵持不下。学员 A 和学员 B 在谈判过程中很难再现真实的谈判场景，原因之一是英语表达能力的欠缺，二是站在众人面前表演的紧张感也影响了学员正常发挥水平。这时候，培训师的指导非常重要。只有在培训师指导学员完整清晰地表演整个谈判过程的情况下，接下来的学员小组表演才有可能较好完成谈判模拟任务。真实谈判案例中僵持达半小时，Dan 先生才提出让步性的建议，即在下单后的 6 个月，盛达给予 SUN 公司 10% 的折扣，接下来的 6 个月，给予 SUN 公司 20% 的折扣。但是实际演练过程受时间的限制，不可能持续那么长时间，这时候培训师充当解说员，引导学员 A 和学员 B 的谈判顺利进行。

学员演练完毕后，培训师进行客观公正的评价。首先要肯定谈判过程中表现优秀的学员，然后指出模拟谈判过程中存在的问题，并指导学员改进。

模拟演练结束后，培训师布置学员课后完成谈判设计，掌握并巩固谈判过程中的重点内容，对难点提出解决的办法。例如，以上案例对于价格僵持不下的处理方法。设计内容可包括谈判相关背景资料、确定谈判目标、获取相关谈判信息、制订谈判计划、完成谈判任务、分析谈判策略等。

 **小案例 6**

法国金碧丽贸易有限公司代表和佛山飞马化工有限公司一次谈判的角色扮演。

一、背景资料

2012 年，全球性的经济危机下，法国难以幸免，消费者购买力比较弱。法国金碧丽贸易有限公司受经济危机影响，在没有利润的情况下竭力争取订单，以保障业务的运作及保持与中方的贸易关系，希望中方在价格上做出让步。

2012 年 8 月 20 号，法国老客户金碧丽贸易有限公司想与佛山飞马化工有限公司就原来已订的工艺蜡烛下新的订单，但要求中方保持原来的价格，订单内容还是原来 10 款数字蜡烛，3 款音乐蜡烛和 5 款魔术蜡烛。在所下单的数字蜡烛、音乐蜡烛和魔术蜡烛中，数量最多的是数字蜡烛，共有 7 万个，音乐蜡烛和魔术蜡烛数量比较少，各有 1.5 万个，而中方原来为了争取对方的订单，开始的时候数字蜡烛给了最优惠的价格，所以利润非常微薄，稍不小心就可能亏本，音乐和魔术蜡烛利润比较高，但数量少，所以实际利润并不高。在竭力给对方理解、支持、配合以保持长期友好合作关系的前提下，中方也竭力保证要有合理的利润，以确保工厂正常运作。经过权衡，中方对客户的订货量做出调整，建议对方将数字蜡烛数量调整为 45,000 个，而另外两种产品的数量都提高到 25,000 个左右，如果对方能接受中方数量调整的提议，那么价格可以保持和之前的订单一样。最后客户接受我方建议，双方确定合同。

二、任务模拟过程

学员 A：法国金碧丽贸易有限公司代表 X 先生
学员 B：佛山飞马化工有限公司 Y 先生

由培训师指导谈判过程。谈判过程中，学员 A 要求学员 B 保持原价的理由是因国内深受经济危机影响，购买力非常弱，希望 B 在价格上做出让步。B 一方面对金碧丽一直给予的支持和配合表示深深感谢，对法国经济危机的影响表示理解，同时也希望对方看到，自己一直也是努力做最好的配合，在全球性经济危机下成本也有很大的压力，特别是近年中国内地经济发展吸引了很多劳动力，使广东的劳动力短缺，劳动力成本不断增加，例如，去年普通工人工资 2000 元，今年已涨到约 3000 元，而汇率方面，几个月前 1 美元换 6.35 元人民币，现在已变成 6.25 元人民币，这些都是实际而直观的因素，所以请对方能理解公司的压力，并表示自己会尽最大可能配合。另一方面，B 提出订单数量上的调整方案，通过调整，利润低的数量减少，利润比较高的数量增多，保证总体上有较好的利润，避免运作过程中的风险导致亏本，选择这个较为两全的折中办法，顺利完成谈判任务。

培训师指导现场参与过的学员完成谈判演示以后，由各个小组（四人一组）根据任务要求进行谈判演练，做过谈判示范的学员 A 和学员 B 此时和培训师一样担当指导者的角色，指导各组完成谈判模拟任务。

在一个跨文化培训中，通过三次以上类似的基于真实案例的角色扮演法训练，受训者对商务谈判的过程和内容就有了全面的了解，在以后工作中参与商务谈判就有了一定的经验积累，效果比单纯的讲授法要好得多。

七、文化敏感性训练

文化敏感性是指对母文化和异文化异同的敏锐性，并且了解这些文化特点对自己和他人言行的影响。文化敏感性有三个境界：第一，认可文化是有差异的，并发现文化差异的具体方面；第二，欣赏这种差异；第三，利用文化差异，让差异成为解决问题的资源。

敏感性训练也称"T 小组训练法"，敏感性是指对自我、对他人和人际之间关系的敏感程度，是美国心理学家勒温（Lewin）于 1964 年创建的一种改善人际关系和消除文化障碍的方法。文化敏感性训练的假设前提是：接受敏感训练而变得敏感的雇员会觉得比较容易作为一个小组的成员和其他组员和睦相处、协调工作。因此，通过敏感性训练可以使员工学会如何进行有效的交流，细心地倾听以了解自己和别人的情感，从而加强人们的自我认知能力和对不同文化环境的适应能力，并促使来自不同文化背景的员工之间进行有效的沟通和理解。文化敏感性训练的一般方法是把10~15名员工集中到实验室或远离企业的地方，由心理学家对他们进行训练，为期约1~2周。在培训过程中，受训员工没有任何任务和负担地相互坦诚地交谈，内容也只局限于他们之间当时发生的事情。通过这种方式，受训者能够发现和学习原来自己没有注意到的文化差异，打破心中的文化障碍，加强不同文化间的合作意识和联系。实践证明，通过文化敏感性训练可以明显减少跨国企业员工的文化偏见，增加相互间的信任感和内部控制倾向，提高员工对不同文化的鉴别和适应能力。

八、关键事件分析法

关键事件是指在某一情景中出现的，由于交际双方的文化差异所导致的误解、问题或者冲突。关键事件只描述发生的事情，并提供交际各方的感受和反应，并不解释在此情景中交际各方的文化差异，受训者通过观察思考自己发现文化差异。使用关键事件策略的目的是使受训者经历各种各样的在与另一文化的人们交际时，或是在适应到另一文化中可能遇到的困难问题和冲突情景。

文化培训中关键事件策略可以有不同的变化，培训师可以把几个事件组合起来说明一个概念或过程。采用关键事件分析的目的在于：第一，使受训者意识到自己对关键事件中人物的行为、态度和反应的理解和解释是特殊的而且由母语文化决定的；第二，分享、比较并且分析受训者们不同的解释和理解；第三，澄清关键事件中可能导致误解、问题和冲突发生的文化差异，澄清关键事件中影响到受训者和关键事件中人物的不同解释和理解的文化差异；第四，帮助受训者了解来自不同文化的人们存在差异，不同文化之间也存在差异；第五，帮助受训者了解在相似情景中，什么才是得体而有效地行为；第六，使受训者意识到自己该学什么，增强他们继续学习的动机；第七，为受训者参加培养解决跨文化冲突能力的角色扮演做好准备。

培训师在设计关键事件的时候，要注意以下几个问题：第一，确定关键事件中的主要角色。第二，提供足够的背景知识。第三，必要时，暗示关键事件发生的时间和地点。第四，简要描述事件发生的顺序。第五，描述来自关键事件中人物所在文化的人们会怎样做，他/她的感受、想法和行动。第六，条件合适的情况下，描述一下来自其他文化的人们会怎么做。

九、文学作品阅读

文学是一个民族社会文化生活的缩影，是重新解读人与世界关系的历史节点，它反映了现实世界的精华。因此，文学阅读是必不可少的培养受训者文化差异敏感性的主要途径。文学作品反映的文化背景是相当广泛的，表层的如民族的风俗习惯、生产方式、文化传统及社交准则等。深层的文化背景知识包括民族的思维方式、价值观念、民族心态。广泛的阅读能够使学员在更深的程度上来理解文化，理解不同民族的意识形态、价值观、民族心理以及行为模式。培训师可以选择一些经典的、可读性较强的文学作品来培养学员的文化敏感性和文化宽容性。

十、行为塑造法

这一方法的理论基础是社会学习理论。社会学习理论认为我们的许多行为模式是通过观察别人得来的，而我们的行为模式也可以通过看到别人使用这些行为得到强化。在组织中，员工学习各种各样的行为，这当中有工作性行为也有非工作性的行为。员工是通过观察主管、经理、同事等来学习行为的。模范角色的行为示范对人的影响是很大的。

行为塑造法利用生动的演示或录像带来说明有效的跨文化人际交往与技巧，以及经理在各种文化情境下应对的方法，培训对象可将自己的行为与角色行为相比较，找到差别，获得启示。

行为塑造法的具体操作方法如下：首先，向受训者解释所要培训的跨文化管理技能，并说明每一关键行为的理由。然后，向受训者展示良好的跨文化管理技能或行为，这一步一般都通过播放录像带来进行。接下来，为受训者提供角色扮演的机会来实践这些管理行为。最后，还要对录像带中的样板行为和受训者的角色扮演行为进行对比和讨论，帮助受训者理解这些关键行为怎样被应用到实际工作中去，并对他们的角色扮演行为进行反馈和纠正。在行为塑造培训中，受训者所扮演的角色以及被样板化的关键行为都是根据受训者所处的真实工作环境可能应用到的技能和行为以及可能发生的各种事件编排出来的。

十一、文化比喻

文化比喻属于认知培训方式，它是用某种代表性的事物来代表某种文化，并通过对这种事物的描述来深化受训者对该文化特点的把握。

文化比喻培训的具体操作如下：让受训者组成小组，给每个小组分配不同的国别角色，让小组用头脑风暴法完成以下命题："作为某国人，我们将用哪一种事物来比喻这个国家的文化？这种事物可以用来描述这个国家文化的哪些侧面？"然后每个小组做陈述并回答其他小组成员的提问。

这种培训方法的优点是直观、生动，可以引发人们深层次的思考。它的缺点是有时受训者的思维过于发散，难以准确描述某一种文化的特点；或者由于对文化本身的理解不够，因而回答不太贴切。

美国文化可以被比喻成水蜜桃，皮薄、汁多、核硬。"皮薄"代表美国文化中人际关系很容易建立，走在美国街头的外国人常常有美国人向他们问候致意；"汁多"代表美国文化的多样性，每个人都可以表现自己独特的一面；"核硬"就是强调隐私。虽然美国人际关系容易切入，但到一定程度时，个人隐私空间是无法进入的。

德国文化被比喻为记事本。每个德国人都有一个记事本，上面记满了和谁的约定、要做的事。记事本代表德国的时间观是线性的，必须提前预约，遵守约定，在一个时间只能做一件事；记事本代表德国的秩序观，解决问题都是以先来后到的方式进行。

日本文化被比喻成海绵，能大量吸收外来文化。有人估计日本的绳文文化只相当于中国的仰韶文化，但在数百年间便跃进到接近先秦文化的水平，而这段路程中国走了两三千年；西方从文艺复兴到殖民主义时代经过数百年，而明治维新却只有数十年。这种极其成功的文化上的跃进在世界上除日本外无第二例，充分说明了日本民族善于学习的能力。跟日本人在一起的时候，千万不要称赞其中一个人，日本人的习惯是要称赞就得称赞整个部门，要么就统统不要称赞。其次，在日本公司做事，你千万不要做得与别人不一样。

法国文化被喻为玫瑰花，浪漫但傲慢刺人。法国人喜好社交，社交是法国人生活的一部分。法国人诙谐幽默、天性浪漫，看到愁眉苦脸的人会觉得不适。他们的纪律性差，当他们约会迟到时不要感到惊讶。法国人比较傲慢，自尊心很强，认为世界上的一切都是法国的最好。法国的时装、艺术和美食在世界上是有口碑的。和英国人一样，法国人忌讳数字"13"和"星期五"。他们对艺术品和纪念意义的礼品情有独钟。

中国文化可以比喻成麻婆豆腐。餐桌礼仪上，谁坐主位、谁是次位，都是权力、关系的线索；"麻婆豆腐"本身就体现了首创这道菜的人名，传递出人情味和亲切感；这道菜的原料是普通的豆腐，加入作料后，马上变得味道鲜美，这跟人际关系一样：普通平淡的关系一旦被确认为朋友，马上变得特殊，相处起来别有滋味。

十二、图画技术

实践证明，图画技术是跨文化商务交际能力的有效手段之一，它的优势在于：第一，能把抽象的文化理论变得直观、具体。第二，能深入揭示培训主题，触动学员的潜意识。因此，可以从情感和认知两个层面反映学员内心深层次信息。第三，能创造轻松愉悦的培训氛围。

十三、多媒体软件培训

在跨文化培训中的多媒体软件中，有两种著名的软件：Park Li 公司出品的名为"衔接文化（bridging cultures）"和 Trompenars Hampden – Turner 公司出品的"文化指南（culture compass）"。由 Park Li 公司出品的衔接文化软件主要是为旅行或居住海外的人而设计的跨文化自我培训项目，企业中未来要被外派的人员也可以用它来进行自我跨文化知识和技能的培训，或者和跨国工作启程前的培训一起使用。"文化指南"软件是根据各国风俗习惯而设计的互动式学习软件工具，对经常处理不同文化的商业旅行者、外派人员与具体国家的互动培训中具有引导作用。在外派人员培训中，文化指南软件可以用来解释独特的跨文化问题。

十四、海外实地实习

海外实地实习的核心思想是把员工置于海外一段时间，能保证员工学到当地人的行为方式，又不至于损失员工宝贵的工作时间。海外实地实习方法具有模拟性，能使涉及此培训的员工在一定程度上"沉浸于国外的文化"之中，能帮助员工形成所谓的全球性领导技能，如减少主观偏见、拓宽视野和提高人际交往技能。

十五、基于互联网的培训

网络技术的飞速发展使越来越多的咨询公司通过网络来推销他们的产品，如问卷、信息和其他服务等。在互联网中，各国管理者以及对这些跨文化人力资源管理感兴趣的人员可以回忆各自的文化震荡情况以及如何克服这些震荡。这些网站中的许多信息和交流为外派人员提供了可供选择的外派信息资源。

此外，互联网给外派人员提供的另一个价值就是外派人员可以从中获得免费的信息资源。通过互联网，外派员工可以根据自己的实际情况选择不同的跨文化内容来提高自己的海外适应能力。

 **相关链接**

不同国家跨文化培训的差异

通过调查可以发现，不同的国家在进行培训时做法有所差异。

美国： 为了培育真正的全球经理，一些美国公司在管理职业生涯早期就会提供全球培训与任职的机会。通用电器提供语言和跨文化培训，以使其营销经理能在全球环境中开展业务。它认为即使对于某些可能永远不会得到海外任职的经理，具有全球眼光也是很重要的；在宝洁公司"宝洁学院"的培训中，包括对新上任的和中层经理着重强调国际经营方面的培训；对于美国及其他国家的雇员，科尔盖特—帕尔莫利夫公司设有全球性的营销管理培训。

欧洲： 许多跨国公司利用在英国法恩海姆国际短期培训中心作为培训基地。这个中心提供两类住读计划：一种是四天的地区计划，还有一种是一周的文化了解计划。这类计划通常是由夫妻一起参加的。地区计划，正如它的名字所说明的，其重点放在个别人将派往的特定区域或国家。在四天的计划中，受训者可以接触关于既定区域的历史、政治、宗教以及形成人民心理状态的经济因素，这些因素如何不同于西欧。文化了解项目并不集中于世界某个具体的地区本身。相反，目的是通过听课和练习增加个人对其他国家的了解和敏感。

日本： 超过一半的日本公司提供全面和严格的培训计划，以使他们的派出人员对跨文化的遭遇有所准备。一个典型的计划将包括：语言培训。几乎所有被访问过的日本公司都支持强化语言的培训计划，跨度从三个月到一年；现场体验。调查过的许多日本跨国公司曾经遴选他们工作班子的成员在外国办事处当一年的受训者；外国的研究生计划。调查过的许多日本跨国公司每一年选派 10 名到 20 名工作班子成员去外国的商学院、法学院和工程学院学习；公司内部培训计划。除语言训练外，派出人员还进修国际金融和国际经济的课程，并且听取关于派往国周围环境的汇报；公司外部培训。除公司内部培训计划以外，在日本还有若干为派往海外人员进行准备的机构。其中之一是国际研究和培训学院，它是由通产省资助的。这个学院提供两类住读计划：三个月和一年。

资料来源：百度文库。

第五节　外派人员跨文化培训成果的转化

一、跨文化培训效果转化的概念

跨文化培训效果转化是指外派员工经过培训够能够持续有效地将所获得的知识、技能运用于外派工作当中，从而使企业跨文化培训发挥最大价值的过程。在这个过程中，人的因素对于培训效果转化率的高低起决定性的作用，外派员工能否把培训知识迁移到工作中的动机和主观能动性是否被调动起来，直接影响到跨文化培训效果的转化。

二、跨文化培训效果转化相关理论

目前，与培训成果转化相关的理论有三种，它们是同因素理论、激励推广理论和认知转换理论。

（一）同因素理论

同因素理论认为，只有在受训者所执行的工作与培训期间所学内容完全相同时才会发生培训成果转化。培训成果转化取决于学习任务、学习材料、学习设备和其他学习环境与工作环境的相似性。学习环境与工作环境的相似性有两个衡量尺度：物理环境逼真与心理逼真。物理环境逼真是指培训中的各项条件与实际工作的一致程度。心理逼真是指受训者对培训中的各项任务与实际工作中的各项任务予以同等重视的程度。同因素理论特别适用于模拟培训。

（二）激励推广理论

激励推广理论认为，促进培训成果转化的方法是在培训项目设计中重点强调那些最重要的特征和一般原则，同时明确这些一般原则的适用范围。激励推广理论强调"远程转化"，也就是当工作环境与培训环境有差异时，受训者具备在工作环境中应用学习成果的能力。激励推广理论指出，只要可以针对工作时的一般原则进行培训，培训环境的设计就可以和工作环境不相似。

（三）认知转换理论

认知转化理论是以信息加工模型作为其理论基础的，信息的储存和恢复是这一学习模型的关键因素。认知转化理论认为，培训成果能否转化取决于受训者恢复所学技能的能力。因此，可以通过向受训者提供有意义的材料和编码策略来增加受训者将实际工作中的情况与所学技能相结合的机会，从而提高培训成果转化的可能性。

三、影响培训成果效果转化的因素分析

从培训活动以外进行分析，培训成果转化过程会受到转化氛围和组织特征等因素的影响。

（一）转化氛围

转化氛围是阻碍或促进受训者将在培训中的所学运用到实际工作中去的工作情景因素，包括情景线索和结果两个要素。情境线索是用于提醒受训者并为其提供机会，在工作中应用培训所学的线索，包括目标线索等；结果是指能影响受训者将来应用培训所学的行为或措施，即受训者在实际工作中应用所学后得到的各种反馈，包括积极反馈、消极反馈等。转化氛围对培训成果转化的作用除了直接的影响以外，还可以通过影响个体变量，如受训者的自我效能、培训动机等产生间接作用。

（二）组织特征

传统的培训成果转化研究中所涉及的组织特征沿袭了鲍德温（Baldwin）

和福特（Ford）的研究模式，大多只包括了与培训直接相关的因素，而一些与培训没有直接关系的重要组织特征则很少被考虑，如组织文化、管理制度、竞争、革新等，这些因素也能在很大程度上影响培训成果转化效果。比如，具有持续学习文化的组织鼓励和支持组织中的每一个人积极地投身到扩展他们技能和提高组织效率的行为中去，参加培训与运用培训所学易于被组织成员接受。在这样的组织中，持续学习是每个员工的基本职责，工作中的合作存在于员工、上下级、团队之间，这种合作得到鼓励，并形成组织社会性支持系统，为培训成果转化创造了良好的环境。组织成员也只有尽可能地把培训所学应用到工作中，才有更多的机会在竞争中谋求发展。

四、构建完善的跨文化培训成果转化机制

基于跨文化培训成果转化相关原理和影响因素，可以从以下几个方面构建跨文化培训成果转化机制。

（一）建立学习共享与互助的组织氛围

企业要为外派员工营造一个学习共享与互动环境，建立终生学习的理念和机制，营造办公室互动学习氛围。工作学习化，学习乐趣化，使得所有成员体会终生学习的必要性与共同学习的乐趣，在相互学习的过程中不仅增长学识，而且能改善人际关系，凝聚共识，获得新创意，培养团队协作能力。在共享的学习氛围中，工作能力不足的员工可以从工作能力突出者吸取经验；内向羞涩的员工可以逐渐使自己打开心扉渐渐开朗；担心被学习超越的优秀者也渐渐放下包袱与大家共享学习心得。互动过程中不会出现讥讽、挑剔或者高傲，每位员工都成了学习和竞争好伙伴，为了企业与自身共同发展进步的愿景，真诚而积极地围绕学习与工作畅所欲言。

（二）提高管理者支持度

管理者支持度是指管理者对参加跨文化培训项目的重视程度，以及对跨文化培训内容在工作中应用的重视程度。提高管理者支持度有利于营造支持跨文化培训成果转化的组织氛围，为跨文化培训成果转化创造所需的各项条件，进而提高跨文化培训成果转化的可能性。

（三）畅通沟通渠道

畅通的沟通渠道以及良好的信息传递会大大提高跨文化培训成果转化

的效率。在跨文化培训前，要与外派人员就培训目标、培训任务、自身的培训期望等内容进行沟通，可以让外派人员对培训有一个全面的认识，帮助外派人员做好接受培训的准备。在跨文化培训过程中，沟通的主要内容是培训内容本身和企业实际存在的问题。外派人员就工作中遇到的问题，与培训师或其他学员相互沟通、广泛讨论以寻求答案。在培训结束后，企业应建立外派人员联系网络，通过面对面、交流会、电子邮件等方式在外派员工之间建立联系网络来增强培训成果在工作中的应用，使外派人员可以讨论培训所学在工作中应用的进展，并共享成功经验，克服阻碍成果转化的不利因素。

（四）构建知识管理系统

1958 年，迈克尔·波拉尼将知识分为隐性知识和显性知识。他提出显性知识是能用文字和数字表达出来的，容易以硬数据的形式交流和共享，并且经编辑整理的程序或者普遍原则。其特点是：存在于文档中、可编码的（codified）、容易用文字的形式记录、容易转移。隐性知识是高度个性而且难以格式化的知识，包括主观的理解、直觉和预感，其特点是存在于人的头脑中、不可编码的（Uncodified）、很难用文字的形式记录、难以转移。

根据 Delphi Group 的调查显示，企业中的大部分知识（42%）是存在于员工头脑中的隐性知识；但是几种不同种类（电子的和纸制的）的显性知识总和却又大于隐性知识。可见，隐性知识和显性知识在企业中的分布是相对平衡的，所以两种知识都必须得到相同的重视。

表 4-1　显性知识与隐形知识的区别

	显性知识	隐性知识
定义	是能用文字和数字表达出来的，容易以硬数据的形式交流和共享，并且经编辑整理的程序或者普遍原则	是高度个性而且难以格式化的知识，包括主观的理解、直觉和预感
特点	存在于文档中	存在于人的头脑中
	可编码的	不可编码的
	容易用文字的形式记录	很难用文字的形式记录
	容易转移	难以转移

（五）知识转化的模式

日本知识管理专家野中郁次郎（Ikujiro Nonaka）和竹内弘高（Hirotaka

Takeuchi）于 1995 年在他们合作的《创新求胜》（*The Knowledge-Creating Company*）一书中提出了显性知识和隐性知识相互转换的 SECI 模型。

野中郁次郎提出，在企业创新活动，隐性知识和显性知识二者之间互相作用、互相转化，知识转化的过程实际上就是知识创造的过程。知识转化有四种基本模式——潜移默化（socialization）、外部明示（externalization）、汇总组合（combination）和内部升华（internalization），即著名的 SECI 模型（见图 4-3）。

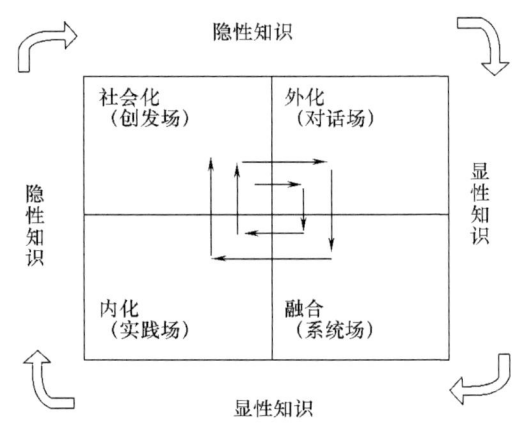

图 4-3　SECI 模型

1. 第一种模式——"潜移默化"（社会化）。潜移默化是指隐性知识向隐性知识的转化，它是一个通过共享经历建立隐性知识的过程，而获取隐性知识的关键是通过观察、模仿和实践，而不是语言。在具体的商务环境中进行的所谓"在职培训"基本上应用的就是这种原理。例如：公司与供应商及顾客直接交往及互动，因而获得了知识；勤于在公司内部各处所走动及视察，因而获得隐性知识。通常在公司内部各个实际职场皆可搜集到最新的资讯；社会化也包括隐性知识之散布，将一个人现存的想法或意念直接传达或移转给他的同仁或部属，强调"大我"的精神，愿意让人分享他个人的知识，因而创造了一个共有的知识转化场所。

2. 第二种模式——"外部明示"（外化），是指隐性知识向显性知识的转化，它是一个将隐性知识用显性化的概念和语言清晰表达的过程，其转化手法有隐喻、类比、概念和模型等。这是知识创造过程中至关重要的环节。

在商业实践中，外表化必须有下列两项要素的协助：

（1）将隐性知识转化成显性知识，这会涉及一些表达的技术，以便将一个人的想法或心意利用文字、概念、比喻性文字与图片或影片等视觉教育器材等，以交谈或对话等方式清楚地表达出来。

（2）将顾客或专家们高度个人化或高度专业化的隐性知识转变成可以理解的形式。这会涉及演绎或推论技巧，因而需善用创造性推论。

3. 第三种模式——"汇总组合"（组合化）。它是指显性知识和显性知识的组合。这是一个通过各种媒体产生的语言或数字符号，将各种显性概念组合化和系统化的过程。

在商业实践中，组合阶段包含下列三项程序：

（1）从公司内部或外部搜集已公开的资料等外表化知识，然后整合成新的显性知识。

（2）利用报告或开会等方式将这种新知识传播给组织成员。

（3）将显性知识重新加以汇整及处理，使之变成公司的计划、报告或市场资料，以方便使用。公司成员在组合阶段通过会商达成共识或协议，以便采取更具体的步骤。

4. 第四种模式——"内部升华"（内化），即显性知识到隐性知识的转化。它是一个将显性知识形象化和具体化的过程，通过"汇总组合"产生新的显性知识被组织内部员工吸收、消化，并升华成他们自己的隐性知识。

在商业实践中，内化包含下列二个层面：

（1）必须将显性知识变成具体措施付诸行动。换言之，在将显性知识内化的过程中，可针对策略、行动方案、创新或改善等方面充出实际的构想或实施办法。例如，在较大型的组织所实施的教育训练计划可帮助学员了解整个组织及全体学员的情况。

（2）可利用模拟或实验等方式，帮助学员在虚拟情况下借实习过程来学习新观念或新方法。

以上四种不同的知识转化模式是一个有机的整体，它们都是组织知识创造过程中不可或缺的组成部分。总体上说，知识创造的动态过程可以被概括为：高度个人化的隐性知识通过共享化、概念化和系统化，并在整个组织内部进行传播，才能被组织内部所有员工吸收和升华。

（六）知识管理的途径

知识管理的指在组织中建构一个量化与质化的知识系统，让组织中的资讯与知识，通过获得、创造、分享、整合、记录、存取、更新、创新等过程，不断回馈到知识系统内，形成永不间断的累积个人与组织的知识成为组织智慧的循环，在企业组织中成为管理与应用的智慧资本，有助于企业做出正确的决策，以适应市场的变迁。

外派人员在执行外派任务中获得丰富的知识、经验和跨文化领导能力，包括显性和隐形的知识。对于市场相关知识这样的显性知识，比较容易在员工之间交流，但是对于像跨文化技能、工作相关技能这样难以编码、表达和公式化的隐形知识是不容易转移的。这些特点可以概括为：第一，个体性。隐性知识是存在于个人头脑中的，它的主要载体是个人，它不能通过正规的形式（如学校教育、大众媒体等形式）进行传递，因为隐性知识的拥有者和使用者都很难清晰表达。但是隐性知识并不是不能传递的，只不过它的传递方式特殊一些，例如，通过"师传徒授"的方式进行。第二，非理性。显性知识是通过人们的"逻辑推理"过程获得的，因此它能够理性地反思，而隐性知识是通过人们的感官或者直觉、领悟获得的，因此不是经过逻辑推理获得。第三，情境性。隐性知识总是与特定的情景紧密相联系的，它总是依托特定情境中存在的，是对特定的任务和情境的整体把握。这也是隐性知识的重要特征。第四，文化性。隐性知识比显性知识更具有强烈的文化特征，与一定文化传统中人们所分析那个的概念、符号、知识体系分不开。处于不同文化传统中的人们往往分享了不同的隐性知识"体系"，包括隐性的自然知识"体系"，也包括隐性的社会和人文知识"体系"。例如，不同地方的人的个性也会有很大差异。第五，偶然性与随意性。隐性知识比较偶然、比较随意，很难捕捉，所以获取的时候就比显性知识要困难。

针对显性知识和隐性知识的不同特性，我们从以下几个方面提出知识管理以促进外派人员知识转化的途径：

1. 编码化。针对显性知识可以采用编码化的策略，将外派人员显性知识搜集整理成文档、技术手册的形式，这样就可以在组织内重复使用。采用这种策略，要着重激励外派员工，让他们将知识记录下来。

2. 个人化。针对外派人员隐性知识可以采用个人化（personalised）的策略，将隐性知识吸收消化成为自己的知识，这样就可以在组织中培养出大量的专家和全球领导人。采用这种策略，要着重激励外派人员共享自己的知识。

3. 协作。所谓协作，就是要增加员工之间的知识流动，综合利用所有个体的知识来完成任务。通过交流沟通，发现和分享彼此的隐性知识；通过谈话讨论，发掘和研究更深层次的知识；通过群体思维，激发产生新的知识。随着网络技术的发展，跨地域、跨时区的远程交流已经不存在问题；而软件技术的发展也使协作沟通和组织学习更加容易和简单。企业内部网络诸如讨论区（biscussion forum）、聊天室（chat room）、即时通信（instant messaging），尤其是近期兴起的 Blog 和 Wiki，都可以大大提高共享和利用隐性知识的效率。

4. 建立促进知识转移的激励机制。要使外派人员主动、积极地进行知识转移，应该从其动机加以考虑。激励在刺激外派人员的转移动机上将发挥重要的作用。例如，建立薪酬支付制度、知识晋升制度和知识培训制度，把培训成果转化与外派人员的奖酬、晋升、职业生涯挂钩，使外派人员感觉到他们的培训成果转化行为是得到组织大环境所认可的，从而提高外派人员培训成果转化的积极性与主动性。

第六节　外派人员跨文化培训效果评估

跨文化培训对企业和员工都是一件费时费力的事情，需要大量的资金支持，因此，企业应该对跨文化培训结果进行评价，因为盲目的培圳只能给企业带来无谓的浪费。事实上，对跨文化培训结果的评估不只是为了对培训的效果进行总结，更重要的是它可以对已经结束或正在实施的培训计划做出一个合理的评价，通过评估发现问题，丰富经验，对以后的跨文化培训计划的设计和开展提供指导。

一、确定培训标准

为评价跨文化培训项目，必须明确根据什么来判断项目是否有效，即确定跨文化培训的结果或标准。只有目标确定之后，才能确定评价标准，标准是目标的具体化，又称为目标服务。

（一）跨文化培训结果的确定

美国著名管理学家雷蒙德·诺伊认为，培训结果可以划分为五种类型：

认知结果、技能结果、情感结果、成效以及投资净收益。根据这五个维度，结合跨文化培训的内容，笔者将跨文化培训的结果分为以下五个方面。

1. 认知结果。它可被用来判断受训者对跨文化培训中强调的知识、原则、事实、技术、程序的熟悉程度，也是衡量受训者从培训项目中学到了哪些文化知识的指标。认识结果可通过书面测验的方式来评价。

2. 情感结果。它包括用来评价受训者态度和动机两个方面的内容。例如，文化敏感性、文化共感性的提高，海外工作动机的增强。

3. 行为结果。行为结果是用来评价受训者通过培训获得的跨文化技能以及交际行为改变的指标。例如，跨文化沟通能力提升等。行为结果可以通过观察来评价，一般通过让员工的同事和上司进行评价得出。

4. 成效。成效是被用来判断跨文化培训项目给企业带来的回报，比如，海外市场份额增加、产品质量是否有所提高、员工离职率是否降低、员工士气是否有所提高等。成效的评估可能是最重要的一点，因为虽然可以根据认知结果、情感结果以及行为结果来判断员工的文化知识是否增长、跨文化工作行为是否有所改善，但是如果没有取得相应的成效，那么也很难说跨文化培训计划真正实现了目标。

5. 投资净收益。它是指财务部门对跨文化培训所产生的货币收益与培训的成本进行比较之后，评价企业从跨文化培训项目中获得的价值。

（二）评价标准

跨文化培训评价的标准通常由评价内容、具体指标等构成。制定标准的具体实施步骤分为：一是对评价目标进行分解；二是拟订具体标准；三是组织有关部门（人力资源部、受训者所在部门、财务部等）人员讨论，审议，征求意见，加以确定。

二、跨文化培训评价方案设计

企业可以采用不同的评价设计来对跨文化培训项目进行评价。评价方案设计主要有以下几种。

（一）培训前后对照法

该方法是在培训之前对参加跨文化培训的员工进行一次测评，在培训结束之后再进行一次同样内容的测评。测评的内容可以采用前面介绍的几项培训结果的信息。然后对这两组信息进行比较，如果培训后的绩效同培训前的绩效相比改进了很多，就说明培训确实导致了绩效的改进。

（二）控制实验

在控制的实验情境中，设置一个实验组（接受培训组）和一个对照组（没有接受培训组），参照培训目标，确定将要收集的数据指标（比如情感方面的变化、认知方面的变化、行为方面的变化等），然后对实验和相对照组在培训进行前后的相同时间跨度内分别进行同样的测验或问卷调查，收集所需的数据。用这种方法企业就可以确定外派员工的绩效改进是跨文化培训导致的结果，而不是其他因素的影响（如报酬的提高等）。

（三）时间序列分析

这种设计将时间因素列入考虑，由于不管是否接受培训，外派员工本身都可以在工作表现上有所改变，所以要在培训前后多做几次评估，只要发现外派员工在培训前的变化与培训后的变化两者之间存在显著差异，就说明培训有效。

三、对跨文化培训本身的评估

进行跨文化培训评估时应对培训目标、方案设计、场地设施、教材选择、教学管理以及培训者的整体素质等各个方面进行评价。因此，评价内容一般包括评价培训者、评价受训者、评价培训项目本身等三方面。评价的过程如下：首先是收集数据，如进行培训前和培训后的测试、问卷调查、访谈、观察、了解受训者观念或态度的转变等；其次是分析数据，即对收集的数据进行科学地处理、比较和分析，解释数据并得出结论；最后是把结论与培训目标加以比较，提出改进意见。

四、对跨文化培训效果转移的评价

对培训效果转移的评价即对员工接受培训后在工作实践中的具体运用或工作情况的评价。对培训效果转移的评价要考虑评价的时效性。跨文化培训的效果要通过较长时间才能表现出来，如对管理人员进行的综合管理能力的培训，在这种情况下，对受训者长期的或跟踪性的评价是必要的。

思考题

1. 如何确定外派人员的培训需求？

2. 跨文化培训的理论依据是什么？

3. 外派人员跨文化培训的内容是什么？

4. 外派人员培训有哪些特点？

5. 外派人员跨文化培训有哪些方法？

6. 文化培训成果转化包括哪些内容？

7. 外派人员跨文化培训成果转化的影响因素有哪些？如何促进跨文化培训成果的转化？

8. 如何评估外派人员跨文化培训的效果？

外派人员绩效管理

导读案例

美国应用材料公司（Applied Materials）的绩效管理系统

一、公司简介

美国应用材料公司（Applied Materials）于 1967 年在美国硅谷成立，如今已成长为全球最大的半导体设备和服务提供商之一，同时也是世界上信息基础设施的领导厂商之一。美国应用材料公司在美国、以色列和欧洲都拥有自己的研发和制造中心，并且在日本、韩国以及中国台湾拥有自己的技术中心。为了应对全球不断增长的需求，该公司分别在欧洲和美国、以色列、日本、马来西亚、韩国、新加坡、中国以及中国台湾地区设立了销售及服务机构。如今，该公司在全球 13 国家拥有 90 个分支机构，并拥有约 1.6 万名员工。

Applied Materials Taiwan（AMT）成立于 1990 年，是美国应用材料公司在中国台湾的子公司，该公司为中国台湾半导体客户提供信息基础设施以及相关服务，拥有 800 多名员工，其中包括 30 名来自美国总部的外派员工，这些外派员工大都是技术工程师。

二、AMT 公司的外派人员绩效管理系统

考虑到不同国家以及地区的差异性，美国应用材料公司各分支机构的绩效管理体系有一定差异，但又都与美国总部拥有相同的管理理念，以指导各分支机构人力资源管理实践。

AMT 公司拥有两种不同的绩效管理体系，一种主要针对管理岗位的员工，另一种针对技术岗位的员工。来自美国总部的外派人员大都是技术工程师，但这些技术工程师又可以划分为管理工程师和普通工程师两种类型。

根据在东道国工作期限的长短，每位外派人员的绩效目标也有所不同。对于短期外派的员工来说，其绩效目标由该外派员工总部所在部门的主管来设定；而对于长期外派的员工，即那些需要在东道国工作三个月以上的员工来说，其绩效目标则由东道国产品线主管来设定。考虑到 AMT 工作的特点，这种绩效目标的设定方式有利于 AMT 公司与客户形成良好的沟通机制，以便更好地理解客户的特殊需求，因此，需要产品线的主管来给这些外派员工设置绩效目标。

正如上文所提到的，AMT 公司来自美国总部的外派人员大都是技术工程师。因此，他们的绩效目标不像其他公司那样分为财务目标和非财务目标，其绩效目标非常清晰，主要分为三大类：问题的解决（trouble-shooter）、技术咨询（technical consultant）以及新技术的转移（new technology transfer）。

第一，问题的解决。该项工作的主要职责是解决产品线的运行问题以及产品设备的维修问题。因此，对于该项工作的绩效评价主要依据其工作任务的完成情况以及顾客的满意度来进行。

第二，技术咨询。外派人员需要为顾客提供高级技术咨询，而且 AMT 公司通过联合开发项目（Joint Development Program）的建立，与客户建立了良好的关系，客户也因此获得了更加复杂和高级的技术咨询服务。因此，针对该项工作的评估也是以客户满意度为主。

第三，新技术的转移。该项工作要求外派人员向顾客提供技术发展动态的相关信息。

AMT 的绩效评估标准主要包括两项：一项是目标管理，即评估外派员工是否实现了上述三个方面的绩效目标；另一项是行为标准，其中又包括 8 到 10 项具体的标准，主要涉及团队与合作精神、沟通交流、下属的发展、判断以及决策等方面。依照这些标准所进行的绩效评估会把外派人员划分为杰出、优秀、良好、较差四个等级，其中，获得杰出评价的员工占总人数的 5%，获得优秀和良好的员工各占 35%，而获得较差评价的员工占 5%。

在考核过程中，AMT 公司会让外派员工（外派工作三个月以上）进行自我评价，并要求管理者以及客户对外派员工的绩效进行衡量。由于外派员工的晋升是由公司总部决定的，因此 AMT 公司在考核结束后，会将绩效评估报告上交公司总部，该报告经总部相关部门主管审核后，由其做最终绩效评估。一般来说，AMT 公司一年进行一次绩效考核，但也可能会根据实际情况进行调整，例如，若某项目需要花费的时间超过一年，则产品线主管将会在项目完成之后再进行绩效评估，但是管理者也需要每三个月对外派人员进行一次阶段性评估。

绩效评估结束之后，还需要开展绩效反馈。绩效反馈过程中，管理者会和外派人员展开非常开放的对话，共同讨论过去的绩效情况以及外派人员实现目标的程度。一旦外派人员认同绩效评估和绩效讨论的结果，他们便会在相关文件上签名，以表示自己认同考核以及讨论的结果。如果没有得到外派人员的签字认同，该绩效评估便会被认为是不合法的。

绩效反馈的结束并不意味着绩效管理的彻底结束，如何更好地运用绩效考核的结果也是各家公司需要考虑的问题。由于半导体产业的发展迅速，AMT公司非常关注员工的训练与发展，那些获得杰出以及优秀绩效评价的外派员工将会获得参与公司 IDP（Individual Development Plan）的机会，以确保这些核心员工能够和公司一起成长。

另外，AMT公司也会将绩效考核的结果与外派人员的薪资、晋升以及利润分享（包括现金奖励和股票期权）联系起来。例如，绩效良好的员工能获得12个月的分红，绩效优秀的员工能获得14~15个月的分红，绩效杰出的员工能够获得18个月的分红。

资料来源：林叶. 跨国企业外派人员绩效管理问题研究［D］. 海口：海南大学硕士论文，2012.

绩效管理是人力资源管理的难点和重点，外派人员工作性质特殊，影响其绩效的因素错综复杂，导致其绩效管理难度加大，如何建立一套完善的绩效管理系统，是国际企业面临的难题。从该案例可以看出，AMT公司的外派人员绩效管理系统更具开放性和复杂性，其绩效目标设定的流程、评估的频率、评估者行前培训以及绩效和薪酬的联系等方面都具有自己的特色，而这一系统也充分发挥了绩效管理的战略作用和管理作用，值得借鉴。

第一节　外派人员绩效管理概述

一、绩效管理的内涵

为了提高企业的市场竞争能力和对环境的适应能力，许多企业都加大力度探讨提高组织绩效的有效途径，增加对绩效评估的重视程度。但实践证明，仅仅界定和评价绩效并不能真正促进组织绩效的提高。在这一背景下，研究者分析了绩效评估的不足，拓展了绩效的内涵，提出了"绩效管理"的概念。20世纪80年代后半期和90年代早期，绩效管理逐渐成为被广泛认可的人力资源管理职能。

关于绩效管理的定义，可以说是众说纷纭，迄今没有一个公认的定义。事实上，绩效管理是把对组织绩效的管理和对雇员绩效的管理结合在一起的体系，可以将其定义为：绩效管理通过把每一个雇员或管理者的工作与整体使命联系在一起，强化了一个公司或组织的整体经营目标。

在现实工作中，管理者经常不愿意去实施绩效评估，原因在于他们需要耗费大量时间和精力制订绩效标准，然后组织员工进行评估。正如我们在开篇案例中所看到的，如果企业建立一套有效的绩效管理系统，运行一段时间后，这套系统会使企业的管理工作变得简单而有效，因此管理者和员工不应把实施绩效评估看作一种负担，而应当把它看作一种先进的管理方式。

二、外派人员绩效管理的过程

外派人员绩效管理的过程（见图5-1）和一般人员绩效管理的过程基本一致，可以分为四个步骤：一是绩效计划的制订，计划包括工作承诺、绩效目标与标准等内容；二是绩效计划执行过程中的绩效沟通；三是绩效信息的收集；四是绩效考核与绩效反馈，它既包含对相关当事人的反馈，为下一步绩效计划的制订提供参考，也包含对人力资源管理其他子系统如招聘、员工管理、培训发展、薪酬等提供反馈信息和数据。这四个步骤是一个循环改进的过程，使企业的绩效得以持续提高（见图5-1）。

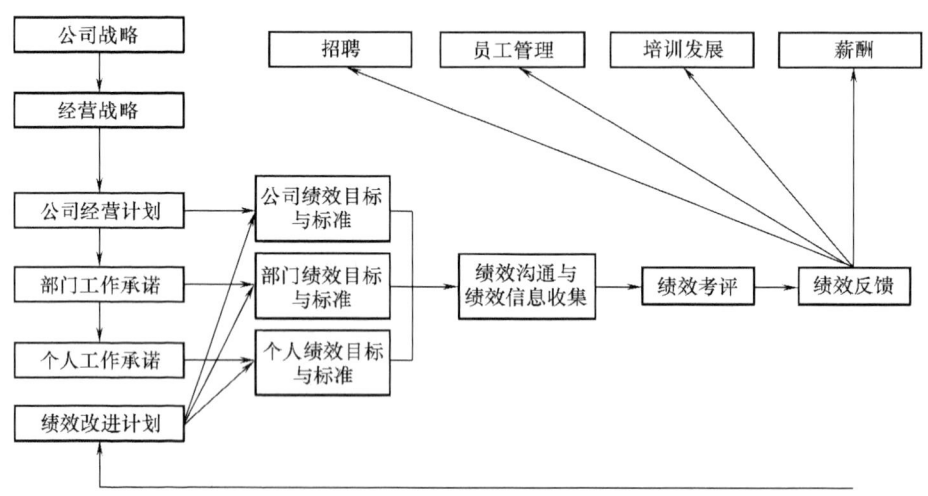

图5-1 外派人员绩效管理的过程

三、外派人员绩效管理的意义

从现象上看，外派人员绩效管理是对外派人员的工作实绩的管理，实际上，与对国内员工的绩效管理一样，它是跨国经营企业对其战略目标实现过程进行控制的一种重要机制，对组织和外派人员都具有重要的意义。

（一）战略目的

所谓战略目的，就是企业的绩效管理系统应当将外派员工的工作行为与组织目标联系起来，以确保员工能够表现出符合组织战略要求的行为。但由于组织的战略可能会随着环境的变化而出现变化，即使在环境稳定的情况下，也可能会根据实际情况对战略进行些许调整，因此，对绩效管理系统的灵活性提出了更高的要求，需要依据战略的变化做出改变，甚至要进行再设计。

（二）管理目的

1. 绩效管理是提高组织管理效率及改进工作的重要手段。组织的管理者通过绩效管理，能够达到以下目的：第一，了解员工完成工作目标的情况，包括成绩、差距和困难；第二，建立管理者和员工之间的沟通渠道，改善上下级关系；第三，表达管理层对员工的工作要求和发展期望；第四，获取员工对管理层、对工作以及对组织的看法、要求和建议；第五，共同探讨员工在组织中的发展和未来的工作目标。

2. 绩效管理是员工改善工作及谋求发展的重要途径。员工通过绩效管理可以实现以下要求：第一，明确自己所担负工作的目标、职责和要求；第二，使自己的工作成就、工作实绩获得组织的赏识和认可；第三，使自己在工作中的需要获得组织的理解和帮助；第四，提出自己的发展要求，并了解组织在有关问题上可能给予的支持；第五，了解组织对自己的期望和未来的工作要求，找出差距，调整工作方式，以期更好地完成任务，并在绩效评估工作中获得参与感。

3. 开发目的。员工个人通过绩效评估信息的反馈和绩效评估面谈，能够获得信心、机会和组织的支持，因此，绩效评估是促进员工潜能开发的重要手段，有利于激发其积极性，鼓励他们发扬成绩、弥补不足，将今后的工作做得更好。

第二节 影响外派人员绩效管理的因素

尽管外派人员绩效管理是企业绩效管理的一部分，但是由于管理对象特殊，所以影响外派人员绩效管理的因素非常复杂。

一、员工来源的多样化

担任国际职务的外派人员可能是母国公民，也可能是第三国公民，他们初始的就业契约、报酬和福利待遇、职业发展道路与机会、业绩期望等可能有很大的不同。管理这样一个多元化的员工队伍需要绩效评估政策和程序的相应调整以适应被评估者的组成。绩效评估的方法评估双方的价值观、标准、态度和信仰也将受到很大的影响。评估过程必须考虑到这些差别，评估体系的设计不应当只是收集每年的业绩数据，而应当注意要能够激励员工进行职业技能开发，使他们成为成功的国际管理者。

二、当地环境状况

国内外的环境存在着巨大的差异，如在文化方面，各国可接受的工作方式差别很大，诸如假期与休假的数量、期望工作的时间、对当地工人的培训以及当地现有人员的类型等因素会直接影响外派人员的业绩。尽管成功的外派人员能够迅速地适应当地文化期望，但是，母国经理及其人员几乎很少对当地情况有同样的理解。好的国际绩效评估必须适应与工作有关的当地文化期望而做出调整。另外，当地的经济状况是外派人员不能控制的能够影响其业绩的一个重要因素。

三、时间差别和地理分割

尽管更为迅捷的通信使旅行的重要性在降低，但当地组织与母国总部之间地理上的分割和时间差别给评价当地经理带来了难题。外派人员和当地经理与总部人员之间的沟通频率和强度无法使总部随时了解各方面的当地管理问题。没有大量的直接联系，即使拥有现代化的管理系统，母公司也很难实时接触到外派人员各方面的工作问题，对绩效管理的控制力度也会下降，业绩考核就会因缺乏对外派人员情况的广泛了解而难以开展。

四、企业的跨国战略

企业进入国际市场常常是出于战略方面的考虑，而不是由于特定跨国经营能够带来直接利润。了解新市场或挑战国际竞争对手的战略目标可能会使一些子公司陷入亏损状态，但这些子公司仍然积极地服务于企业的总体目标。在这种情况下，如果采用如投资收益率这样的经营业绩考核指标，那么，其当地经理的业绩就会显得十分糟糕。

五、海外子公司发展阶段的不同步

跨国公司进入海外市场的时间是不同步的，而且各国或地区的条件也千差万别，导致客观上各海外子公司的发展规模、发展速度都不一样，因此需要不同的绩效管理系统与之相适应。

六、不可靠的数据

绩效评估必须基于可比较的数据和标准之上。国外的子公司和国内总部的数据可能存在极大的差异。通常，用以衡量当地下属单位业绩的数据可能并不具备与母国单位数据或其他国际经营数据的可比性。例如，当地会计准则会改变财务数据的含义。在其他情况下，由于当地法律要求充分就业而不准许经常加班，会使生产率看起来十分低下。所以国内使用的绩效评估体系并不能准确评价外派人员。

第三节 外派人员绩效计划的制订

一、外派人员绩效计划的内容

绩效计划是指在绩效周期之前，绩效管理者应该与外派人员进行相关问题的沟通，最后拿出一份绩效计划。该计划应该包括以下主要内容。

（一）职位描述

外派人员绩效计划应该对外派人员的职位级别、职责、报告关系、可支配的资源、工作流程等做出规定，得出一个比较详细的外派工作职位描述，促使外派人员对即将接手的工作有一个直观印象。

（二）绩效目标

设计一个有效的外派人员的绩效目标必须考虑评估目的、职位和任务、环境状况几个方面。

（三）评估目的

通常认为，绩效评估的中心目的是评价外派人员每年的经营业绩。尽管这是国际上任职评价的一个重要方面，但是还要明确其他的重要职能，如外派人员的开发。评估的目的不应当是单方面的，而应当是多个方面的总和。实际上，这对外派人员的评估是必要的。由于国际经营环境错综复杂性，外派人员总是会对职业发展十分担心，所以，需要将绩效评估定位在能改善经营业绩的领域。一般说来，评估的目的还应包括以下几点：员工之间的比较；员工个人的比较；为人力资源管理的其他方面提供资料。

（四）支持完成任务的基本条件

支持完成任务的基本条件主要是指国外组织中的管理系统、人员类型和胜任能力、计算机系统、人事政策以及相关的支持运营的基础设施。而且绩效评估还应当增加外派人员对职业发展机会的理解，以激发他们的创业积极性。

（五）环境状况

环境包括企业的内部环境和外部环境。内部环境包括企业分权程度、企业文化、企业战略、所有权、企业内部各组织单元之间的联系。外部环境主要是指经济发展水平、与母国的文化差异、基础设施条件、政府干预程度。另外，东道国的环境与母国的环境差别，使得外派人员要进行必要的调整。所有这些因素，在绩效评估中都是要考虑到的。

（六）绩效评估周期

绩效评估通常以年度为周期，但外派的工作因为性质不同工作时间长短不定，因此需要依具体情况而定。一般以半年为周期对外派人员的绩效进行评估，以一年为周期对外派人员的胜任力等进行评估。

（七）员工开发计划

员工开发应该是绩效管理中不可或缺的一环，因此完整的绩效计划应该包括员工开发计划。该计划一方面要通过对员工能力的开发，帮助他们更好地实现预订目标；另一方面应该根据外派人员绩效考核的结果，有针对性地对员工进行开发，帮助绩效较差的外派员工改善绩效，帮助绩效优秀的外派员工进一步开拓进步空间。

二、外派人员绩效目标制定的方法

（一）基于平衡计分卡技术确定分公司总经理的绩效目标

1. 平衡计分卡概述。哈佛商学院罗伯特·卡普·S 兰和复兴方案有限公司的首席执行官（CEO）戴维·诺顿·P 在 1992 年提出的平衡计分卡是绩效管理与经营战略结合的典型。作为一种战略性绩效管理的工具，平衡计分卡在大大小小的企业得以广泛应用。

平衡计分卡以企业的战略为基础，并将各种衡量方法整合为一个有机的整体，它既包含财务指标，又包含顾客角度、内部流程、学习和成长的业务指标，使组织能够一方面追踪财务结果，一方面密切关注能使企业提高能力并获得未来增长潜力的无形资产等方面的进展，这样就使企业既具有反映"硬件"的财务指标，同时又具备能在竞争中取胜的"软件"指标。

图 5-2 描述了这四个方面及其相互之间的关系。

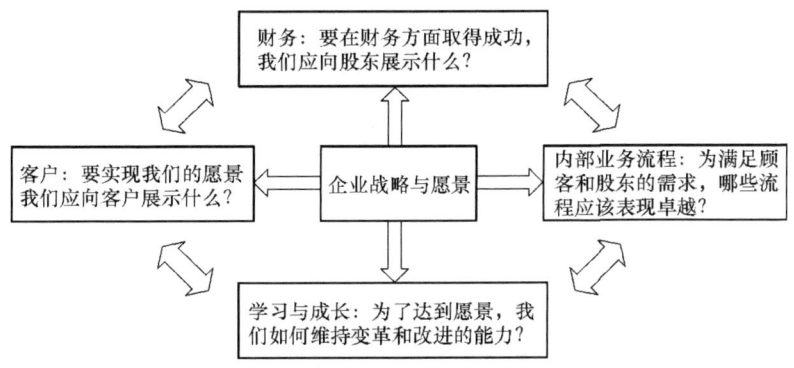

图 5-2 平衡计分卡四个方面绩效测评指标的关系示意图

资料来源：彭剑峰.人力资源管理概论［J］.上海复旦大学出版社，2005 年：340.

2. 基于平衡计分卡技术确定外派分公司总经理的绩效目标。因为我们主要研究的是在海外执行任务的经理人员和高级技术人员，所以可以从平衡计分卡的四个维度建立其绩效目标。

（1）顾客方面：其首要目标是要解决"顾客如何看待我们？"这一类问题中，"如何为顾客创造价值"是海外子公司的首要任务。子公司如何以顾客为导向进行运作已经成为外派经理首先要考虑的问题。平衡计分卡要求外派经理把顾客服务的声明转化为具体的测评指标，这些指标能够反映真正与顾客相关的因素。常见的客户指标包括送货准时率、客户满意度、产品退货率、合同取消数、市场份额等。

（2）财务方面：其目标是解决"我们怎样满足股东？"这一类问题，即告诉外派经理他们的努力是否对企业的经济收益产生了积极的作用。因此，财务方面是首要目标和归宿。常见的财务指标包括销售额、利润率、资产利用率、现金流量、投资回报率等。

（3）内部过程方面：其目标是解决"我们必须擅长什么？"这一类问题。以顾客为基础的指标十分重要，但是优异的顾客绩效来自组织中所发生的流程、决策和行为。外派经理需要关注可能满足顾客需要的关键的内部经营活动。内部过程方面的指标来自对顾客满意度有最大影响的业务流程，包括影响循环期、质量、雇员技能和生产率的各种因素，如常见的内部过程指标包括生产率、成本、合格产品效率、新产品开发速度、出勤率等。内部过程是海外子公司改善经营业绩的重点。

（4）学习和创新方面：其目标是解决"我们能否继续提高并创造价值？"这一类问题。以顾客为基础的测评指标和内部业务程序测评指标，确定了公司认为对竞争取胜最重要的参数。但是环境和竞争要求海外子公司不断改进现有产品和流程。只有通过持续不断开发新产品、为顾客提供更多价值并提高经营效率，公司才能够发展壮大，从而增加股东价值。学习和创新方面的指标将注意力引向企业未来成功的基础，包括员工素质、员工培训时间、信息系统、市场创新等等。

在使用平衡计分卡时应注意：第一，根据外派岗位的不同制订相应的指标。虽然当前许多企业有比较完善的外派绩效指标体系，可以借鉴和参考，但是，在具体制定绩效指标时，还必须认真研究工作说明书，对外派岗位有一个全面、深入、细致的了解，在此基础上制定绩效目标。第二。要注意各个指标之间的平衡。所谓"平衡"，是要在长期与短期目标之间、在外部计量（股东和客户）和关键内部计量（内部流程／学习和成长）之间、在所求的结果和这些结果的驱动因素之间、在强调客观性测量和主观性测量之间保持平衡。

（二）基于关键绩效指标确定分公司中层管理人员的绩效目标

关键绩效指标，简称KPI，是指在组织内部，首先就输入与输出端进行参数设定，展开相关的设置、取样、计算、分析等工作，从而对其绩效进行衡量的指标体系，而这也是对诸多因素的总结，包括经验中众多的成功因素等。

KPI 法是"八二原理"的具体体现。价值的创造过程，一般都存在"80/20"的现象，即在企业的价值创造方面，20% 的骨干所创造的价值往往可达80%；而在员工身上，这一理论同样适用，即对各员工而言，其 80% 的工作往往是 20% 的关键行为所创造出来的，故此，这些关键行为至关重要，需引起足够重视。另外，还需对这些行为进行分析与探究，从而使业绩评价的重心得以凸显。绩效考核中指标不需要做到面面俱到，可根据不同阶段的发展重点，有针对性地选择部分关键绩效指标。

企业一旦通过平衡计分卡确定了海外子公司的绩效目标，就可以按照以下流程确定中层管理者的绩效指标：第一，确认对各战略子目标的支持性业务流程；第二，进一步确认各业务流程在支持战略子目标达成的前提下流程本身的总目标；第三，确认各业务流程与各部门的联系；第四，部门级 KPI指标的提取；第五，岗位 KPI 指标的提取。

关键绩效指标必须满足以下五个原则：S（Specific），具体的，M（Measurable），可衡量的；A（Achievable），可实现的；R（Relevant），相关的；T（Time-based），有时限的。但是，所有的工作都能够用满足这五大标准的目标来衡量，例如，很多工作难以定量化，只能通过定性目标（行为化）指明方向，因此，设定合理的目标组合才能比较恰当地衡量外派人员的绩效。

（三）目标管理法

目标管理法提供了一种将组织的整体目标转换为部门目标和每个外派人员目标的有效方式。它是指外派员工与上司协商制订个人目标，并将这些目标作为对外派员工进行评估的基础。为使目标管理方法取得成功，企业应该将目标管理计划看成整个管理体系的一个组成部分，首先是要制定整个企业的整体目标和战略，接着由各部门领导和他们的上级来共同制定各部门的目标，在确定完企业的目标和部门的目标后，由部门领导就本部门目标与外派人员展开讨论，并要求他们来制定自己的工作目标和计划，确保确定目标的权力下放到外派员工手中，但要求外派员工为工作结果负责。外派员工在制定目标后与上级进行讨论和修改，最后使双方达成一致。外派员工在设立目标时，还要制定达到目标的详细步骤。外派员工工作中每一点进步的取得和存在的问题，直接主管都要给予及时反馈和指导。在中期考核完成，向外派员工提供已建立目标完成程度的反馈信息时，要对目标进行适当的调整，增加新的工作目标或者删除不恰当的工作任务。最后，再按照已建立或修正的目标对外派员工进行期末考核，由部门领导将每一外派员工的实际工作绩效与已建立或修正的目标进行比较，最后对外派员工提供反馈，共同制订绩效改进计划。

 **小案例1**

基业长青与短期业绩之悖论——外派高管的悬头剑

Q公司是一家跨国咨询公司，在中国上海设立了分公司，迈克是新到任的总经理。迈克和太太都毕业于美国著名的"常青藤"大学，有三个聪明伶俐的孩子，该家庭是一个精英家庭。他们没有来过中国，太太为了这次派遣放弃了非常好的工作。

迈克的前任是安德鲁。安德鲁离开的真正原因之一是总部下达的高业绩指标。安德鲁觉得咨询业务在连续三年的增长态势下，需要一个相对的平稳期让咨询顾问队伍养精蓄锐，在和总部协商未果的情况下遂提出辞职。

迈克清楚地知道，熟悉中国业务的安德鲁都知难而退，总部制定的高增长战略对自己而言，只能说是尽力而为他清楚地知道自己的框架在哪里，换句话说，他的目标也很明确，所以，做起事情来彻头彻尾地反映了"一切以业绩为主"的风格。

下面的人一下子不适应，悄悄地私下议论。"他一来就是挤奶，但又能喂我们多少草呢？""迈克总是在那间会议室里，看那些数字报告或邮件。他并不在乎与我们的沟通。我们怀念过去，每一次与安德鲁的会面时间不长但总是那么有意义。"

人力资源经理刘佩珍暗中观察了好一阵，主动找到迈克，告诉他在中国要多联络感情，可以通过吃饭、聊天、业余活动等软性接触打破壁垒，建立关系。"在中国五千年的文化中，'男为知己者死，女为悦己者容'。你要有几个铁哥们。你要让他们知道，为什么要跟你一起卖力。"

但是，迈克依然我行我素，根本不考虑其他人的感受，刘佩珍一而再、再而三地推动迈克一定要继续"兰哲思大学"员工培养与发展计划，这是他的前任安德鲁每年都会做的工作，一般每年会投资300万美金。但是，迈克非常犹豫，第一年，他没有做，第二年，他还是没有做。

此举让迈克在员工心中的形象大为减分。

高业绩增长的压力还在追着迈克，业务评审会议从每个季度增加到每个月，甚至有时是每个星期。顾问的深造、战略性的知识管理或者开拓性的解决方案研究都不得不搁浅。

3年后，迈克顺利地调回了美国总部，如愿以偿地出任某个全球性业务部门的负责人。这是迈克想要的角色。

他悄然离开了中国，没有举办送行会。大家觉得迈克为了一些短期目标，不得不去执行总部的指令，有点杀鸡取卵。把鸡杀了，把卵取出来，变成了迈克的业绩，这样真的好吗？

公司发展需要基业长青，但是如果我们对外派高管设订了不切实际的短期目标，这最终对公司是有益的还是有害的呢？我们的外派高管，对于成功的定义到底是两条漂亮的线条，即收入线、利润线，还是要持续给后来者留下一摊扎扎实实的业务基础？中国企业也在走向全球化，当我们外派总经理时，怎样才能避免重蹈覆辙呢？

 **小案例 2**

日立高科公司（Hitachi High-Technologies）的外派人员绩效管理

（一）公司简介

日立高科成立于1947年，该公司经营的主要业务包括：半导体生产设备、生物技术产品以及纳米技术的相关设备和系统的研发、生产、营销和服务。该公司在全球23个国家拥有84个分支机构，拥有员工超过470 000人。

日立高科台湾有限责任公司成立于1970年，主要负责高新技术产品、电子元器件、家用电子信息产品等相关产品的贸易。如今，该公司拥有8名外派员工，其中6名是中高层管理人员，其他2名则是技术工程师。

（二）公司的外派人员绩效管理系统

日立集团是日本领导厂商之一，旗下拥有多个业务部门，由于每个业务部门都拥有独立的经营领域以及特点，集团总部允许各业务部门在经营管理方面拥有一定的自主权。因此，每一个业务部门都会开发适合自身实际情况的绩效管理体系，而日立台湾作为日立高科在台湾的子公司，在经营决策以及绩效管理上也必须遵循母公司的管理制度。

日立高科运用目标管理的方法来对外派人员进行绩效管理，该公司要求外派人员每半年给自己设计一个绩效目标，然后与其在东道国的直接主管就绩效目标进行沟通。另外，对工作中的每一个指标、预期的结果以及其他一些任务都必须赋予一定的权重，该权重并不是由管理者事先确定的，而是由外派人员和主管共同讨论制订的。然后，日立高科每六个月（每年的4月和10月）会对员工的绩效进行评估，评估首先是由外派人员对自己的绩效进行自我评价，以判断自己在过去六个月中是否实现了预订目标，然后东道国的直接主管会对外派人员的评价进行审核，但由于来自日本总部的外派人员大都是中高层管理人员，所以该任务主要是由子公司的总经理来完成的。总经理完成评估后，评估报告还需要上交日本总部，由总部的部门主管对评估报告进行再次审核，因此，最终的评估结果是由东道国子公司的总经理和总部的部门主管共同决定的。该评估会给予外派员工A、B、C三种不同等级的评价，还会对外派人员职业生涯的规划和发展起着决定作用。此外，日立高科每年还会进行一次年度考核，该考核主要为员工的晋升以及薪酬提供依据。

通过目标管理评估后，外派人员有机会与自己的主管进行会谈，以获得关于自己的绩效反馈，但通常只是单向讨论。会谈过程中，外派人员会被告知公司对自己的期待以及自己的绩效评估结果，但外派人员无法和主管进行比较开放的讨论，因此整个会谈呈现出一种"主管阐述，员工倾听"的模式，这或许是由日本员工对上级主管的绝对服从以及日本社会森严的等级结构所引起的。

第四节　外派人员绩效辅导

绩效计划制订出来之后，外派人员就应该沿着绩效计划所指明的方向前进，努力实现绩效目标，而在此过程中，绩效管理者还需要对外派人员进行针对性的绩效辅导，让员工更清楚地了解他们的目标，如何实现目标以及依靠什么实现目标，并为目标的实现提供相应的支持，扫清相关障碍。

在外派人员的绩效管理中，绩效辅导主要是绩效管理者与外派人员就绩效计划中的内容进行再确认，并在绩效计划执行过程中了解外派人员的实际工作进展，对出现的问题提供相应的解决方法和资源支持，以保证母公司目标、东道国子公司目标以及外派人员个人绩效目标的实现。因此，对外派人员的绩效辅导应该包括两个方面，一方面是母公司管理者对外派人员提供的绩效辅导，另一方面则是东道国子公司对外派人员提供的辅导，这两种辅导分别拥有不同的辅导目标和内容。

一、母公司管理者对外派人员提供的绩效辅导

母公司管理者对外派人员提供的绩效辅导的目标是保证外派人员，尤其是处于中高级管理层的外派人员与母公司的战略目标保持一致，及时纠正出现的偏差。另外，母公司还能够从战略的高度为外派人员提供支持。

二、东道国子公司对外派人员提供的绩效辅导

母公司管理者对外派人员提供的绩效辅导的目标主要是从东道国层面来扫清外派人员实现绩效目标的障碍，帮助外派人员克服文化差异、认知差异和背景差异，并建立相互理解、相互信任、相互支持的工作关系。

第五节　外派人员绩效评估

一、外派人员绩效评估者

传统上，绩效评估是由直接上级来进行的，然而，由于这种方法弊端比较突出，目前在企业广为流行的是另一种绩效考评方法——360度绩效考评方法。这种方法就是让多位不同的评价者对一位管理人员的绩效进行评价的方法，其优点是提供了一种将在其主观评价方法中容易出现的偏差减少到最少的有效手段。外派人员承担着母公司和东道国子公司的双重期望，因此更应该引入更多的绩效评估者，这就使得外派员工能够从多角度获取自己的绩效信息，并且与组织内部和外部的客户形成一个正式的沟通系统，更好地了解客户对自己的工作期望，另外还能将自我评价与其他各方面的评价进行综合比较，以发现绩效落差的原因。该评价方法通常用于人力资源的开发目的的，而不是管理目的。通常，评估者的评估主要包括以下几种：

（一）自我评价

自我评价是常用的一种评价方式，尽管有研究表明，员工自我评价易于产生偏见和歪曲事实的情况，员工通常会高估自己的绩效，但是由员工自己作为评估者之一也未尝不可，它能够使得外派人员更积极、主动地参与目标制订，认真履行职责。同时，自我评价也能更好地分清雇员的角色，减少角色冲突，促进外派人员对自己的工作进行总结，并将自己的总结与其他评估者进行比较，发现自身存在的差距和问题。

（二）上级评估者的评估

上级评估也存在一些缺陷，如由于上级领导有奖惩大权，下属可能时刻感到受威胁；因为评价过程常常是单向流程的，因此容易使下属产生戒备心理，由此而产生的为自己辩护的行为逐渐增多。但是因为上级对下属所从事的工作要求有全面的了解，所以上级是最经常被作为绩效信息来源的人或绩效考评者。

那么究竟哪一级领导应对于国外员工的工作掌握全面情况呢？如果由公司总管进行评估？因为他们与外派人员距离那么远，不可能对影响国外员工工作的环境情况有全面正确的把握，也不能提供有效的考核。如果由当地的管理者进行评估？他们大多对公司的全球战略有相当的认识，且评估可能由于当地文化差异而被歪曲。为得到国外员工绩效的更准确的情况，公司总管与当地管理者都应涵盖进来。

1. 东道国直接管理者评估。让直接主管来评价外派人员的绩效是理所当然的，他们对外派人员的工作负有直接责任，与其接触也相对较多，有充分的机会对员工进行观察，对他们工作的了解相对比较真实客观。

2. 母公司管理者评估。由于外派人员是由母公司派出的，而且大多数外派人员都处于中高级管理岗位或者技术岗位，其工作质量的高低在很大程度上影响着公司战略目标的实现，因此母公司管理者有必要通过绩效评估过程了解外派人员的工作绩效，加强公司的控制力度。

3. 顾客评估。纳入顾客体系的员工绩效考评体系最适合下列两种情况：一是所从事的工作是直接为顾客服务的，或是为客户联系公司内部所需要的其他服务；二是当公司希望了解顾客对公司产品或服务的期望时，利用顾客进行评价也是很合适的。

顾客是销售、客服等工作的直接接触者，他们对从事这些工作的外派人员的绩效具有相当的发言权，增强了绩效评估的公平性。

4. 下属评估。在对管理者进行评价时，其直接下属是一种特别有价值的绩效评估来源。下属是最有权利评价其直接上级是如何管理他们的。

当绩效评估结果应用于开发目的时，下级对处于管理岗位的外派人员的评价可以帮助其诊断管理风格，确定潜在的问题。当然，该评价通常是匿名进行的，以消除事后报复的可能性。

5. 同事评估。同事评估常常是很有价值的绩效评估信息，尤其是当上级对下级的某些方面的工作绩效缺乏了解时，它的用处就更大。然而当组织的奖励机制主要取决于个人的工作绩效，具有很强的竞争性，而下属成员彼此又缺乏信任和了解时，同事评估的有效性就会大打折扣。

总之，以上各种评价角度都有其优劣势，关键是如何根据不同的工作环境和工作性质选择不同的评价者，形成科学合理的评价者组合。

二、外派人员绩效评估的形式

外派人员的绩效考核受到时间和地域的限制，因此和一般员工的绩效评估存在着诸多不同，尤其是在绩效评估形式上。

（一）由东道国子公司评估

直接由东道国子公司进行评估能够节省评估成本，确保评估信息准确，同时还能增强外派人员对子公司的归属感。但东道国子公司可能无法将外派人员的绩效表现与公司总体战略联系起来，而且文化差异也可能会对外派人员的评估造成不公。

（二）由母公司评估

母公司能够站在公司战略高度对外派人员进行评估，文化差异的影响也将得以避免，而且母公司评估便于母公司将不同区域外派人员的绩效表现进行比较分析，从中发现问题并找到解决问题的办法。但是母公司很难完全掌握外派人员的绩效信息，而且母公司评估的成本相对较高。

（三）外派人员定期回国述职

外派人员定期回国述职有助于母公司了解外派人员的绩效情况，并及时对出现的问题进行纠正。但是该方法成本太高，还会对子公司工作造成不利影响，更重要的是，外派人员不一定会如实汇报工作。

（四）母公司相关主管定期考察

母公司相关主管定期考察可以掌握外派人员相对准确的信息，同时表明总公司对外派工作的重视，但花费的成本较高，而且对于大规模、国际化的公司来说也不现实。

由以上分析可以看出，各种方法都有利弊，关键是不能单靠一种形式来解决问题，应该综合利用各种形式，尽可能用较低的成本让母公司和子公司都能较全面、准确把握外派人员绩效信息。

三、外派人员绩效评估方法

（一）图尺度评价法

图尺度评价法是最简单和运用最普遍的绩效考核工具之一，也是外派人员绩效评估中常用的方法。在这种方法中，每个特征或是特性都是以某种尺度表示的，评估者就是依据这一尺度来对员工拥有的特征进行评估的。这种方法首先要列出构成外派人员绩效的因素，然后提供评价该因素特征等级的详细说明，也就是对尺度进行定义。这样，就可以根据每一个因素特征的尺度来对外派人员进行评估，最后再按照一定的权重，将各项因素的评估结果综合起来，得出该外派员工最终的工作绩效评价结果，如表5-1所示。图尺度评价法最大的优点就在于当尺度被准以清晰地定义后，评估时的主观偏见将会大大地减少。

表 5-1　图尺度评价法举例

绩效维度	评价尺度				
	优秀	良好	一般	合格	较差
文化知识	5	4	3	2	1
跨文化沟通能力	5	4	3	2	1
判断力	5	4	3	2	1
管理技能	5	4	3	2	1
质量绩效	5	4	3	2	1
团队合作	5	4	3	2	1
文化敏感性	5	4	3	2	1
抗压能力	5	4	3	2	1
主动性	5	4	3	2	1
创造性	5	4	3	2	1
解决问题的能力	5	4	3	2	1

（二）强制分布法

强制分布法是按照"两头小、中间大"的正态分布规律,提前确定一种比例,以将各个外派人员分别分布到每个工作绩效等级中去。实施强制分布法的目的在于避免考核当中产生趋中效应或是出现偏松或偏紧的问题。一般来说在评价中很容易产生这种情况,即那些在工作中做出显著成绩的员工与那些工作做得不错但是并没有什么突出之处的员工等级差不多,或是一个部门中大部分的员工绩效等级都差不多,结果使企业的绩效考核体系没有起到其应有的作用。而实施强制分布法就可以在外派人员间形成更大的绩效评价等级差别,更容易发掘出工作业绩优秀的员工。

在实施强制分布法时,首先要确定各个等级的人数比例。比如,若划分成优、中、劣三等,则可以划分成分别占总数的30%、40%、30%;若划分成优、良、中、劣、差五个等级,则可以划分成分别占总数的5%、15%、60%、15%、5%的比例。然后根据每一种评价要素,对外派员工进行评价,按照每人绩效的相对优劣程度,将其强制列入其中的某个等级。表5-2为外派人员考评等级正态分布表。

表5-2 外派人员考评等级正态分布表

等级	比例	人数
优秀	5%	2
良好	15%	6
中等	60%	24
不合格	15%	6
差	5%	2

这种方法的缺点是,将员工的绩效假设为概率分布并不合理,当外派人员都较为优秀或普遍较差时,考评者挑选优秀或较差员工会感到很为难。

（三）关键事件法

关键事件法是指在某些工作领域中,导致产生不同寻常的成功或是失败的外派人员的行为。在应用此种考核方法时,考核者应将注意力集中在那些区分有效的和无效的工作绩效的关键行为上。所记录的事件必须是典型的、较为突出的、与工作绩效相关的事,而不是一般的、琐碎的、与绩效无关的事件,也就是说主管人员要将外派人员在工作中表现出来的非常好或非常不好的行为记录下来。应当注意，所记载的应该是具体的事件与行为，而不是对外派人员身上的某种品质的评判。将这些具体的关键事件进行收集、归纳、总结，以此来得出可信的考评结果。使用关键事件法有以下三个优点：第一，可以帮助确认外派人员的长处和不足，真实可信；第二，避免了考核中存在的近期效应，也就是说依据外派员工在最近一段时间的表现来确定其绩效的好坏。因为关键事件总是在很长的一段时间积累起来的；第三，在对外派人员提供反馈的时候，不但因为有具体的事实使外派人员更容易接受，而且也可以在绩效面谈时有针对性地提出改进的意见。

（四）行为锚定等级评价法

行为锚定等级评价法就是为每一职务的各考核纬度都设计出一个评分量表，并有一些典型的行为描述与量表上的一定刻度相对应，供考核者在评估时作为参考的依据。由于行为锚定法的等级尺度上所附带的关键事件可以使评估者更清楚地理解不同绩效等级的差别，因此工作绩效的评价标准更为明确，对工作绩效的评估更加准确，并且可以更好地向外派人员提供反馈。

要使用行为锚定等级评价法，首先要由对工作较为了解的人对该项工作有代表性的关键事件进行描述，之后将关键事件分类合并成各个不同的绩效要素。将各个绩效要素的关键事件按照等级顺序排列，然后依照专家的意见给关键事件制订价值分（一般是 7 点或 9 点等级尺度）。这样，对于每一个工作绩效要素来说，都会有一组关键事件（通常每组中有 7~9 个关键事件）作为其行为锚。

（五）行为观察等级法

行为观察等级法与行为锚定等级法有相似之处，它们都建立在关键事件的基础上，但行为锚定等级法要求评价者选出最有代表性的行为锚定点，而行为观察等级法则要求衡量被观察行为发生的频率，如图 5-3 所示。

以上我们介绍了多种绩效考核方法，究竟选择哪种方法，具体取决于考核的目的以及企业自身的实际情况。当然，在实践中，大多数企业是将几种考核方法结合起来使用的。

运用这些方法时必须消除偏见，如晕轮误差、刻板误差、趋中误差、首因误差、对比效应、相似性误差等。为了避免受评价方法中的一些衡量问题和文化差异影响，确保评估结果的公正和一致，至少有一部分评价应该是定性的。在外派人员评价中运用定性评价的技巧是增加被评估人关于公正和准确的观点，并关注那些被评估人难以控制的因素。国际经营环境越复杂，越需要增加对评估方法的调整，以使评价更加主观。

说明：请考虑销售代表在等级评定期间的表现。仔细阅读并圈出代表员工有效或无效工作程度的数字。

在对各项行为进行观察时，请使用以下的标准：

5：几乎总是   95%~100%

4：经常   85%~94%

3：有时   75%~84%

2：很少   65%~74%

1：几乎不   0~64%

销售能力	几乎从不				几乎总是
1. 对所负责客户定期拜访，及时了解客户的销售使用情况或最新需求	1	2	3	4	5
2. 调查掌握市场行情、突发事件、替代产品、新兴产品、竞争对手等情况，对市场进行分析预测	1	2	3	4	5
3. 调查掌握客户的还款能力、信誉等基本情况，确保应收账款及时收回	1	2	3	4	5

图 5-3 行为观察等级法示例

总之，定性评价和定量评价的结合是外派人员评价中一个很有效的方法，如何对这两个方法进行平衡是人力资源管理面临的一个挑战。

 **小案例 3**

闽东电力股份有限公司外派人员绩效考核（从考核细则上摘录）

根据以岗位职责为主要依据以及上下结合、左右结合的原则，公司成立外派人员绩效考核小组，负责对外派人员进行年度综合考核。考核小组成员由公司分管投资的副总经理及投资发展部、审计室、人力资源部、财务部抽调人员组成。

外派人员考核分为两类进行：第一类，外派高管人员及参股公司外派人员由公司本部按相关规定进行统一考核；第二类，外派控股公司中层及以下人员由所在项目经营班子和公司本部分别按相关规定考核加权平均。

述职报告的内容主要从德、能、勤、绩、廉五个方面进行述职，重点是工作实绩。

外派人员年度绩效考核奖励基金总数为年度外派人员管理费总额的 30% 加上控股公司经营目标责任状外派人员年终效益工资的总和。外派人员年度绩效考核奖励基金总数中提取 10% 作为调剂金。

由于外派人员所在项目地点不同，其地域系数也不同：外省项目为 1.5；省内外地区项目为 1.3；本区内项目为 1.1；本地项目为 1.0。

第六节　外派人员绩效反馈

绩效反馈是绩效管理的最后一个极其重要的一个环节，是否开展绩效反馈及其开展的质量如何都关系到绩效管理能否落到实处，能否实现其战略、管理和开发目的。

和一般绩效反馈一样，外派人员绩效反馈通常是通过绩效反馈面谈的方式进行的，在该过程中要陈述外派人员的绩效状况，并就相关问题的解决，以及员工的优劣势、职业发展等问题进行沟通。关键是要让绩效反馈面谈在一种积极、互动的氛围中进行，提高绩效反馈的效果。

一、外派人员绩效反馈的目的

外派人员绩效反馈的目的包括以下几个方面：

（一）改进工作绩效

绩效反馈使外派人员了解到组织对其工作的看法与评价，清楚考核结果背后的原因，这样外派员工就能发掘自身优点，不断克服缺点，进一步改进工作绩效。如果考核结果没有反馈给被考核者，绩效考核便失去了激励、奖惩与培训的功能。

（二）使上级获取相关信息

上级（包括母国上级和东道国上级）需要在外派人员完成工作的过程中及时掌握工作完成情况，了解外派人员在工作中的表现和遇到的困难，协调团队完成工作。如果上级不能通过有效的沟通获得必要的信息，就无法在工作中对外派员工进行指导帮助。

（三）制订绩效改进计划

在绩效考核期开始时制订的绩效计划很可能随着环境因素的变化而变得不切实际或无法实现。例如，由于竞争对手的产品更占优势而不得不改变对自身产品性能的要求，东道国经济环境发生了变化，等等。因此，上级与外派人员进行沟通，有助于适应环境变化的要求，适时对绩效计划做出调整或改进。

（四）提高绩效管理系统的有效性

有效的绩效反馈也是对绩效管理有效性进行系统检查的关键，通过反馈可以及时发现绩效管理系统中存在的问题并采取纠正措施，使整个体系运行良好并不断改进。

二、外派人员绩效面谈的原则

绩效面谈是绩效反馈的重要形式，为了提高外派人员绩效反馈的效果，在面谈时应该遵循下列原则：

（一）绩效面的谈经常性

一方面，经常性的绩效反馈能够帮助上级在外派人员绩效出现问题时，及时指出该问题并帮助其纠正偏差，如果面谈的周期较长（如一年一次），则外派人员绩效不良造成的损失将持续下去，后果也会更严重；另一方面，有效绩效反馈的前提是外派人员对评价结果的认同，在外派人员绩效存在缺陷时及时提供反馈，可以使外派人员在正式的绩效评价之前对自己的绩效结果有一个正确的认识。

（二）营造良好的沟通环境

首先，要选好面谈的地点，最好选择一个中立的地点，不要去在任何一方的办公地点，如果是上级的办公室，雇员可能会把办公室与不愉快的谈话联系在一起；其次，要建立彼此信任的关系，营造愉快的沟通氛围。研究表明，雇员是否对工作绩效评价面谈表示满意，很大程度上取决于面谈过程中是否感觉受到威胁，是否有机会表达自己的意见和感受，并受面谈过程的影响。上级应把绩效讨论当作双方开诚布公对话的一个机会，而不仅仅是为了指出外派人员的缺点。

（三）面谈准备

首先，上级要对工作绩效评价的资料进行整理和分析，研究即将面谈的外派人员工作说明书，将实际工作绩效与标准绩效加以对比，搜集需要提出的问题和意见，制定面谈提纲；其次，给外派人员充分的准备时间，使其有充足的时间对其工作进行审查。有些企业将外派员工的自我绩效评价置于面谈之前，因为外派人员在自我评估时会将指定期限内达到的绩效与标准进行对比，这样，一方面可以避免外派员工自我绩效评价过高或过低，一方面可以在绩效面谈时将面谈的重点放在双方存在分歧的地方，从而提高面谈的效率。

（四）突出优点

人们通常认为，绩效面谈的焦点应当集中在找出雇员绩效中所存在的问题上，然而事实却并非如此。绩效面谈的目的是提供准确的绩效反馈，这其中既包括对外派人员不良绩效的，也包括对外派人员有效业绩的认可。

（五）集中于绩效本身，把重点放在解决问题上

在进行负面信息反馈时应注意方式，要尽量维护外派人员的尊严，最好的办法是把绩效反馈的重点放在雇员的行为或结果上，而不是针对外派人员个人。如果总是告诉外派人员他们的绩效很糟糕，会伤害外派人员的自尊心以及强化他们的抵触情绪，不利于外派人员绩效的改进。

三、制订绩效改进计划

绩效改进计划指采取一系列的措施来改进外派人员的工作绩效，包括做什么、谁来做和何时做等。绩效改进计划一般包括工作绩效改进计划和个人发展计划。工作绩效改进计划主要帮助外派人员在现有工作基础上改进绩效；个人发展计划则是根据组织和外派人员个人的需要，共同协商为外派人员进行职业生涯规划，帮助外派人员发展进步。制订绩效改进计划有利于提高外派人员的满意度，激发外派人员改善绩效的动力，实现绩效的真正改善。

（一）制订绩效改进计划的要点

制订绩效改进计划的目的在于改进外派人员的绩效，因此要清楚外派人员行为改变的条件，具体包括以下几点。一是意愿，指外派人员自己想改变的愿望；二是知识和技术，指外派人员必须知道要做什么，并知道应如何去做；三是气氛，指外派人员必须在一种能够鼓励他们改进绩效的环境里工作，这一工作氛围是由主管来营造的；四是奖励，指如果外派人员知道行为改变会获取奖赏，则比较容易去改变行为。奖励的方式可以分为物质奖励和精神奖励。

（二）绩效改进计划的要求

拟订有效的绩效改进计划，应符合三点要求：第一，计划内容要充实。拟订的计划应该与待改进的绩效相关，而不仅仅是增加对理论知识的学习。第二，计划要有时间性。绩效改进计划必须要有明确的截止日期，且应该有分阶段执行的时间进度表。第三，计划要获得认同。主管和外派人员都应该接受这个计划并致力于实行，而不是做做表面文章。

（三）绩效改进计划指导

制订完绩效改进计划，接下来外派人员将在计划的指导下改进工作绩效。这一阶段除了外派人员努力改进绩效外，主管应对计划的完成负有最终的责任。主管应该与外派人员经常保持沟通，为他们营造有利的学习环境，发挥他们绩效改进的主动性。

小案例4

飞利浦电子（Philips Electronics）的绩效管理

一、公司简介

飞利浦集团于1891年成立于荷兰的埃因霍恩（Eindhoven），是世界上最大的电子公司之一，旗下拥有菲利浦消费电器、菲利浦半导体、菲利浦照明、菲利浦医疗系统、菲利浦家庭小电器与个人护理等多个业务部门，在全球60多个国家和地区拥有超过16万名员工。

飞利浦台湾（中国）成立于1966年。自成立以来，飞利浦台湾（中国）已经从离岸装配中心逐渐发展成国际生产、管理和研发中心，并且已经在（中国）台湾地区成立了半导体亚太区总部、电子零组件亚太区总部、显示器全球总部。其中，显示器全球总部拥有十一名外派人员，分别担任CEO以及营销、财务、研发等部门的高级主管。

二、公司的外派人员绩效管理系统

飞利浦集团在全球各地采用标准化的绩效管理系统，尽管各子公司依然可以根据实际情况做出适当调整，但必须事先与飞利浦集团的人力资源部进行沟通。位于（中国）台湾地区的飞利浦显示器全球总部的年度绩效目标由其CEO根据飞利浦集团的使命、战略以及产业环境来制订，而个人目标的设定需要综合考虑显示器全球总部的目标、所在部门的目标以及职位描述等多方面的因素。对外派人员来说，他们需要与其主管共同制定绩效目标，并确定与目标相关的绩效因素。

飞利浦每半年进行一次绩效评估，每次评估都会依据正式的绩效衡量标准来进行，该衡量标准涉及领导力、员工管理和发展、团队合作、沟通能力、创新与变革、顾客满意度、个人素质以及个人生产率等八个方面。其中，领导力以及员工的管理和发展是评估高级管理人员的主要标准。例如，领导力是指管理人员一方面应该激励并支持员工实现共同目标，另一方面应该充分展示自己的权威、正直和可信性。评估的第一步是由外派人员将自己的实际绩效与工作职责以及绩效目标进行比较，随后由其直接主管撰写评估报告，描述其在过去一段时间内的绩效表现。由于显示器全球总部的外派人员大都处于高级管理岗位，所以该步骤就由CEO来完成。最后，评估报告将会上交集团人力资源部。

同其他公司一样，绩效评估结束后，外派人员将会和直接主管在开放的状态下展开绩效面谈，就其履职情况、绩效目标完成情况以及衡量因素的恰当性展开讨论。另外，如何促进绩效改善并推动职业生涯发展也是绩效面谈的话题之一。按照绩效管理系统的相关要求，如果外派人员对绩效评估和绩效面谈没有任何异议，他们便会在相关文件上签名，否则该绩效评估就会被认为是非法的。同时，主管人员也需要签名以表示绩效评估已经完成。评估之后，外派人员的绩效将会被赋予杰出、优秀、良好、尚可和较差五个等级评价，其中杰出的人数占总人数的5%，优秀占25%，良好占60%，尚可和较差共占10%。

第七节 外派人员绩效评估结果的应用

绩效管理并不是孤立的，外派人员绩效管理也是如此，它与人力资源管理其他职能是密切联系的，优秀的绩效管理系统能够为外派人员调整、薪酬管理、员工培训、员工职业生涯管理提供帮助。

一、外派人员绩效管理与公司人员调整

通过绩效管理区分绩效优秀和绩效较差的员工，进一步发现有发展潜力和无发展潜力的员工，对于绩效优秀又有发展潜力的外派人员可以进一步委以重任，对于绩效较差又无发展潜力的外派人员可以考虑将其调回母公司，甚至可以实施分流。

二、外派人员绩效管理与公司薪酬管理

通过将绩效评估结果与薪酬挂钩，可以让外派人员看到自己努力投入的成果，促使其更加努力地提高绩效，表现出公司战略所要求的行为，增强公司对他们的控制能力。另外，对于处于高级管理岗位的外派人员，可以通过长期薪酬激励将其薪酬与公司长远发展目标联系起来，促使其能够从公司长远发展的角度考虑东道国公司的决策。

三、外派人员绩效管理与培训管理

绩效管理能够让外派人员和管理者发现工作中存在的问题，其中一些问题将会成为公司开发相关培训项目的依据，使得培训更加具有针对性。另外，语言和跨文化培训对于外派人员的绩效改善是有必要的，能够帮助外派人员尽快融入东道国或地区文化，这也是外派成功的前提。

四、外派人员绩效管理与职业生涯规划

绩效管理不仅能够发现外派人员的绩效结果，还能够对外派人员的能力进行详细评估，从而判断其职业发展的前景。对于那些具有优秀绩效和发展潜能的外派人员，公司应当提供相应的开发和支持，拓展其职业发展道路。

小案例5

三星电子（Samsung Electronics）的绩效管理系统

一、公司简介

三星电子是三星集团中规模最大的子公司，成立于1969年，在全世界共65个国家和地区拥有生产和销售网络，业务范围遍及北美、欧洲、亚洲和拉丁美洲等多个地区，员工数多达1.5万余人。该公司自1969年成立以来，一直致力于开发满足当地消费者需求的产品。如今，三星电子已成长为数字存储设备、半导体、通信以及数字集成技术的全球领先企业。

称三星电子台湾（中国）成立于1996年，产品范围主要涉及半导体、TFT-LCD模板、电子元器件等。如今，三星电子台湾（中国）拥有54名来自韩国总部的外派人员，其中4名为高级管理人员，其他均为技术工程师。

二、公司的外派人员绩效管理系统

1993年，三星集团将旗下的业务整合为电子、机械、化工和金融四个业务单元，并因此改变了集团的人力资源管理政策，赋予各业务单元更多的自主权，使得各业务单元能够依据其业务特点来开发合适的人力资源管理系统。三星电子台湾（中国）作为三星电子在中国台湾地区的子公司，其绩效管理系统需与母公司三星电子保持一致。

通常情况下，三星电子台湾（中国）拥有两个绩效目标，即年度目标和季度目标，年度目标由母公司根据其总体战略来制定，而季度目标则由三星电子台湾（中国）自行制定。尽管如此，这两项目标都要经过母公司和子公司的讨论才能最终确定。

在三星电子，外派人员每隔六个月就要依照公司的职位描述来设定自己的个人绩效目标，然后与直线主管就目标的设定进行沟通，直到双方达成一致意见。

三星电子开发了两种员工评估系统，一种是胜任力评估系统，该评估于每年的9月进行，其目的在于鼓励员工努力学习与工作相关的知识、技术和能力；另一种是绩效评估系统，该评估每半年进行一次（每年的6月和11月），

其目的在于衡量员工的实际工作绩效，如任务的完成情况，工作职责履行的情况等。这两种评估的目的、内容虽然不同，但都对员工的职业发展有着巨大的影响。对于三星电子的外派员工来说，由于管理岗位的外派员工和普通外派员工的绩效目标和实际工作内容不同，因此他们的绩效衡量指标也有所区别。例如，对管理岗位的外派员工的评估更多的是考虑其解决问题、管理部门以及培养下属等各方面的能力，而对普通员工的评估更加强调其有关实际操作方面的知识以及团队精神等。无论是胜任力评估还是绩效评估，首先都是由外派人员进行自我评价。三星电子认为，自我评价不仅能够鼓励员工进一步开发自身能力，还能鼓舞工作士气。自我评价之后，东道国的直接主管将对评价内容进行审查，然后将评价报告上交公司总部，由总公司相应的部门主管进行最后审查，撰写最终绩效评估报告。

评估结束之后，外派人员有机会和主管在开放的氛围中进行绩效反馈面谈，共同讨论外派人员的职责以及绩效考核结果，一方面肯定有效绩效，另一方面还要明确需要进一步改善的地方。这样，外派人员能够更加清楚地了解自己的绩效情况。如果外派人员对于绩效考核的结果不满意，还可以向母公司人力资源部提出申诉，该部门的专门委员会将重新审查该员工的绩效考核情况，并做出最后裁决。外派人员的绩效被分为A、B、C、D四个等级，其中大约有15%的员工能够获得A等评价，30%~40%的员工获得B等评价，45%~55%的员工获得C等评价，剩下的员工获得D等评价。在给员工划分绩效等级时，管理者必须向每一位员工解释清楚相关原因。

三星电子的绩效评估结果和薪酬管理联系紧密，其薪酬主要分为基本工资和额外福利，其中，基本工资又可以划分为普通工资和绩效工资，普通工资主要根据员工的资历来发放，绩效工资主要依据个人绩效和胜任力来发放，因此，一个绩效优秀的员工的工资有可能超过其主管。额外福利也是依据绩效情况来发放的，但有所不同的是，高级管理人员的额外福利主要以股票期权和现金的方式发放，而其他外派人员的额外福利只有现金。

本章思考题

1. 外派人员绩效管理的目的是什么？
2. 外派人员绩效管理受到哪些因素的影响？

3. 外派人员绩效计划包括哪些内容?

4. 如何制订外派人员绩效计划?

5. 如何进行外派人员绩效辅导?

6. 外派人员绩效考核者有哪些人?

7. 外派人员绩效考核有哪些形式?

8. 外派人员绩效考核有哪些方法?

9. 为什么要进行外派人员绩效信息反馈? 如何进行信息反馈面谈?

10. 外派人员绩效考核结果如何应用?

外派人员薪酬管理

导读案例

某上市公司海外人员薪酬设计方案

某上市公司是一家总部设在北京的跨国集团。随着业务的发展，该公司海外机构越来越多，外派人员也呈逐渐增加趋势。外派人员凭借他们在国内形成的管理理念、业务技术能力等素质，在东道国开展新业务。他们将自身积累的当地隐性知识与跨国公司的显性知识进行相互转换和融合，从而制定出适应东道国环境特点和总部全球战略要求的子公司经营战略，并有效地组织实施，使公司形成了一种新的竞争力。

在外派人员薪酬设计上，该公司外派人员的薪酬由国内原有薪酬加上境外补贴两部分构成，境外补贴主要根据当地生活水平确定。随着海外机构的增多，公司发现这种薪酬体制存在许多问题。首先，各地的境外补贴标准不容易确定，缺乏相应的标准。其次，由于境外补贴标准不容易把握，薪酬水平与当地有一定的差距，因而导致外派人员的离职率居高不下。再次，因各地薪酬水平各异，外派人员往往挑肥捡瘦，不愿意前往欠发达的海外机构。另外，由于该薪酬体系与国内的薪酬体系脱节，外派人员回国后的薪酬难以与国内薪酬体系衔接，从而严重影响外派人员的职业生涯发展。鉴于此，公司决定引入 H 咨询公司，重塑外派人员的薪酬体系。

（一）基本原则

为改进和完善公司境外机构工资管理制度，充分调动派往海外机构工作人员的积极性，促进海外机构各项工作的发展，根据公司整体薪酬制度改革的总体安排，外派人员薪酬体系设计遵循以下基本原则：效率优先，兼顾公平；以岗定薪,岗变薪变;按绩取酬,员工个人收入与贡献挂钩;分类管理,规范统一;控制成本,提高薪酬使用效率;人岗匹配。

（二）岗位职等体系

1. 岗位分类。根据岗位性质,公司将境内外机构的全部岗位划分为管理类岗位、专业类岗位、销售类岗位和操作类岗位四大类,各类岗位中再细分为若干岗位序列。

管理类岗位指具有明确的管理下属职责和一定的管理幅度,负责团队的领导、决策、计划、组织、控制、协调和人员管理。根据岗位职责对经营绩效的影响,分为战略管理、经营管理和业务管理三个序列。

专业类岗位指在一个或多个专业技术领域内,对专业理论、知识技能或实践经验有一定要求的岗位,其在特定的专业领域内具有一定的管理、决策和指导他人的权限。专业类岗位根据专业性质的不同可以划分为若干序列,主要包括风险管理、资金交易、营销管理、研究分析、信息技术、行政管理、内控审计、人力资源、财务会计、产品研发等序列。

销售类岗位指在公司经营战略和业绩目标指导下,从事业务和产品的直接销售、客户开发和维护工作的岗位,主要对个人绩效和客户满意度负责。具体指各类承担直接销售职能,且工作绩效可以直接量化的客户经理。

操作类岗位指在明确的规章制度、规范的操作流程和既定的工作方法指导下,严格执行有关规定,对内外部客户提供产品、信息或服务的岗位,岗位价值贡献主要体现在业务处理的数量和质量上。根据工作内容的不同可以细分为柜员、文员和操作员等职务序列。

2. 职务体系。每类岗位按照任职资格、贡献和能力划分为不同职务层级。

（1）管理类岗位根据决策层次和管理幅度,划分为高层管理、中层管理和基层管理三个职务层级。

（2）专业类岗位从高到低又细分为资深专家、资深业务经理、高级业务经理、业务经理、业务经理助理五个层级。

（3）销售类岗位根据工作经验和工作业绩,又细分为资深客户经理、高级客户经理、客户经理、客户经理助理四个层级。

（4）操作类岗位根据业务技能和工作经验分为主管、主办、经办三个层级。公司境外机构从低到高将全部岗位分为1~22级。不同岗位类别、不同职务层级的岗位等级不同。

（三）薪酬结构

公司境外机构实行统一的以岗位价值和业绩贡献为基础,以岗位绩效工资制为核心的薪酬制度。岗位等级和岗位性质是确定员工薪酬标准的基础。外派人员薪酬的基本结构为:"岗位工资＋绩效工资＋特殊地区津贴＋福利＋特别奖励"，涵盖员工全部的货币性收入和非现金福利、即期工资收入和远期激励与保障。

1. 岗位工资。外派人员岗位工资为员工固定薪酬部分，以岗位等级为基础，根据员工所在岗位等级的薪点系数和所在机构的薪点值确定，按月固定发放，体现工资的基本保障职能。计算公式为：岗位工资岗位＝等级薪点 × 岗位工资薪点值。

岗位工资共分为25级，与外派人员任职岗位等级相对应。最高岗位等级25级的基础薪点是1级基础薪点的7倍，相邻的岗位等级实行等比级差，各等级基础薪点的差异幅度约为8.5%。同一岗位等级的基础岗位工资标准相同。

根据四类岗位性质，不同岗位序列的岗位工资等级所跨区间不同，管理类岗位、专业类岗位、销售类岗位、操作类岗位分别对应10级至22级、1级至18级、1级至16级和1级至9级。

同一工资等级以基础薪点为中值分成5档，上下幅宽为18%。员工依据其履职资历、履岗能力和绩效等因素核定所在岗位工资等级中的相应工资档次。

2. 绩效工资。绩效工资是外派人员收入的浮动部分，与外派人员的工作绩效及所在岗位的类别和等级密切挂钩，体现工资的激励职能，根据本人岗位工资、绩效工资比例系数和绩效考核系数确定。计算公式为：绩效工资＝岗位工资 × 绩效工资比例系数 × 绩效考核系数。年度目标绩效工资标准依据外派人员任职岗位的岗位工资水平和岗位绩效工资比例确定。

绩效工资在组织绩效和个人绩效目标完成一定比例后发放。根据绩效考核结果，年度绩效工资在目标绩效工资标准上按照一定比例浮动，浮动比例即为绩效考核系数。根据岗位性质的差异，各岗位序列绩效工资考核系数不同。

3. 特殊地区津贴。依据境外机构所在地的社会、经济和自然环境，对经济发展水平低于国内，生活相对艰苦、个人安全与健康风险相对较高的部分特殊地区津贴由总部统一发放，境外机构不得以任何理由自行发放任何形式的津贴。

4. 外派人员特别奖励。为体现对业绩突出的外派人员的激励，经总部研究决定后，对业绩突出者发放特别奖励。根据具体情况确定奖励额度和发放方式。

5. 保险与福利。外派人员在国内机构参加"五险一金"，不参加外派地的养老保险、住房保险以及其他获利性的保险或保障计划。当地政府及监管部门有强制性要求，且无法申请豁免的，应提出方案报总部批准后执行，但获利部分相应冲减个人实际收入。

资料来源：中国行业研究网。

薪酬管理是人力资源管理活动中的重要一环，同时也是人力资源管理的有效手段之一。由于外派人员工作地点的复杂性，使得其薪酬管理非常复杂，薪酬管理就成为企业管理者和外派员工共同关心的中心内容。

可以看出，上述公司新的薪酬方案是基于公司的实际并参照先进企业经验而制订的，因而具有针对性和可操作性，主要体现在以下几个方面：第一，实行全球统一的薪酬政策。为了顺应国际化发展潮流，公司新方案实行了全球统一的岗位级别及薪酬级别，从而有效地平衡和衔接国内外差异，便于外派人员归国后的职业生涯发展，为建立富有竞争力的薪酬体系奠定良好的基础。第二，充分体现激励原则。新方案的设计原则是为岗位付薪，为绩效付薪，从而实现激励效果，便于充分调动外派员工的积极性，更好地服务于公司。第三，集中决策，便于管理。新方案与国内薪酬级别挂钩，一方面便于国内统一管理，另一方面增加了政策的执行效果。第四，一定程度上关注外部市场，增强薪酬的市场竞争力。新方案引入了"薪点值"的设计理念，在全球各地采用不同的薪点值，能够平衡与当地外部市场薪酬的关系，增强薪酬的市场竞争力，有效留住核心员工。目前，公司已经采用该方案支付外派员工的薪酬。

实践表明，公司通过实行全球统一的岗位绩效工资制，加强了总部对各海外机构薪酬体系的控制力度；同时，有效的激励机制开始发挥作用，外派员工的积极性有较大提高。

第一节　外派人员薪酬管理概述

一、薪酬的含义

研究外派人员企业的薪酬设计与薪酬管理，首先要理解薪酬的概念和组成。

在人力资源管理中，薪酬是一个界定比较宽泛、内容十分丰富的领域，从而导致不同的人对薪酬的看法和认识往往存在着较大的差异。尤其因为中国企业的人力资源管理正处于与国际管理理论和技术对接的过程之中，因此，薪酬的概念往往和国际通行的认识存在着一定的差异，并进一步导致混乱，所以仔细研究薪酬的内涵和外延将具有十分重要的现实意义。

那么，到底什么是薪酬呢？

根据美国著名薪酬管理专家米切尔科维奇的观点，他认为不同国家对薪酬概念的认识往往不同。社会、股东、管理者和员工等不同利益群体对薪酬的界定也往往存在着较大差异。但如果要给薪酬从薪酬管理的角度下一个定义的话，可以将薪酬定义为：雇员作为雇佣关系中的一方所得到的各种货币收入，以及各种具体的服务和福利之和。从这个定义可以看出，切尔科维奇更多地把薪酬看作是雇主和雇员之间的一种价值交换。

而美国的薪酬管理专家约瑟夫·J.马尔托奇奥在其所著的《战略薪酬》一书中，将薪酬界定为：雇员因完成工作而得到的内在和外在的奖励。并将薪酬划分为外在薪酬和内在薪酬。内在薪酬是雇员由于完成工作而形成的心理形式，外在薪酬则包括货币奖励和非货币奖励。这种对薪酬的定义，更多地是将薪酬作为企业奖励员工，从而提高对员工的吸引、保留和激励的一种手段和工具看待。

在本书中，我们将薪酬定义为；企业向外派人员提供的报酬，以吸引、保留和激励员工。鉴于薪酬是一个宽泛个概念，我们着重研究经济性薪酬。

二、外派人员薪酬的组成

目前，国际企业外派人员薪酬主要包括基本工资、激励薪酬和福利。而在外派人员的福利中，包括一些并非以绩效为基础的奖金和津贴，这是和母国以及东道国员工有所区别的一点。

表 6-1　外派人员的薪酬组合

要素	简介
基本工资	通常与在母国类似职位相同，以母国货币、当地货币支付，或两种方式结合使用
住房津贴	一般保证外派人员享受与母国相同质量住房的支付能力
教育津贴	学费、注册费、书籍、校服、交通、伙食、必需品
艰苦津贴	用于鼓励员工前往那些医疗、卫生、基础设施不佳或者有风险的地区工作
奖励	外派人员由于在本国以外工作而获得的额外报酬
保险	通常由国家政策和工作地具体情况而定

三、外派人员薪酬的作用

对于企业而言，薪酬可以控制经营成本，改善经营绩效，塑造和强化企业文化，支持企业变革；对于员工来说，薪酬是经济保障，也是一种心理激励。因此，薪酬管理、薪酬体系设计的成功与否是关系到企业生死攸关的大事。

跨国公司特别是大型跨国公司，作为成功经营的典范，之所以能够蒸蒸日上，很大程度上与薪酬设计的优劣密不可分。外派人员作为跨国公司员工的独特群体，在其薪酬管理上具有其独特性，跨国公司针对这些员工拟订的薪酬方案将会影响其积极性和潜能的发挥，进而影响到企业的海外市场运作的成败。

第二节　外派人员薪酬管理的理论基础

一、社会交换理论

社会交换理论是 20 世纪 60 年代兴起于美国进而在全球范围内广泛传播的一种社会学理论。由于它对人类行为中的心理因素的强调，也被称为一种行为主义社会心理学理论。这一理论主张人类的一切行为都受到某种能够带来奖励和报酬的交换活动的支配，因此，人类一切社会活动都可以归结为一种交换，人们在社会交换中所结成的社会关系也是一种交换关系，而这一理论的主要开拓者就是霍曼斯。

霍曼斯交换理论的产生并不是凭空而来的，它主要来源于三个方面：第一，古典政治经济学以及马克思的经济思想；第二，文化人类学家的交换思想；第三，斯金纳的个体主义心理学思想。

该理论的主要内容包括以下几个方面：第一是成功命题。就个人的全部行动而言，人的行动与动物有着相似的地方，要遵循报酬原则。也就是说，频率的有规律性所获得的报酬和奖励要低于没有规律所得到的奖励和报酬。第二个是刺激命题。某一特定的刺激或者一组刺激的出现会给某人的行动带来某种报酬或奖励。那么如果现在的刺激与过去的刺激越相似，个体就越有可能进行类似的行动。第三个是价值命题。如果某种行动所产生的结果对一个人来说越有价值，那么他就越有可能采取同样的行动。当然，霍曼斯所讲的价值不仅仅指经济价值也包含了社会价值乃至伦理道德价值因素在内。第四个是剥夺—满足命题。一个人在最近越是经常地得到某种报酬，那么随着报酬的增加，此人所获得此报酬的满足感和价值感就会减少。第五个是攻击—赞同命题。这个命题包括两层含义；其一，当某人的行动没有得到他期望的报酬或者他得到了料想不及的惩罚时，他将被激怒并越有可能采取攻击性行为，而这种行为可以发泄他的不满情绪，因而对他来说有价值。其二。当某人的行动获得了他所期望的报酬，特别是报酬比预期的还要大，或者他的错误行动没有受到预想中的惩罚，他都会非常高兴，继续做得到报酬的行动或者避免错误行为的再度发生。第六个是理性命题。霍曼斯认为人是有理性的动物，在人际交往中，人们的根本目的在于获得最高酬赏和利润。

二、公平理论

（一）公平理论的主要内容

公平理论又称社会比较理论，它是美国行为科学家斯塔西·亚当斯在《工人关于工资不公平的内心冲突同其生产率的关系》（1962，与罗森合著），《工资不公平对工作质量的影响》（1964，与雅各布森合著），《社会交换中的不公平》（1965）等著作中提出来的一种激励理论。该理论侧重于研究工资报酬分配的合理性、公平性及其对职工生产积极性的影响。

该理论的基本要点是：人的工作积极性不仅与个人实际报酬多少有关，而且与人们对报酬的分配是否感到公平更为密切。人们总会自觉或不自觉地将自己付出的劳动代价及其所得到的报酬与他人进行比较，并对公平与否做出判断。公平感直接影响职工的工作动机和行为。因此，从某种意义来讲，动机的激发过程实际上是人与人进行比较，做出公平与否的判断，并据以指导行为的过程。

（二）比较的方式

按照参照对象的不同，亚当斯认为，人们会采取两种比较方式：社会比较和历史比较（见表6-2）。

1. 横向比较。自己同组织内外其他人比较，即个体要将自己获得的"报偿"（包括金钱、工作安排以及获得的赏识等）与自己的"投入"（包括教育程度、所作努力、用于工作的时间、精力和其他无形损耗等）的比值与组织内外其他人作社会比较，只有相等时，他才认为公平。

2. 纵向比较。自己的今昔的比较。即把目前所获得报偿与自己目前投入的努力的比值，同自己过去所获报偿与过去投入的努力的比值进行比较，只有相等时，他才认为公平。

表6—2 公平理论中的几种主要比较方式

觉察到的比率比较	员工的评价
（所得A／付出A）＜（所得B／付出B）	不公平（报酬过低）
（所得A／付出A）＝（所得B／付出B）	公平
（所得A／付出A）＞（所得B／付出B）	不公平（报酬过高）

注：A代表某员工，B代表参照对象。

员工如果发现自己的劳动与报酬比例与他人的比例相等或略高，或自己的比例相等或略高，便认为是正常的，理所当然的，因而心情舒畅，工作积极。如果发现自己的劳动与他人的比例或自己现在的比例低于过去的比例，就会产生不公平感，觉得不合理，因而就可能发泄不满、消极怠工、制造紧张的人际关系、阻碍长期的组织归属感的养成等。因此，薪酬分配一定要公平合理。所谓的公平合理就是从现象上来看，员工所担任的工作及对组织的贡献与其报酬大致相当，员工的工作与报酬的比例同他人的工作与报酬的比例大致相当。所有这些问题，员工都会从自己切身体会中得到是否公平合理的认识。

 **小案例1**

刘东的烦恼

刘东去年从北京的一所重点大学会计专业毕业，获得硕士学位，在接受了许多公司的面试后，她选择了一家会计公司中的一个职位，并被派到波士顿的办事处，她对所得到的一切都很满意：在一家名声显赫的大公司中有一份具有挑战性的工作，这份工作可以提供获得重要的经验，这份工作也提供会计专业毕业生所能得到的最高工资，去年月薪2 850美元。刘东在学校时是班里最优秀的学生，她富有进取心，表达能力强，获得相应的工资是预料中的事。

刘东在工作了12个月后，大家都认为她的工作像她所希望的那样具有挑战性和令人满意。公司经理对她的表现也很满意。事实上，她最近刚得到每月200美元的加薪。但是，刘东的激励水平在最近几周急速下降，为什么？她的公司刚雇佣了一个多伦多大学的毕业生，此人缺少刘东在一年中所获得的经验，工资却是3 200美元，比刘东现在的工资还多150美元。除了愤怒外，用其他任何语言都无法描述刘东的内心状态，她对同事说打算另外找一份工作，事实上，它是想寻找一个报酬更为公平的地方。

 **小案例2**

S公司外派人员薪酬体系设计

S公司是一家高科技国有企业，其外派人员薪酬体系设计具以下两个特点。

（一）注重薪酬体系的公平性

外派人员回任后的薪酬公平着重在两个方面：一方面是外部公平。由于公司所在地为国家级电动工具产业基地，当地不少企业也把眼光投向国外，此外派回任人员到其他公司谋取更高薪酬、职位方面具有一定优势。为此，公司对外派人员的薪酬管理中，将其在海外工作期间的补贴分为两部分：一部分在海外工作时，按月发放；另一部分则当外派人员回任后，作为薪酬的特别组成部分发放。这样能保证外派人员回任后在薪酬方面与外部所给出的大体相当。另一方面是内部公平。外派人员回任后，基本薪酬部分的确定仍按岗位绩效等来进行，确保公司薪酬的内部公平，并防止出现外派人员回任后将其海外工作经验作为资本而获得额外报酬。

（二）注重薪酬体系的结构管理

首先是内外部结构。在员工薪酬制订中，公司人力资源部门进行充分调研，把握当地及整个电动工具行业薪酬的变动状况，在员工薪酬总额中，内外部因素的影响比重为6：4，确保公司薪酬在当地处于中上游位置。

其次是薪酬的内部结构。主要有三部分组成：第一部分，为岗位工资结合电动工具行业的特点，突出技能型岗位和管理层岗位。第二部分为绩效工资，突出绩优者多得。第三部分为工龄工资，突出员工与企业共成长及对公司的长期贡献。外派回任人员不管是外派前，还是外派后，由于薪酬结构明确，根据岗位能力绩效等，既能和自己过去所得相比，也能和同事相比，从而实现约束与激励的有效结合，为员工创造一个相对公平的环境，更好地起到调动员工积极性的作用。

第三节　外派人员薪酬设计的原则及影响因素

一、外派人员薪酬设计的原则

外派人员薪酬设计的原则和一般意义上的薪酬设计原则是一致的，但是由于其情况比较复杂，又有着自己的特点。

（一）战略性原则

所谓战略原则，是指在外派人员薪酬设计和薪酬管理中，以企业未来发展为基点，为寻求和维持持久的竞争优势而做出的与企业全球战略密切相关的、有关企业全局的薪酬谋略。薪酬分配的目的，绝不是简单地"分蛋糕"，而是通过"分蛋糕"使得企业今后的蛋糕做得更大、更好。价值分配，不仅是一项技术工作，更是一种战略思考。因此，在外派人员薪酬设计中，必须从企业战略出发，不要仅仅局限于解决企业眼前的薪酬问题和人力资源部门眼前的专业工作，否则，虽然眼前问题暂时解决了，薪酬制度也建立起来了，但新问题一旦出现，薪酬制度又无法适应。薪酬制度必须相对稳定，经常变动会给企业带来震荡，甚至引起混乱，给企业带来灾难。战略原则要求企业在薪酬管理中，充分考虑企业的可持续发展、核心价值观、战略实施步骤以及外派人员的积极性、主动性和创造性。表6-3显示了外派人员薪酬政策同企业全球化进程的关系。

表6-3　跨国企业全球化进程与外派人员薪酬策略

	国际化初始发展阶段	跨国公司构建及发展阶段	全球性企业阶段
全球化进程	一个或一些海外机构	越来越多的跨国机构	全球范围内统一资源配置
人力资源政策	从总公司选派数量有限的员工外派，招聘高技能的当地员工	从总公司选派部分员工赴海外，为在总部以外的员工建立一个独立部门	来自总部的外派人员减少，公司的大多数职位由本土化人才担任
外派人员薪酬的主要考虑因素	接收不符合市场价值的高的薪酬成本的能力，受谈判双方谈判技巧的影响	开始考虑建立一个公司全球统一标准基础上的薪酬体系；协调薪酬和职业发展之间的平衡	越来越多的采用属地化的管理策略
外派人员的薪酬策略	总部薪酬加双方补充谈判确定的补充薪酬	总部制定所有国家的总体薪酬平衡计分卡，制定总薪酬支出预算；建立全职的外派人员薪酬管理团队处理复杂的薪酬问题	针对高层次的外派人员单独制订薪酬方案，控制薪酬成本，将外派人员薪酬计划、职业发展计划以及接班人计划完美地结合起来

（二）内部一致性原则

这是公平理论的具体运用，指外派人员应与外派地同级别同岗位员工保持在一个薪酬等级内。

（三）竞争性

竞争性具体表现在两方面：第一，对内具有竞争力。即外派人员的薪酬水平要高于总部同级人员的薪酬，这样才能鼓励员工外派工作。第二，对外具有竞争力。即外派人员的薪酬水平要高于东道国的薪酬水平，否则，可能使外派人员跳槽，那时对公司的损失将可能非常巨大，因为外派人员一般为公司的核心员工，在其成长过程中，公司对其投资颇巨，若其辞职，公司可不是再招一个替代者那么简单。公司在用替代者时，要支付招聘费、培训费，而这两项费用较小的，在该职位空缺时和在新近替代人员适应工作期间，给公司造成的损失才是巨大的。因此，外派人员的薪酬一定要具有竞争力。此外，竞争性还需要包含注入外国服务、税务一致、退税和补贴等针对外派人员的特殊部分。

（四）经济性原则

一般而言，跨国企业都是盈利性机构，收益最大化和成本最小化是其业务经营的非常重要的目标，外派员工作为一个特殊群体，其薪酬水平往往是比较高的，在企业薪酬总成本中占到一定比例，不可避免地导致人力成本的上升，所以薪酬制度不能不受经济性的制约，并要在跨国企业可承受的范围内。

（五）梯度设计

外派人员的薪酬不能过高，应理性设计并考虑外派员工回国后的薪酬衔接问题。

（六）方便性

外派员工薪酬设计要考虑在管理上尽可能简便。

二、影响外派人员薪酬设计的因素

（一）外派期限

外派期限是制定外派人员政策的中心问题。如果员工仅仅是接受短期的外派工作任务（通常在一年以内），那么，一般不会对其在国内的总体薪酬做太大的调整，而且在这种情况下，员工的家人通常不随其外派，那么子女教育津贴和住房补助等方面的规定就会比较简单。如果工作期限较长的话，情况就会比较复杂，考虑到由于情况陌生、生活环境、文化环境所带来的一系列额外成本，外派人员的薪酬就应该能使他们在国外有一种如在国内一般的稳定感和舒适感，所以，需要为他们额外支付包括住房补贴、子女的教育经费等一系列津贴。

（二）国籍因素

外派人员属于同一国籍的公司与拥有多种国籍员工的公司，其薪酬制度可能不同。后一种的薪酬制度可能更为复杂，要考虑的因素更多，往往涉及几个国家的情况。

（三）外派方式

多数员工的外派方式是在国外工作一段时间以后就返回国内，将来如果公司需要，可以再次外派。大多数公司的薪酬制度也以该方式为基础。但是如果员工从事一系列的外派工作，即在国外某公司工作一段时间后不返回国内，而是转到另一个国家的子公司工作，那么这种员工薪酬水平的确定有其特殊性。有些公司按母公司所在国的薪酬机制确定他们的报酬，而另一些公司则采用特别规定，同时提供部分补贴。

（四）外派人员类型

许多跨国公司坚持这一原则：所有外派人员的薪酬应服从同一种制度规定。但其他一些公司对薪酬制度按员工职位级别与种类、工作部门和外派地点进行了区分。例如，对管理类外派人员和技术类外派人员采用不同的薪酬制度。这种做法的好处在于可以针对不同员工的不同要求提供薪酬，同时在报酬上准确体现各个工作部门的不同工作性质与环境。其缺点是难以管理，而且有可能引起员工的不满。采用这种薪酬制度的公司总结出：只要政策制订得比较明确，对各种员工的不同薪酬水平给予合理解释，并且不发生频繁的员工调换，这种方式还是比较有效果的。关键在于对不同员工的划分标准要取得公司上下的统一意见。总之，外派人员类型是影响公司外派人员薪酬制度的重要因素。以外派高层主管人员为主的公司与主要外派技术工程师的公司通常会采用不同的薪酬制度。

（五）行业性质

跨国公司所属的行业不同，其外派人员的薪酬制度也会不同。如石油公司通常会将专业技术人员外派到地理位置比较遥远偏僻的地方工作；而投资银行则会将员工派到经济比较发达的国家。这两种外派人员的薪酬制度有很大区别。

（六）实际购买力

跨国公司在确定外派人员薪酬方案的时候，其薪酬的实际购买力也是一个需要重点考虑的因素，因为购买力会影响到员工的实际生活水平，购买力的下降会导致生活水平的下降，因此，购买力下降会降低外派人员薪酬的实际价值，价格敏感的雇员可能会因为不愿意承受在海外工作时生活水平的下降的结果而拒绝接受外派任务。

影响实际购买力的主要因素是货币的稳定性和通货膨胀，他们的变化有时是无法预知的，这无疑增加了外派人员收益的风险性。

1. 货币的稳定性。外派人员的薪酬给付涉及一个使用何种货币以及该种货币与其母国货币之间的汇率稳定性问题。政府政策和复杂的市场力量使汇率每天都在发生波动，而如果向外派人员支付报酬使用外国货币的话，汇率的波动对外派人员的购买力就会产生直接影响。

2. 通货膨胀。通过膨胀会抵消货币的购买力。假设某中国公司在2000~2001年间没有增加派往巴西的外派人员，如果在此期间巴西没有发生通货膨胀，外派人员的购买力就不会有大的变化；但是如果巴西的通货膨胀率达到2.5%的话，换句话说，巴西的消费品和服务成本上升了2.5%，那么被派往巴西的外派人员的实际收入因此下降了2.5%。

（七）全球化程度

随着企业的全球化程度的深入，员工被外派的国家越多，所面临的文化、法律、政府政策、通货膨胀、购买力等问题越复杂，薪酬管理问题也就越复杂。

 **小案例3**

Gabriel 薪酬政策的灵活性

（一）国际化外派员工遭遇薪酬困境

Gabriel是东莞市一家台资企业的人力资源薪酬经理。公司在菲律宾设有工厂，现在要从东莞总公司派出IT技术人才两名，生产管理科长、主任各一名，品控经理一名，IE技术人员两人。能达到公司要求的人才并不少，但是，通过初步沟通，大多数人都不愿意过去。

常言道：重赏之下必有勇夫。如何制定有良好诱惑力的薪酬制度，让这些"养尊处优"的人才愿意到相对艰苦的菲律宾去工作，是Gabriel当前的重要工作。

（二）了解境外人才市场的薪酬水平

Gabriel首先想到的是要了解菲律宾当地的生活水平，特别是薪酬水平。经过与不同的薪酬专业机构谈判与了解，最后考虑与专业的人才服务机构合作，让其提供菲律宾市场的薪酬水平。

但是，当Gabriel根据当地市场薪酬水平制定完一套看似专业的薪酬体系后，却怎么也高兴不起来。因为，她经沟通后发现，即使按菲律宾市场薪酬水平的双倍付薪，也没有人愿意去那边工作。这使她陷入了很无奈的困境。

（三）强化全面薪酬意识，关注外派员工多种诉求

事实上，对于外派人才薪酬方案的制订，除了要考虑定薪的基本原则外，还需要更多考虑到外派人员的心理诉求和感受，不能只是依据市场的薪酬水平及调研机构给的专业数据。特别是外派到菲律宾这种欠发达地区，虽然其生活水平远远低于派出地，特别是明显低于沿海的发达城市东莞，但正是因为东莞的发达，这些在较好生活水平下工作与生活习惯了的人员，去欠发达的菲律宾工作，心理落差会很大。

因此，Gabriel在与之前曾经临时外派到菲律宾工作的同事做了充分沟通后，了解到定薪时还必须考虑的一些问题，具体包括：外派人员在菲律宾那边的生活及需求点；公司整体薪酬水平的平衡及可承受范围；外派目标人才的生活水平（整体来说，选择外派的人才基本上都是专业技术人才或中高层的管理人才，他们的生活水平相对较高，对生活的质量有一定的要求）；外派人才的职业发展规划方向；公司对外派人才的定位与外派的价值。

在经过反复沟通和测算后，Gabriel对原来的薪酬制度进行了修改完善。大体内容如下：

（1）外派菲律宾工作人员分为两种：一是临时性外派，即外派菲律宾工厂工作在三个月以内的人员；二是长驻外派，即外派超过一年的人员。

（2）外派员人的用餐、住宿、交通、通讯，按公司《中方人才外派海外的标准》执行，即统一按副总经理级别执行。

（3）临时性外派人员的薪酬，按现在总部的薪酬标准执行，即薪酬保持

不变，另外再增加相当于个人原在总部工资一倍的临时性外派补助。

（4）长驻外派人员的薪资底薪不变，加设60％的外派地区差异津贴（便于今后工资调整）；同时增加外派补助，标准与临时外派人员相同，但基数高于临时外派人员，即原在总部工资的1.2倍。

（5）为了方便管理，对于外派补助的发放进行考核管理。由驻地最高中方管理人员及总部对口业务部门负责人对其进行双向考核评定。驻地最高中方管理人员的考核权重占60％，总部业务对口部门的考核权重占40%。

（6）为了保证外派人员的积极性及管理上的有效性，对外派人员的考核性补助作出限定，即外派人员通过考核后，拿到的补助一般可达到基数的80％~150％。

（7）长驻外派人员，在外驻期间，每工作满一年可以享有加薪的资格或权利，加薪的幅度以月考核的总体平均分为依据。

（8）外驻两年或以上者，回国后职务、职级均加升一级。

（9）外派人员在外派期间，在公司的原有福利保持不变。

在这样的薪酬和晋升制度吸引下，Gabriel终于找到了有兴趣外派菲律宾的人才。由此看来，海外人才的薪酬对于管理者而言，绝非易事，需要多方面考虑，增强全面报酬的意识。

第四节　外派人员薪酬设计的模式

薪酬设计决定了薪酬体系的命脉，在这里介绍4种跨国公司外派人员的薪酬设计模式。

一、老板拍板模式

是指企业领导者或决策者凭借自己的行政权威和管理经验，硬性地界定企业外派的每一个员工每日或每周、每月、每年的薪酬，从而界定该企业与每一个外派员工有关的薪酬体系。老板拍案模式的最基本条件是老板具有必要的领导权威。这种权威的合法性通常是因为老板是企业资产所有权或使用权的拥有者。老板拍案模式薪酬设计的直接成本较低，一般说来，可以避免企业各员工之间的矛盾，但也有其劣势。例如，一方面，老板确定员工的薪酬，倘若此老板欠缺薪酬设计的专门知识，会造成薪酬界定的科学性较差；另一方面，此模型最适宜以私有产权为基础、海外人员较少的企业。

二、民主协商模式

此模式主要通过企业所有员工之间的协商以确定薪酬，从而确定企业的薪酬体系。民主协商模式能更周全地考虑到每一个外派人员的实际情况，对于其工作积极性有较大的激励力，有利于海外市场的开发和管理，但民主协商模式在操作上有不完善之处，由于没有规范化的有效的民主协商机制，从而可能导致民主协商过程成为无序的进程，而且如果各外派人员工作岗位差距较大，但薪酬却相同，不利于各外派人员的和睦，导致激化各外派人员之间的矛盾，引起纷争。

三、专家咨询模式

这是指由企业委托薪酬体系设计专家，依据理性原则确定外派人员的薪酬。专家咨询模式使得企业的薪酬管理具有科学性、稳定性、可靠性、可操作性及必要的弹性等特征，能较好地化解员工与管理者之间的矛盾，可以避免各外派人员之间在薪酬界定上的矛盾。这一模式唯一的缺点就是直接成本较高，但这一模式有助于企业科学的薪酬管理。

四、个案谈判模式

这是指由企业代表和特定的员工就薪酬确定展开谈判，以确定此员工的基本薪酬。这一模式，对于那些对海外市场具有特殊贡献的员工，如中高层管理者或特殊的工程师、技术人员较为适宜，能充分地考虑到人力资源供求双方的需求，使薪酬设计更为合理，更为有效率。但对于一个较大型的跨国公司来说，如果有较多的外派人员的薪酬是谈判确定的，则薪酬管理的公平原则、规范性都可能遭受破坏。

 小案例 4

联想集团外派人员的薪酬方案

2005 年 5 月 1 日，联想集团正式完成收购 IBM 全球 PC 业务，通过与 IBM

的联盟，加快了新联想销售网络遍及全世界的步伐。此外，联想还在海外启用新品牌 IdeaPad，并且推出了针对欧美等市场的 IdeaPad 笔记本产品。在联想高层管理思想中，如果推出新产品，必须借助原有 Think 团队、品牌、渠道等，并逐渐把国内经验复制到海外，因此，需要外派一些管理类的员工到海外工作。而外派的员工主要通过内部招聘（提拔晋升、工作调换、工作重换和人员重聘）的方式获得。

通过专家咨询模式，外派人员的薪酬体系包括基本薪酬，津贴（商品与服务津贴、住房津贴和教育津贴），福利和激励性薪酬等。

（一）基本薪酬

从大的方面说，外派人员的基本薪酬应该与其处于相似地位的同事处于同一个薪酬等级上，这可以通过工作评价和薪酬等级评定来确定。共分为 11 个等级。

等级	薪酬区间中值
1	854
2	1529
3	2012
4	2735
5	2832
6	3411
7	3604
8	4038
9	4762
10	4810
11	4955

（二）商品与服务津贴

国外商品与服务价格高于国内时，联想会向外派人员提供消费津贴或商品与服务津贴。

（三）住房津贴

因为外派人员只是属于短期外派，公司希望外派人员在外派期间租用住房。

（四）教育津贴

对于有子女的外派人员来说，公司将为其承担更多的责任。

（五）福利

外派员工的包括公务出差保险，养老保险等。

（六）激励性薪酬

在薪酬体系中，工作、机会、晋升、个人的发展、成就等等，这些属于激励性的要素。外派人员回国后，公司将对其作绩效考核，考虑晋升、进修等福利。

第五节　外派人员薪酬设计的方法

一、外派人员基本工资的设计

（一）母国标准法

母国标准法就是根据母国的薪酬水平和标准确定所有外派人员的薪酬。这种方法主要针对于外派时间较短、工作地点经常变换，并且希望回到母国的工作人员。

采用这种方法的优点在于：第一，有利于实现外派员工群体的薪酬公平。因为，在这种方法下，无论是母国外派员工还是第三国外派员工，其基本工资都由公司总部的薪酬政策决定，既不受派出国工资标准，也不受东道国工资标准的影响，所以，所有外派员工之间的薪酬都是公平的。第二。当母国薪酬水平高于其他所有分支机构以及其他国家和地区的薪酬水平时，有利于促进员工的国际流动。第三，管理简便。因为，不论员工在国外的工作地点在哪里，都使用同一个国家的工资标准，所以，在操作层面上相对简便。

这种方法的缺点在于：第一，不利于促进由低工资国家向高工资国家的员工流动。当国际企业的总部设在工资水平较低的国家时，采用这种方法来决定外派员工的薪酬方案无法有效激发员工的外派动机。第二，当母国工资水平较高时，公司外派员工薪酬成本高昂。第三，外派人员的薪酬将会和当地人员、第三国的人员（指在母国以外的地方为另一个国家工作的人员）不同，从而在员工之间产生不公平感。

（二）东道国标准法

东道国标准法，就是根据东道国的薪酬制度支付外派人员薪酬。采用该方法要具备两个前提条件：第一，公司要对东道国的当地市场有较为清楚的了解，了解东道国从事相应工作的当地人员的收入水平以及这种收入水平的购买力，而这需要通过市场调查获得准确数据。第二，公司应有一个严格的工作评价体系，对外派人员即将承担的工作进行评估，从而确定相应的薪酬水平。

这种方法的优点在于：第一，有利于实现同工同酬。它将外派人员的薪酬与东道国当地薪酬水平和薪酬结构联系起来，使得在同一机构中工作外派人员的薪酬和其他员工保持一致，消除了因过度不同而产生的薪酬差异，从而有利于员工之间的合作。第二，有利于外派人员积极融入当地文化，充分实现国际生活的价值。第三，如果东道国的工资水平高于母国工资，则能有效吸引母国人员何地三国人员。第四，简洁明了，管理起来比较方便。

该制度的主要缺陷是：第一，外派人员事先难以了解东道国工资水平的实际购买力以及这种工资水平对其生活的影响程度，这无疑会使他们对是否接受海外任务顾虑重重，从而不利于企业按其需要调派员工到海外任职。第二，国籍相同但派遣地不同的员工所获得的薪酬会有较大差异，员工会争先要求到待遇优厚的地区，而不愿意去那些待遇较差的地区。第三，当东道国的薪酬水平低于派出国的薪酬水平时，会对员工外派意愿产生消极影响。从美国外派到尼日利亚，按当地员工的薪酬不可能吸引员工；从美国外派到英国或澳洲，根据英国的薪酬制度发放薪酬，意味着员工的薪酬大大减少。因此，该法只有在从低工资国家外派到高工资国家时才可行。第四，若东道国的薪酬水平高于派出国，由于外派人员回国时工资要恢复到出国前的水平，这会造成一定麻烦。

（三）派出国基准法

跨国公司在二战后开始对外派人员的薪酬发生兴趣。在 20 世纪 50 年代早期，国际职位很少，并没有真正有效的外派人员薪酬模式。但在此期间，加斯滕，博伊斯和迪科佛（J.Frank Gaston，James E. Boyce，George Dickover）的研究已开始关注这一问题。平衡表模式是在 20 世纪 50 年代首先使用，并最早应用于美国石油公司的外派人员。

平衡表模式使用了从会计学中借鉴过来的方法，即借贷平衡法。平衡表模式是为了外派人员的收入与派出国收入相联系，并且尽力平衡外派人员在派出国和东道国之间的购买力。

这种方法将国家间的购买力均等化，从而使员工能够在东道国享受到与派出国同样的生活标准，再加上一定的物质激励（如奖金），使之接受海外任命。在平衡表中，派出国员工的支出主要考虑收入所得税、住房支出、商品服务支出（食品服装娱乐等）以及储备（如储蓄养老金等），当这四项因素在东道国和派出国之间出现差异时，公司就要为这部分差异做出补偿。

平衡表法比较使用基于派出国外派人员配置模式下的薪酬设计，即所谓的国内薪酬＋津补贴薪酬模式。该薪酬模式为使员工在国外与在派出国具有相同的购买力，根据员工在派出国的薪资基准加上生活房屋等津贴来确定员工在海外的薪资标准（见图6-1）。

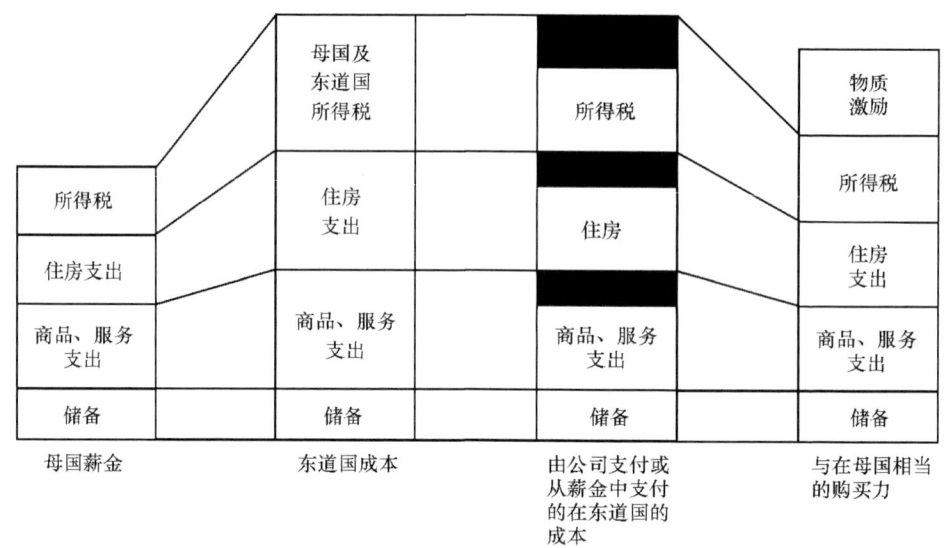

图6-1　跨国公司薪酬平衡表

使用平衡表法应遵循如下三个原则：第一，确保外派人员的基本工资与激励工资不减少的原则；第二，确保外派人员的购买力不下降的原则；第三，确保公司支付外派人员的各种津贴合理的原则。

（四）混合法

为了弥补上述几种方法的不足，一些国际企业引进了混合法。混合法既不是单纯的母国方法，也不是单纯的东道国方法，具体为综合母国和东道国的多种特征和多种因素，建立薪酬体系。具体做法是根据母国工资的一定比例确定一个基准额，再根据东道国工资的一定比例来确定一个基准额，便成为外派员工的基本工资，这种做法集中了以上两种方法的优点，又能减弱其缺点，这种方法对于一些外派很普遍的企业比较实用，但是操作起来比较复杂。

（五）就高法

这是目前欧洲非常流行的一种方法，即所谓的比母国、东道国更高的方法。在这个模型中，企业通常根据母国的薪酬体系计算员工的薪酬，然后和员工在东道国所得到的薪酬（包括各种补贴）进行比较，取高的付给员工。这种计算方法使用非常普遍，其潜在的一个优点就是在和东道国的薪酬相联系的基础上，保持外派人员的生活水平。

（六）按工作内容支付法

就是对相同的工作内容支付相同的薪酬，并结合地区差异给予其他的高生活成本补贴。但这种方法非常复杂，因为涉及分析母国薪酬和任务所在国薪酬之间的差异，必须具有准确、充分的薪酬信息和数据，并且这会降低外派人员和当地人员的价值的平等性。

二、外派人员激励薪酬

外派人员的激励性薪酬和国内激励薪酬结构是一致的，包括短期激励薪酬和长期激励薪酬。短期激励薪酬包括短期奖金、绩效工资、佣金等，而长期激励薪酬包括股票期权、利润分享以及员工持股等。

当前，在外派人员激励薪酬管理中，一个重要趋势是对外派人员更多的使用长期激励薪酬。而这些长期激励计划是以外派管理人员所任职的分支机构的绩效为基础的。这样做的好处有两个方面：第一，有助于使外派管理人员形成所有者的意识，把外派人员的努力和所得与外派分支机构的绩效紧密联系起来，使外派人员和分支机构风雨同舟，成为利益共同体，激发其工作积极性和主动性；第二，对企业吸引和保留外派管理人员提供了一种经济方式，有利于外派人员回任。

三、外派人员的福利

外派人员的福利包括基本福利、其他福利和非绩效奖金。

（一）基本福利

外派人员的基本福利主要指员工的保障性福利和非保障性福利。保障性福利包括养老保险、医疗保险、失业保险等普遍性福利。在具体的福利的支付过程中，对于任期有限的外派人员，福利能否持续是个问题。许多企业尽量控制外派时间，以保证员工的福利能够持续。此外，有些企业对外派时间达到五、六年的员工有两套社会保障协议，让员工同时享受东道国和母国薪酬制度中的福利。有些企业不愿为员工提供两套福利体系，但又希望员工能享受母国的福利，采取的办法是：员工根据东道国的薪酬制度获取基本薪酬，根据母国的薪酬制度享受福利。外派人员的基本福利除了以上所提到的保障性福利外，还包括非工作时间报酬，包括每年的休假、节日紧急事假。外派人员每年的休假通常都和在国内的同事一样。企业一般不延长外派人员的休假期，因为当外派人员回国后失去这些额外的福利时会觉得是一种惩罚。同时，各个外派人员的休假时间必须符合国外法律的规定。外派人员在外国或当地的节日可以带薪休假。有些国家要求雇主在一些规定的节日向所有员工提供带薪假期。

（二）其他福利

其他福利是指因为外派所特有的一些福利，通常包括搬家补助、子女教育费用、离家补休和报销差旅费、休整假期及津贴。搬家补助是支付外派人员到国外的工作地点的费用。其支付标准是外派人员的工作期限、距离和职位。外派人员的子女教育费用在成本中已经提到。企业给外派人员提供离家补休福利是为了帮助他们适应外国的文化，和家人、朋友保持直接联系，是给他们提供在母国的带薪假期。各企业的离家补休差别很大，这些假期的长度和频率通常取决于外派人员的工作期限。外派时间越长，补休时间也越长。员工在补休的时候可以拿到报酬。

（三）非绩效奖金

外派人员和国内员工福利的不同之处在，在其福利组合中，还包括很多与工作无关的奖金和津贴，其假设前提是驻外生活给员工和家庭都带来诸多不便，需要给他们提供相关的额外报酬来补偿（见图6-2）。

非绩效奖金包括：第一，流动工作奖金。这种奖金通常是工资的20%~30%，其目的是鼓励员工在各国分支机构之间流动。第二，期满工作奖。这种奖金通常在员工外派合同期满发放，其目的是鼓励外派员工在整个合同期内都在海外工作。这种安排适合于建筑业、石油业以及那些在特定时间和特定工程中需要员工始终坚持在国外工作的行业；另外，还适合些在较为艰苦地区工作的员工。

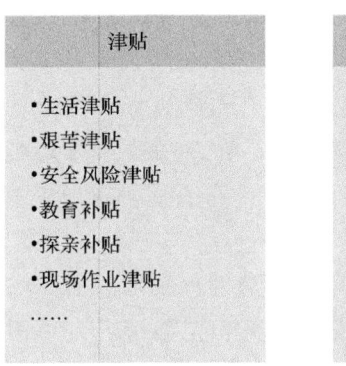
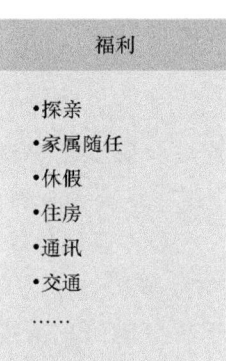

津贴	福利
•生活津贴	•探亲
•艰苦津贴	•家属随任
•安全风险津贴	•休假
•教育补贴	•住房
•探亲补贴	•通讯
•现场作业津贴	•交通
……	……

图 6-2 外派人员福利体系

相关连接

中国跨国企业外派员工福利状况

中智公司近期对中国跨国企业外派员工福利状况进行了调研，发现越来越多的企业更加侧重"内外衔接"、"外部平衡"、"本地平衡"三方面内容，更以此为原则建立公司内部海外派遣人员的激励保留体系。

（一）内外衔接：海外津贴体现差异，谨慎设置薪酬项目

调研发现，国内企业海外派遣的薪酬管理方式呈现"国内企业总部直接定政策、定标准、统一管理"的方式，薪酬结构基本呈现"基本工资＋海外津贴＋绩效薪酬＋福利"并侧重海外津贴与福利的管理，以体现员工在派出地区的生活品质，同时区分与国内员工艰苦程度等方面的差异性，保证薪酬管理的灵活性，确保国内企业的整体薪酬公平性，并在津贴的设置呈现下面两方面特点：

1. 津贴福利项目多。调研发现，矿业、能源、制造等行业的海外津贴福利项目设置会考虑派出国的经济水平、艰苦程度、安全风险情况等设置相应的津贴、福利项目。其中，生活津贴、艰苦津贴、危险津贴为常见的项目，如生活津贴，由于各地的物价水平不一，企业常会设置涵盖员工衣食住行生活需求的津贴，平衡员工国内与国外生活水平的差距。在比如艰苦津贴，基于员工心理、身体需求，根据所在地生活条件简陋程度、文化差异、医疗设

施情况进行不同等级的艰苦津贴水平设定，以此鼓励员工接受艰苦地区的派遣任务，以越艰苦津贴越高的原则来提高员工赴海外工作的积极性。

与此同时，对于技术密集型、劳动密集型的海外企业，由于人员结构差异、企业与员工需求差异、公司鼓励导向差异等，派遣人员津贴福利项目设置呈现不同的组合。从技术密集型的企业来看，海外派遣人员多集中在管理、销售、技术等岗位上面，派遣津贴福利中更体现生活相关的需求，如部分企业设置归国度假津贴、安置迁移津贴等。在劳动密集型的企业中，员工多有现场作业人员，往往项目设置与岗位技能、项目周期及效益有着密切的联系，如派遣时间津贴、现场作业津贴等。

2. 标准设定方法多，基于公司内部管理的要求设置。在津贴的水平与标准的设计中，基于派出国的生活成本水平和差异情况，中国企业更多结合自身薪酬体系特点与政策设置海外派遣人员的津贴、福利项目。总结典型公司的做法，共有四类主要标准设计的方法，即：结合时间的长短、环境的优劣、消费的高低以及群体的多样性等差异化要求，主要采用"任务周期确定法"、"环境差异确定法"、"消费水平确定法"以及"特定群体确定法"等。

（二）外部平衡与本地平衡

在不同项目标准的确中，如何区分不同国家、相同职位人员的薪酬水平，确保外派人员间的跨国有序竞争、保持平衡，成为国内企业对海外派遣人员更为关注的内容。调研发现，在派出国的津贴标准划分上，国内企业一般采取"宜粗不宜细"的原则设定标准，按照艰苦程度计算。

（三）注重灵活、人性化的福利体系设计

企业福利是企业为了吸引人才或稳定激励员工而采取的福利措施（如安家费补贴、探亲休假差旅费、随行子女教育费、健身娱乐、健康体检等）。由于海外派遣人员身在异乡的特殊性，家庭因素也会成为员工拒绝派遣的理由，因此一部分企业在制定福利标准的时候会对员工的家属进行考虑，如员工家属也享有一定次数的探亲差旅费报销，员工未成年子女的教育费用支付等，将福利也普及到员工家属，使公司的福利政策更具有人性化。

企业福利还会根据群体来进行福利设置，如很多企业对高层人员或对公司有特殊贡献的技术专业人员给与的特殊福利，如租房补贴，往往会根据层级设定不同档次租房补贴标准。又如汽车补贴，往往只是针对一定层级人员提供车辆或专门司机配备。

总之，根据派遣环境的不同与工作性质的不同，企业福利可以考虑进行个性化设置，既能体现员工的实际需求，又能有效鼓励员工的积极性。

小案例5

某石油公司薪酬方案

（一）背景介绍

某国有石油企业要求我国派遣大量相关专业技术人员（包括技术员、工程师、专家等）到偏远的海外工作，但是在技术人员派遣上出现了三方面的问题：第一，只有少数员工自愿去海外工作；第二，被派出的许多技术人员未完成工作期限就要求回国；第三，一些技术骨干借机辞职。

通过调查发现，出现上述问题的原因主要是：海上石油工作平台条件艰苦，这些技术人员如果留在国内其收入仍然很可观，一笔派遣费不足以吸引他们；技术职业的报酬偏低、地位偏低、晋升路径很短；而驻外工作又需要远涉重洋，远离家人，不能很好地照顾家庭。

（二）薪酬方案设计

1. 薪酬战略目标。体现公司以人为本的企业文化理念，采用相应手段吸引和留住专业技术人才，鼓励员工支持海外业务，解决技术职业生涯路径地位偏低、发展机会相对有限、晋升路径短的问题；薪酬要充分体现专业技术人才的价值和贡献；支持公司的财务战略目标（储备资金）。

2. 影响薪酬战略的因素。外派员工长期工作在外，往往在工作和生活上有着诸多不便。例如，对生活方式转变的不适应，远离家人朋友所产生的孤独、焦虑等等。因此，公司应想方设法减少这些因素产生的不利影响，使他们的生活得到保障。此外，还有些细节需要注意：第一，员工报酬归入本国还是外国薪酬结构和水平问题。由于派遣期限一般是两年，且被派往的国家在工资水平上低于国内，薪酬结构可以按本国的薪酬结构和水平计算。第二，发放方式。发放一定比例的外币，以方便员工的生活。第三，外派对家庭生活产生影响，公司要照顾到员工在国内的家人。

3. 薪酬结构。采用价值取向型薪资体系，按员工所拥有的技能和业绩因素的多少或者等级确定其薪酬待遇。薪资总额＝固定工资＋浮动工资＋派遣费＋福利。

第一，固定工资为：基本工资＋工龄工资＋加班工资＋岗位津贴＋知识技能工资。

基本工资：定位于市场50%的水平。

工龄工资：员工的工龄工资为20元/年，即员工在公司内工作的时间每满一年按月计发20元的工龄工资。

加班工资：晚上的加班费是本人工资的150%，双休日是工资的200%，国家法定假日是工资的300%。

岗位津贴：每位员工根据专业技术类型评价要素表中的得分情况来确定，得分80~99，津贴200/月；得分100~119，津贴400元/月；得分120~139，津贴600元/月；得分140~159，津贴800元/月；得分160~179，津贴1000元/月；得分≥180，津贴1200元/月。

知识技能工资：包括学历、职称、评优情况三个因素。首先按学历，标准为：中专50元/月；大专120元/月；本科260元/月；硕士研究生540元/月；博士研究生1100元/月。按职称，标准为：技术员50元/月；助理工程师80元/月；工程师140元/月；高级工程师260元/月；专家500元/月。按评优情况，是指两年内专业技术人员在企业的技术活动中所取得的成果的价值，根据所取得成果的档次不同，发放不同的薪资：国家级400元/月；市级200元/月；公司技术标兵80元/月；年度考核优40元/月；年度考核良30元/月。

第二，浮动工资。即根据绩效完成情况获得的绩效奖金。年度绩效工资标准依据外派人员任职岗位的岗位工资水平和岗位绩效工资比例确定，绩效工资应在组织绩效和个人绩效目标完成一定比例后发放。根据绩效考核结果，年度绩效工资可以在目标绩效工资标准上按照一定比例浮动。根据完成情况设定80%~120%的绩效奖金。

第三，派遣费。为在派遣之前和派遣结束后分两次各按50%付清。

第四，福利。福利包括：保留在国内的法定社会保险以及住房公积金，公司负责员工境外的安全保险；外派人员仍然参加企业补充养老金计划、健康保险计划等；安置补贴（基本工资的5%~25%），补贴金额按地域的困难程度以5%的幅度递增；对于被派往困难地区工作的人员，公司要为其支付境外运动健身及度假费用补贴；回国探亲补贴，公司为外派人员提供探亲机会，通常半年或一年一次；解决境外食宿；适当为外派员工的妻子安排轻松工作，负担其子女部分教育费用。

第六节　外派人员薪酬设计应注意的问题

为了设计富有成效的外派人员薪酬制度，进而提高外派的成功率，企业还应注意以下问题：

一、派往经济发达地区与经济欠发达地区的薪酬平衡问题

合理的外派人员薪酬设计，应该对物质与非物质两方面都给予充分考虑。就物质方面来说，一般情况下，人们更加倾向于被派往经济发达国家，而对政治、经济及自然环境恶劣的国家退避三舍。因此，为了调动外派人员的工作积极性，企业既应该考虑外派人员的职位性质，也应该考虑企业外派人员相对于母国企业需要额外增加的各种支出；就非物质方面来说，企业应该妥善处理圆满完成外派任务的人员的激励机制和职位再安排问题，免除其后顾之忧，同时这样安排对潜在的外派人员也有示范意义。成功的企业通常高调地采取直接公开的方式来处理外派中高层管理人员的再安排问题。

二、构建绩效导向的薪酬体系

在外派人员的薪金构成中，应尽量减少与学历和工龄挂钩的工资，而与员工的岗位、职务、工作表现和工作业绩等因素挂钩。区别于包括基本工资、基本福利、奖金和补贴和股票期权的一般薪酬构成，外派的员工的薪金，应该在很大程度上和海外工作的绩效挂钩，这样才能真正激励外派员工努力工作，为企业多作贡献。

三、对外派人员薪酬的成本控制问题

在设计企业外派员工的薪酬模式时，还必须考虑企业的工资成本控制问题。要做好成本控制，就必须做细致的市场调研。在制定外派人员的薪酬标准时，企业通常会考虑"同等生活品质"问题，不能让外派员工的生活水准下降，否则，没人愿意外派，或者即使外派，也不会努力为公司工作。同时，

考虑到企业的成本问题，"同等生活品质"也意味着员工外派后的生活不会变得"更好"，如果员工外派后都不愿意回来，企业就需要反思是否支付了过多的补偿，因此，企业必须在市场调研方面做足功夫，对派驻地的相关情况有完整、准确的掌握。

四、外派人员回国后的薪酬

外派人员的任务完成后，特殊薪酬随之取消。有效的外派人员薪酬计划应帮助员工重新融入企业在国内的工作当中。很多外派人员回国后无法适应常规的薪酬，因为他们觉得在国外的经历使他们比出国前更有价值，尤其是与没有外派经历的同事相比。这种情况可能会导致两种结果：第一，难以和同事合作；第二，跳槽。

企业可以采取以下措施防止问题的发生：第一，树立员工的职业发展意识，让外派人员清楚，外派的目的是为了让员工培养国际工作经验，以便更好地承担未来的国际工作任务。这样，外派人员也就会将外派当成是职业经历，而不会过分计较外派薪酬的变化。第二，综合分析各个员工的性格特征和能力，选择合适的员工进行外派。不同的员工有不同的价值观念，当他们的能力增强后，对待企业的态度就会不同。如诚信意识强的员工跳槽的倾向弱，较适合外派。第三，正确评估外派人员工作能力的增长，并根据实际情况给予提升和加薪。

本章思考题

1. 外派人员薪酬由哪些部分构成？
2. 外派人员薪酬设计应遵循哪些原则？
3. 影响外派人员薪酬水平的因素有哪些？
4. 外派人员薪酬设计有哪些模式？
5. 如何设计外派人员的基本工资？
6. 如何设计外派人员的激励性薪酬？
7. 如何设计外派人员的福利体系？

外派人员的职业生涯管理

导读案例

N 公司的外派人员职业生涯管理

N 公司是一家高科技民营企业，主要从事电动工具的研发、生产、销售。由于产品质量稳定、配套服务措施到位，因此迅速打开了国内外市场。目前国内电动工具市场竞争十分激烈，价格战也不断发生，早在七八年前，公司就前瞻性地将眼光投向了国际市场，经过数年开拓，已在欧美主流市场上占据一席之地。在海外市场开拓过程中，由于懂国际化经营的人才缺乏，公司最初是委托代理商来进行销售。随着市场规模的扩大，尤其是公司对国际化人才培养的重视，其海外业务逐渐过渡为由公司在海外设点完成，并于三年前在东欧设立了生产基地，更好地接近海外市场的同时，也在一定程度上避免了关税等贸易壁垒。

随着海外生产基地及营销网络的建设，公司需向海外派遣大量员工，尤其是技能型员工及管理人员。几年来，公司不但建立了稳定的跨国运营模式，其员工队伍也保持相对稳定。尤其是在外派人员回任的管理上，不但保证了回任员工的稳定，是有效利用了回任人员在海外所学知识、技能，使外派人员与公司保持良性互动的同时，较好地推动了公司的发展。在不少公司外派人员回任遇到困境而导致员工离职，甚至有员工找各种理由拒绝外派的情况下，N 公司却能在外派人员回任管理上做得有声有色。N 公司外派人员回任后，除两个被其他公司"挖墙角"而离职外，其余人员均在新的工作岗位上保持稳定状态。在员工的职业生涯设计方面，N 公司突出了以下几点：

第一，结合公司发展状况与员工个人特点，突出职业生涯设计的可行性。在员工进行职业生涯设计前，公司首先会将未来公司发展战略详细地解读给每一位员工，然后员工再结合自身特点及发展的意愿进行个人职业生涯规划。尤其是随着公司海外业务发展对人才需求的增加，在员工进行职业生涯设计时，要求员工将外派作为其个人职业生涯计划中不可缺少的一部分。由于员工外派逐步成为公司的一项基本制度及员工职业发展中的一个基本环节，其神秘性及特殊性大幅降低，外派员工回任后并没有高人一等的感觉。

第二，注重根据职业生涯规划对员工进行扶持。在员工职业生涯规划制定完成后，人力资源部有专人负责协调公司方面的资源来扶持员工，逐步实现其个人发展目标。尤其在涉及员工外派和回任上更是进行重点管理。由于公司外派人员数量较多，人力资源部门首先是协助员工达到外派的要求，比如语言、岗位职责、技能等。而在外派人员回任时，人力资源部门的一项重要职责就是外派人员心态的转变管理以及对原有职业生涯设计进行跟踪，使外派人员回任后能尽快回归到自己原先设计的职业生涯道路上。

第三，在职业生涯设计时引导员工目标设置的多样性。由于公司的发展总是处于动态中，员工职业生涯规划的完全实现是有难度的，因此，公司在职业生涯设计时要求员工发展目标设置的多样性及层次性。比如目标设置上，综合岗位目标、技术等级目标、收入目标等因素。而公司对回任人员管理上要求做到至少满足员工设置的一个目标，从而起到稳定队伍的作用，尽量防止外派员工回任后出现心理落差而导致思想波动，出现队伍不稳定的情形。

资料来源：卢方卫．中国人力资源开发［J］.2010（10）。

随着知识经济的到来以及员工素质的提高，职业已不仅仅是一种谋生的手段，而是员工自我实现和自我发展的一个必经途径。越来越多的企业也认识到只有组织和个人的需要相互配合，组织和个人发展目标的共同实现，才能达到双赢的效果。外派员工大多属于知识型员工，有着较高的成就需要，良好的职业生涯管理可以对他们起到激励的作用。

从上述案例可以看出，N公司非常注重外派人员的职业生涯管理，在职业生涯规划的制订、职业生涯规划的实施方面，都摸索出一套适合本企业的有效机制和方法，对稳定公司外派人员队伍、发挥其积极性、促进其回任都起到了至关重要的作用。

第一节　外派人员职业生涯管理概述

一、职业生涯与职业生涯管理的内涵

（一）职业生涯

职业生涯就是一个人从首次参加工作开始的一生中所有的工作活动与工作经历按编年的顺序串接组成的整个过程。也有的研究者把职业生涯定义为：以心理开发、生理开发、智力开发、技能开发、伦理开发等人的潜能开发为基础，以工作内容的确定和变化、工作业绩的评价、工资待遇、职称职务的变动为标志，以满足需求为目标的工作经历和内心体验的经历。

（二）职业生涯管理

职业生涯管理，是组织遵循自身发展目标的要求，协调、计划、管理组织内部员工职业生涯开发和职业抱负，达到组织既定目标的过程。它的目的是将组织目标和员工个人目标相契合，以获得二者的共同实现。对于职业生涯管理的概念，要明确以下几点：第一，职业生涯管理的主体是组织，在本书中，特指企业；第二，职业生涯管理的客体是企业内部员工及其所从事的职业；第三，职业生涯管理是一个动态的过程；第四，职业管理生涯是将组织目标和员工个人职业抱负与发展融为一体的管理活动，它谋求企业和个人的共同发展，同时也是促其得以实现的重要方式、手段和途径。

（三）职业生涯管理的分类

职业生涯管理主要包括两种：一是组织职业生涯管理（organizational career management），是指由组织实施的、旨在开发员工的潜力、留住员工、使员工能自我实现的一系列管理方法。二是自我职业生涯管理（individual career management），是指社会行动者在职业生命周期（从进入劳动力市场到退出劳动力市场）的全程中，由职业发展计划、职业策略、职业进入、职业变动和职业位置的一系列变量构成。

 **小案例1**

职业生涯管理的主体是个人

凌风六年前加入我国某能源行业。当时公司正处于海外战略起步阶段，为新进员工提供了具有挑战性的工作与学习机会。随后他被公司指派前往中亚某国从事技术管理工作。虽然驻外工作条件很艰苦，但凌风克服了种种困难，工作出色，外派三年以后即被晋升到一个高级管理者的位置。因为家庭的原因，凌风与爱人打算生孩子，但考虑到国外环境不适合养育孩子，凌风决定近期回国，但他心里顾虑重重。因为他所从事的岗位在国内并没有相应地设置，这意味着如果回国的话，他得转换岗位，而他并不确定是否可以顺利地找到类似岗位。从内心来讲，凌风朝思暮想，希望尽快返回国内，但一想到职业发展的不确定性，凌风归国的步伐变得沉重起来。凌风想起公司为他们外派人员购买了 EAP 服务，他决定听听咨询师的意见。

咨询师为凌风做了职业规划方面的测评，测评结果表明凌风性格外向、直率、果断，逻辑性强，愿意接受挑战，善于计划，善于系统、全局地分析和解决各种错综复杂的问题，适合目标型定向的工作环境。根据凌风之前的工作经验，咨询师与凌风共同探索了国内的公司提供的现有岗位中比较适合于他的岗位，并建议凌风继续从事宏观规划或者管理类的工作。

做完咨询后，凌风为自己回国设计了半年至一年的准备期，具体实施措施如下：

第一，他计划在两个月内与他的领导进行深入地沟通，反馈自己在驻外时获得的知识与技能，了解领导对于他的期待，同时表达他对于未来工作的设想，探索出可能适合于他的岗位，规划好回国后的职务，了解且清楚认识自己所任的新工作的要求以及可能遇到的限制。

第二，加强与国内的沟通，持续了解国内公司的新动向，包括对外派人员重新安置的相关政策等，同时为重新建立起人际关系、工作关系做一些准备。

第三，向公司询问是否有归国人员适应方面的培训，并对新工作做出培训规划，计划回国以后快速适应，并接受新岗位技能的培训。

第四，认真学习管理方面的知识和技能，加强自己的软素质和综合能力。"在外派地区我是外来人，而回到总部后我又是外来人。"这是很多外派人员苦恼的事情。如何让自己有一种归属感，持续性地发展自己的职业是很多外派的期待。这不仅仅需要组织建立起科学系统的外派人员职业生涯管理体系，为每位外派人员制订出一套切实可行的职业发展计划，同时也需要外派人员对于自身的职业发展尽早做好规划。

二、外派人员职业生涯管理的重要性

　　职业生涯管理是人类社会发展到一定阶段上出现的一种新的管理理念和管理模式，它是劳动市场竞争加剧、脑力工作者增多、工作者工作动机高层化和多样化等诸多经济、社会与文化因素共同作用的结果。

　　职业生涯管理是现代企业人力资源管理的重要内容之一，是企业帮助员工制订职业生涯规划和帮助其职业生涯发展的一系列活动。职业生涯管理应看作是竭力满足管理者、员工、企业三者需要的一个动态过程。在现代企业中，个人最终要对自己的职业发展计划负责，这就需要每个人都清楚地了解自己所掌握的知识、技能、能力、兴趣、价值观等，而且，还必须对职业选择有较深了解，以便制订目标、完善职业计划；管理者则必须鼓励员工对自己的职业生涯负责，在进行个人工作反馈时提供帮助，并提供员工感兴趣的有关组织工作、职业发展机会等信息；企业除必须为员工提供自身的发展目标、政策、计划等信息外，还必须帮助员工作好自我评价、培训、发展规则等。当个人目标与组织目标有机结合起来时，职业生涯管理就会意义重大。因此，职业生涯管理就是从企业出发的职业生涯规划和职业生涯发展。大多数的员工选择外派主要是为了获得跨国化的管理经验，促进个人未来的职业发展。因此，薪酬激励固然重要，但却不是最关键的因素。如果想要真正留住并激励员工，进行有效的职业生涯规划和管理，努力为其创造一个事业发展的机会和平台十分重要。因此，在外派过程中有效地引入职业生涯规划的概念，帮助员工制订适合自己的事业发展规划不失为解决外派失败的一剂"良药"。目前许多企业存在的普遍问题是外派人员接受外派后自我职业规划不足，而大多数跨国公司也都忽视对外派员工的职业发展作长期的规划。职业生涯规划与管理作为一种有效的自我管理的手段，可以帮助外派人员建立明确的职业目标，激发外派人员的工作积极性，使其将外派工作当成事业来经营并为之而奋斗。

小案例2

某公司外派人员职业生涯管理现状

某公司为我国某大型国有企业下属企业之一，专门负责公司的海外业务。公司于1985年成立，1996年开始跨国经营，目前海外业务已拓展到24个国家，拥有海外投资项目49个，堪称名副其实的国际化企业。截至2011年年底，公司驻外的生产技术人员有1 810人，经营管理人员960人，分别占员工总数的65%和35%，其中大学本科学历人员比例占57%，硕士学历人员占18%，博士学历人员占11%。按照企业"十二五"人才战略发展规划，从事海外业务的人才每年需新增280人，因此，给予外派员工群体更多的关注是公司海外事业持续发展的必然要求。

公司虽然很注重员工的培养和发展，但是外派人员回任后的离职率却越来越高。2011年，外派回国人员的离职率高达35%。后继访谈发现，外派回任人员离职的主要原因是对回国后的工作安置不满意，经过梳理，公司在职业生涯管理方面存在的主要的问题如下：

（一）缺乏完善的职业生涯管理制度

公司目前还没有建立完善的职业生涯管理制度，现有的外派人员主要集中在外派前的招聘、培训、外派过程中的考核、工资待遇、休假制度等。而员工外派回任后可能的职业发展、获得的薪酬、待遇都不明确，在很大程度上还是服从企业的安排。虽然公司缺乏外派人员的职业生涯管理系统，但是，随着很多外派人员无边界职业生涯观日渐形成，对于他们来说，即使外派经历无助于公司内部的职位提高和晋升，通过外派也可以学到在母国通常无法获得的知识、技能和经验，这成为他们接受海外任职的最重要的原因和动机。

（二）职业发展路径不通畅

在职业发展设计中，无论是技术岗位还是管理岗位，最终都只能走管理通道来实现个人的职业发展。狭窄的晋升通道使外派人员缺少职业发展的空间和机会，极大影响了他们工作的积极性和对企业的忠诚度。另外，由于急需具有国际经验的外派人员，公司实行的借聘制有效缓解了人才不足的问题，但目前的职业发展模式却将这些人员排除在外，导致优秀人员引进难、安置难，外派期间缺乏信息支持和交流。公司外派人员大部分时间在国外，对企业政策变化、组织结构、人事变动岗位调整等了解不够，管理部门和外派人员联系的主要方式是通过电子邮件，而且大部分是和本人有关的具体的事务性内容，同事之间的联系和沟通也因为驻外而少之又少。

总之，该企业之所以失去外派回任人员，主要是公司忽视了对外派员工的职业发展进行长期规划，未能为他们提供恰当的职业发展路线。为此，公司启动了外派人员的职业生涯管理项目，将职业生涯管理制度融入企业外派人员的回任管理之中。

第二节　职业生涯管理的核心理念和职业锚理论

一、职业生涯管理的核心理念

职业生涯管理理论的核心理念是职业生涯管理理论与实践的出发点和归宿，对职业生涯管理理论研究和实际操作均具有重要的指导作用。基于人的主体性和社会性，职业生涯管理理论的核心理念可归结为以下几点：

（一）以人为本——追求人的自由全面发展

职业生涯的管理基于人的多层次需要，应以职业的客观和主观共同成功为导向，即职业发展既要重视客观上的"晋升和薪酬"，又不能忽视主观上的"精神满足"。追求人的自由而全面的发展是职业生涯管理的终极目标。

（二）超越生命——人力资本的持续开发和终身学习

职业生涯管理应把人当作主体，看到人的主体性即自主、自为和对自然生命的超越性，并以此区别于动物的受动性。知识经济的到来为人们的终身学习和人力资本持续开发创造了条件。每一个人的职业发展都应力争做到"退而不休"。

（三）组合式人生——工作、家庭和社会的平衡

职业生涯管理应避免工作与家庭隔离和对社会责任的忽视。工作是为了更好地生活，而不仅是养家糊口。除了工作还应像当代英国思想家、管理学

大师查尔斯汉迪所倡导的，尝试寻求"组合式人生"，即工作组合除了"有偿工作"，还应做些"无偿工作——家政、志愿、研习等"，此外还应兼顾休闲。

（四）过程终于结果——职业生涯发展重在体验，探索，创造生命意义，而不只是追求实际的功力目标

人的潜能是无限的，决定了人的职业追求永无止境。人的生命的价值和尊严，从根本上来说，是创造意义而不是满足于世俗的物质需求。职业生涯管理应倡导人们拥有终身探索的事业，可谓生命有涯，追求无限。

二、职业锚理论

职业生涯管理的理论有很多，我们主要介绍职业锚理论。

职业锚的概念是美国 E. 施恩教授提出的。1961~1963 年麻省理工学院斯隆研究院 44 名毕业生自愿组成了一个专门小组，配合和接受施恩教授开展的关于个人职业发展和组织职业管理的研究。施恩教授在他们毕业的半年、1 年、5 年、10 年后分别对他们进行了面谈和调查，逐渐形成了自己关于职业定位的看法，并提出了职业锚的概念。

职业锚是指一种指导、制约、稳定和整合个人职业决策的自我观，也就是人们在选择和发展自己的职业时所围绕的核心。职业锚虽然是引导人们作出职业选择的中心，但许多人并不是在选择工作一开始就得明确自己的职业锚的。它是在个人进入早期工作情景后，在具体的工作经验中，经过个人对自己的资质、动机、需要、价值观和能力的认识的相互作用、整合，逐步形成的一种长期的、稳定的职业定位。而且，更多的时候，人们往往在不得不作出重大职业抉择时才会意识到自己无论如何都不会放弃的东西和价值观是什么，这也就是他们的职业锚。另外，一个人的职业锚并不是固定不变的，它是在不断地发生着变化的，是在一个持续不断的探索过程中产生的动态结果。它只是我们在更多的生活工作经验的基础上，发展的更深入的自我洞察，形成的在职业选择中更加稳定的部分。

职业锚既然是个人在工作生活经验基础上形成的对于职业选择的自我观念，而每个人有着各自不同的价值观、动机和需要，所以形成的职业锚也会有所不同。施恩通过对麻省理工学院毕业生的研究，提出了以下五种类型纳职业锚：

（一）技术或功能型职业锚

具有较强的技术或功能型职业锚的人有着特有的职业工作追求，主要表现为以下几个方面：他们注重实际技术和具体的某项职能业务的工作；不愿意选择全面管理性质的职业；他们关注专业技能和职业能力的发展。具有这种职业锚的员工往往并不太看重等级地位的提升，相比较而言，他们更重视他们在自己的专业领域内获得的评价和认可。

（二）管理型职业描

具有管理型职业锚的员工同具有技术职业锚的员工表现出完全不同的特征，他们有着强烈的影响他人的动机并往往具有这种能力。他们的特点主要表现在以下四个方面：喜欢承担更大更多的责任；重视等级地位的大幅提升，并把这作为他们成功的标志；他们同时具有三种能力并能够将他们结合起来。这三种能力是：分析能力、人际沟通能力和感情能力；具有这种管理型职业锚的人员相对于其他类型的人员来说，对组织有着更强的依赖性。

（三）创造型职业锚

具有创造型职业锚的个人注重建立或创造完全属于自己的成就，比如一家他们自己的公司或一件以他们的名字命名的专利等。他们往往意志坚定，勇于冒险。标新立异和冒险是创造力的源泉，他们对于新事物的尝试总是乐此不疲，但是一旦进入正规的工作，他们就会产生厌倦而退出。

（四）安全型职业锚

对于具有安全型职业锚的个人来说，稳定和安全是他们追求的目标，比如工作的安定、收入的稳定、可靠的保障体系，或者是一种心理上的被组织接纳的稳定和安全感。在行为上，安全锚的人倾向于照章办事，不越雷池一步。

（五）自主与独立型职业锚

具有这种类型职业锚的个人表现为最大限度地摆脱组织的限制，追求能够更自由地施展个人才华的工作环境。他们的目标是要达到这样一种状态，那就是能够随心所欲地制定自己的发展步骤、工作的时间表、生活方式以及工作习惯。他们倾向于从事自由职业或是其他一些自主性较强的工作。

第三节　组织角度的外派人员职业生涯管理

一个完善的职业生涯管理系统，可以提升外派经理的自我效能感，并促进其跨文化胜任力的提高。就组织角度而言，外派人员职业生涯管理的内容包括以下内容：

一、职业生涯规划的制订

要想真正做好职业生涯管理，需要从企业和员工个人两方面着手：企业方面要做到明晰外派人员的职业期望并以此为依据为员工量身订制一套行之有效的职业发展规划，对外派人员在工作过程中出现的现实与期望之间的冲突要合理处理，尽量使二者达到一致，避免外派人员产生挫败感。为了使外派人员的期望具有现实性，应主要做以下工作。

（一）外派人员职业生涯规划目标的制定

在外派前，企业应高度重视外派人员的职业生涯规划工作，有关人员要积极引导他们制订个人职业发展规划，帮助外派人员在个人目标和企业提供的机会之间达到平衡。具体可以采用以下方式：一方面，人力资源部和部门直接领导在与外派人员进行充分沟通的基础上，全面了解员工个人职业发展目标、意愿和个人特点；另一方面，公司可以通过加强对外派人员的绩效考核帮助员工清楚地认识到自身期望与现实的距离。在此基础上，结合企业发展环境、发展战略、发展目标和岗位需求，制订出一份符合公司实际情况而且切实可行的个人职业发展规划，包括职业发展目标（个人在企业的发展方向和路线）、分阶段的职业发展任务、完成职业发展任务的手段和措施、企业可能提供的资源保证和支持、回任后的工作安排等。明确的职业生涯发展规划有助于外派人员建立合理预期，增强自我效能感，促进他们提高工作效率。

（二）外派人员职业生涯通道的设计

在职业规划设计中，职业通道设计是核心。一般情况下，一个人在企业中的职业道路通常有四种选择：纵向、横向、网状和双重。

纵向职业道路是最为传统的，它是指员工在变换工作的同时提升在组织中的层级，即在纵向上从低组织层级向高组织层级发展。通常情况下，前一份工作都是后一份工作的准备。纵向职业道路具体表现为职务的晋升，同时也伴随着待遇的提高。

横向职业道路则是跨职能边界的工作变换，例如由工程技术部门转到采购供应或销售部门。这种变化有助于扩大个人的知识技能面，积累阅历。由于工作内容变化大，也往往具有较大的挑战性。

网状职业道路是纵向和横向的结合，一般情况下，一个人很难完全走纵向的道路，因为这样其背景就会比较简单，从而制约其纵向发展的潜力。上升到一定层次后在横向上做一定积累，将更可能胜任纵向的下一个目标。对于大部分人来说，这种职业道路可能是最为现实的选择。

双重职业道路的基本思想是，技术专家不必成为管理者而同样可以为企业做出贡献。一个人完全可以选择只是做一个技术专家，他（她）既不必在纵向上提升，也不必在横向上调动，他（她）可以凭借自己能力的提高而为企业做出更大的贡献，同时也得到更好的待遇和应有的承认。

在对外派人员职业生涯通道进行设计时，单一的晋升通道使外派人员缺少职业发展的空间，不利于其未来的进步，可以考虑采用双重或者网状职业生涯通道。目前，国内一些石油企业正在探索建立双轨制职业发展通道，对经营管理人员和专业技术人员分别建立相应的职位晋升序列，在拓宽人才发展的上升通道的同时，打通横向职业发展通道，实现同一级别但不同序列职位之间的有效衔接。

 **小案例 3**

为外派技术人员的双重职业通道

某公司构建两条平行的职业生涯路径，即管理通道和技术通道。这可以使得走技术通道的人享有与管理人员同等的发展机会和发展层级，允许专业技术人员根据自身的职业兴趣和技能，自行决定其职业发展方向，他们可以继续沿着技术通道发展，也可以转入管理通道发展。具体做法如下：

（一）确立技术通道，明确等级数量和名称

设置等级数量主要是考虑从事技术岗位系列的员工职业生涯周期和能力成长特点，等级设置要与等级晋升可能需要的年限相匹配。等级分为技术员、助理工程师、工程师、高级工程师、专家等。

（二）确立技术通道与管理通道的联系

具体做法如下：

第一，采用要素计分法进行职位价值评价，要素总分记为200，其中非级别因素和级别因素各占100分，非级别因素中选取4个要素：知识含量、管理技能、专业难度和工作环境，分别占30%、20%、20%和30%。钻井、录井、测井、井下作业以及固井这几个工种根据对各个要素的要求的不同，获得不同的分数。技术员、助理工程师、工程师、高级工程师、专家分别因为单纯的级别因素获得20、40、60、80和100分，因此从事钻井工作的技术员级别的技术人员最终分数是知识含量、管理技能、专业难度和工作环境4个因素得分的总和再加上级别因素的20分，总分是102分。

第二，根据职位价值评价得分情况确立技术通道与管理通道的联系。技术人员可以在两个通道的同层级之间横向移动，通过绩效考核、能力评价使那些能力与业绩优秀的人员通过"天桥"，实现岗位转换。分数≥180相当于总经理；160~179相当于副总；140~159相当于经理；120~139相当于副经理；100~119相当于主管；80~99相当于班长。

二、任职期间的职业生涯的管理

第一，在外派期间，要完善信息沟通机制。母公司与外派人员要保持定期和不定期的联系和沟通，达到企业和员工之间的充分了解，使其获得工作上的支持。同时，可以建立联系人制度，为每位外派人员配备一名"职业主管"，负责外派人员在外期间的职业生涯规划的实施和管理，给予其全面的职业指导和帮助。第二，制订职业生涯发展评估及反馈制度。企业人力资源部门应定期搜集相关信息，组织直接上级和职业主管对外派人员的职业生涯发展情况进行定期评估，评估一般以一年为一个周期。职业生涯发展年度评估主要考察外派人员的工作态度、主动性、胜任力、工作任务完成情况、海外分公司经营状况等职业发展核心要素。评估完成之后，职业主管要与外派人员进行评估会谈，及时将评估结果反馈给本人，使其能及时、全面、精准了解自己的职业发展情况和不足之处，并针对其具体情况，确定未来行动方案，帮助其逐步实现职业发展的目标。最后，还要实施动态管理原则。根据公司战略的转变、组织结构的变化和员工自身不同阶段的发展需求，对外派人员的职业生涯发展规划做出相应的修正和调整。

三、回任期间的职业生涯管理

在外派人员归国前，公司的管理者就要和外派人员进行职业商讨为回任做准备，具体做法是外派人员向公司提交一份外派期间的工作业绩评价表及其未来的职业发展计划，公司在对其能力进行评估的基础上，共同商讨合适的职位，随后对公司内部职位空缺进行搜索，最终确定回任人员归国后的工作安排，不仅要保证回任人员有具体的职位，还要有明确的薪酬工作内容晋升通道，同时员工回国后要为其提供与生涯规划相匹配的培训机会。

表 7-1　以职业生涯为中心的外派人员管理

职业生涯阶段	内容
外派前	企业战略目标、个人职业生涯规划
任职期间	信息沟通、职业发展指导
回任期间	职位搜索、个人评估、回任训练

第四节　外派人员职业生涯发展支持体系

外派人员职业生涯发展支持体系即工作—家庭平衡计划。

一、工作—家庭平衡计划的目的

实施工作—家庭平衡计划包括三个方面：一是金钱、物质方面的工具性支持；二是配偶工作、老人孩子照顾等便利性支持；三是心理、情感方面的道义性支持。其目的在于增加家庭福利，最大程度上减少外派人员工作的干扰性因素。近年来，随着女性外派人员人数的增多，企业需要制定更多明确的配偶支持政策，这一计划显得日益重要。跨国公司可以成立专门的外派家庭工作部来承担这一职责，而且这一计划要贯穿于外派的全过程。下面这个案例反映出这一计划的必要性和重要价值。

 **小案例4**

尼尔·克雷格的烦恼

当建筑咨询公司HurleyPalmerFlatt要求尼尔·克雷格（Niall Craig）去班加罗尔开设一个办事处时，他的反应并非并不积极，他首先想到的是，如果举家迁离苏格兰，"孩子们永远都不会原谅我"。克雷格说："我们的子女们很喜欢苏格兰当地的运动项目，而他们非常擅长的那些体育项目（小轮车竞速、足球和越野跑），而这些在班加罗尔恰恰不怎么受欢迎。"他的解决之道是成为一名洲际通勤者，每在印度工作6周之后，就飞回格拉斯哥家中休假两周。

对于家庭来说，外派从来就不是件容易事。而海外机会的大量涌现以及双薪家庭的稳步增多，让这件事变得更加棘手。雇主们不得不去关注外派员工家庭面临的两难困境，以免这些困扰搅乱这些飞来飞去的优秀员工的生活，或导致他们辞职。

对克雷格来说，最难受的事情就是下班之后见不到孩子以及无法在体育比赛上为他们加油。他每天晚上会通过Skype与家人联系。"回到酒店后，我会拿出笔记本电脑拨叫家里"，克雷格说道；"能够通过视频亲眼看到我的妻儿，对我真的非常重要。如果世界没有Skype，我想我是不会来这儿工作的，否则日子就太难熬了"。克雷格坦言，即便如此，在每6周工作期结束之时，他还是心里发痒，只想"逃之夭夭"。他表示："到了第六周，我一心想的就是坐上回家的飞机"。

（一）工作——家庭平衡计划的主要措施

1. 外派前的沟通交流和家庭帮助。外派前的沟通交流是指企业派专人与拟外派人员的家属进行充分的双向沟通交流，促进相互之间的理解和支持。企业可以采用邀请家属到企业参观并和企业领导接触，也可以采用家属恳谈会、座谈会、家庭走访等方式，和拟外派的人员家属进行开诚布公的深度沟通，使企业了解家庭的情况、困难、具体想法和需求，同时让家属了解企业的外派政策、企业能为外派提供的帮助、外派工作对于个人职业发展的重要性，以及对于企业业务开展和全球战略的重要意义，感受企业文化的魅力和企业大家庭的温暖，从而打消家属的思想顾虑和担忧，使其心甘情愿做好贤内助，能够全力以赴支持外派经理的工作。

与此同时，企业应根据外派家庭具体情况，提供外派前的家庭帮助。例如，对于已婚家庭，如果配偶随任，企业应提供金钱和生活帮助，以消除员工后顾之忧。华为公司为配偶提供离家补助；中国远洋运输集团为配偶发放安置迁移津贴，计算依据是家庭迁移至任职地的基本成本；上海贝尔公司和阿尔卡特朗讯公司为家庭提供住房并负责搬家所需要的国际运费；3M 公司规定，如果配偶同为公司雇员，允许其以私假形式离职；Sara Lee 公司为正在寻找工作中的配偶提供生活补贴。

2. 建立完善的外派人员家庭信息系统。企业应当建立完善的外派人员家庭信息系统作为实施工作——家庭平衡计划的基础和依据。该系统需要记录外派经理职业生涯规划情况、职业发展情况、配偶情况、子女信息、家庭需求，同时企业还应建立畅通的信息沟通渠道以确保信息的及时沟通，以便对家庭信息系统进行动态管理。

3. 伴侣工作帮助计划。如果配偶具有专业技术能力并有继续工作意愿，企业可以提供寻找工作帮助。例如，荷兰壳牌公司为外派人员配偶和未婚伴侣提供了职业顾问，建立了一个有 44 个中心的信息网络。越来越多的企业准备为员工配偶和伴侣的职业咨询与求职付费。职业转换专业机构 Ricklin-Echikson Associates 的数据显示，大企业在此类服务购买方中所占的比例，已从 5 年前的 8%，升至目前的将近 35%。其中，欧莱雅在三年前就开始为员工伴侣（包括同性伴侣）找工作提供帮助。该公司国际人员流动主管大卫·佩埃（David Payet）表示："我们不希望使员工陷入伴侣找不到工作的处境。我们希望员工能够把精力集中在自己的工作上。"

4. 实施儿童和老人照顾计划。为了使外派人员全身心投入工作，企业应当协助他们照顾老人和孩子，如，提供子女抚养补助和适龄子女就学津贴，实施赡养老人的福利措施。在提供托养老服务时，企业可以采用国际托养老服务和提供信息咨询两种形式。许多跨国公司都通过成立专门机构或委托专业组织为员工提供托养老服务。IBM 和一个工作——托儿方向的咨询机构签订了协议，由该机构为 IBM 的全体员工和全美的其他家庭建立 3000 个日托中心。此外，企业也可以为员工提供托养老信息咨询，由员工自己选择时间、地点和托养老方式，对于那些喜欢自己决定生活事务的员工来说，这种方式更受欢迎；此外，这种方式还可以为企业节省成本，避免实施实际服务所遇到的一些问题。

5. 文化融入计划。企业应当采取措施促进外派人员配偶和子女融入东道国文化之中，加快他们的跨文化适应进程。可口可乐就出资让外派人员子女参加文化认知培训，引导孩子们玩一些缘于当地文化的当地游戏，以这种方法来讲述不同民族对待竞争和输赢的态度。为让孩子们更加清楚地了解到如何结交新朋友以及在学校会遇到哪些情况，项目负责人凯图还安排他们与那些有过海外生活经历的年轻人通过面对面或打电话等方式交流。

6. 提供心理咨询和心理干预。外派员工和家属身处异国他乡，面临着较大的工作和生活压力，不可避免地会出现各种心理问题，企业可以引入专业心理咨询机构，也可以在外派家庭工作部下设心理辅导部，在员工以及家属处于迷茫、焦虑、困惑、无助时，为他们提供全面、专业、优质的心理咨询，帮助他们缓解紧张情绪和心理压力，最重要的是传授他们自我调节的方式，使他们在压力面前能采取适合自己身心健康的应对模式，避免文化冲击、孤独、家庭情感危机、家庭冲突等外派综合症，创建和谐的工作氛围和就家庭环境。同时，企业也可以采取旨在教授员工如何正确处理工作和家庭关系的咨询计划，帮助他们树立正确的工作—家庭观，提高处理家庭冲突和解决问题的能力。

7. 建立双向探亲制度。对于分居两地的外派人员，企业应双向探亲制度。在外派期间，由公司免费提供签证服务和往返交通费用，让员工回家乡探亲或让家属到东道国探亲，探亲时间由员工和家属自定，对于外派时间长达一年以上的员工，探亲次数一年在 2 次及以上。这样做不仅可以增强家庭成成员之间的沟通和理解，让员工深刻感受家庭温暖，也可以让家属更多地了解外派工作的意义和不易，从而成为企业外派的有力支持者。

8. 组织各种友情聚会。企业可以以中国传统节日和员工生日为契机，组织各种聚会，例如，端午节包粽子、中秋节吃月饼等，为外派人员和家庭建立交流沟通的平台，不仅让员工和家属感受到家庭氛围，也可以让他们互相敞开心扉，宣泄自己的不良情绪，释放在新环境中遇到的挫折和痛苦，在一定程度上得到精神慰藉。

9. 组织各种联谊活动。企业可以借助东道国的传统节日，组织各种联谊活动，邀请东道国同事及家属参加，不仅可以密切员工和东道国同事的感情联络，而且有助于相互分享工作和生活信息，建立平等友好关系。企业还可以通过这个平台为未婚员工牵线搭桥，寻找伴侣。

10. 创建各种俱乐部。企业可在组织内部创建各种俱乐部，如足球俱乐部、集邮俱乐部、女性俱乐部等。在这里，员工不仅可以就个人爱好交流观点、心得和体会,还可以互相鼓励支持,使心理安全、自我尊重和归属感得到满足。

 **小案例 5**

高露洁公司的外派策略

高露洁公司作为一个大型的跨国企业,在全球拥有众多的分公司和员工,外派成为了高露洁公司培养人才和寻求组织发展的一种重要手段。

(一)高露洁公司外派现状

高露洁公司非常重视员工是否有外派经验,要求管理者要有一次或以上的外派经验,公司通过外派的方式培养了很多优秀的高阶经理人。可以说,高露洁公司在员工国际职业生涯发展方面积累了丰富的经验并取得了良好的效果。但是近年来,高露洁公司发现在外派时出现了一个新的趋势,即许多年轻人不愿意接受外派。原因在于年轻人组成的家庭中,夫妻双方都有自己的事业和职业发展规划,即所谓的双薪家庭。当一方接受外派时,另一方就必须考虑中断本国的事业,到配偶外派的国家重新开始自己的事业。与此同时,外派人员经常会遇到外派国家生活费用增加的问题、汇率问题、所得税问题、住房费用增加问题、配偶和子女的跨文化的适应问题等,诸多问题导致许多年轻人不愿意接受外派,高露洁公司的外派工作受到了前所未有的挑战。

(二)高露洁公司外派策略

针对以上问题,高露洁公司采取了一系列配合员工国际职业生涯发展的措施。

1.在外派出发之前,高露洁公司会安排外派人员进行身体健康状况的检查;为外派人员提供外派国家语言方面的培训,因为语言是外派人员到国外进行管理工作的基础条件,公司提供的语言培训可以有效地降低其外派过程中的不适应,降低外派失败的几率;同时公司还会提供外派人员跨文化方面的培训,了解外派国家的文化背景和环境,可以使外派人员更好的适应当地环境。而这些培训活动,外派人员的家属都可以参加。在真正进入外派国家进行工作之前,公司还会提供外派人员为期5天的地主国工作环境的参观活动。这些做法使得外派人员能够在外派之前对外派国家有了全方位的了解,可以降低外派人员对外派国家环境的不适应,有利于外派人员在海外专心投入工作。

2. 在搬迁过程中，高露洁公司还会提供很多相应的福利，免除了外派人员的后顾之忧。首先，公司会提供搬迁津贴。其次，公司会承担外派人员由于卖掉房屋所造成的损失。在外派人员出发的前5天及外派人员及家属到达外派地点的1个月内，公司会提供外派人员临时生活费用，包括住宿、餐饮、洗衣费用等。这些措施解决了外派人员搬迁过程中以及初到外派地点可能遇到的经济问题。

3. 在外派过程中，高露洁公司公司采取很多相应的措施来减轻外派人员生活上的压力，并给予一定的经济补助。首先，公司会提供外派人员税收上的补贴；公司会根据外派国家对外国人的税收制度和水平，对外派人员进行补贴，以平衡外派人员同本国人员的税收支出。其次，如果外派人员所处国家的消费水平比本国高的话，公司会提供商品及服务方面的补贴。此外，公司还会为外派人员报销一些住房方面的支出，比如水费、电费、瓦斯费等等。

4. 目前，双薪家庭已经成为一种趋势，而这也成为了西方国家员工拒绝外派的主要原因。因此，公司建立了一个国际配偶援助计划，首先，公司提供外派人员及其配偶海外职业发展的机会并提供配偶海外职业发展相关职业技能的培训；其次，高露洁公司还会运用其内部和外部资源去帮助外派人员配偶在当地获得工作的许可；此外，公司会通过其在世界各地的公司和具有重要地位的人力资源协会来进行网络上的援助。公司还负责解决外派人员4~19岁子女的教育问题。

第五节　外派员工个人的职业生涯管理

如前所述，个人是职业生涯管理的主体，外派人员作为知识型员工，有着较高的成就需要，因此，应积极主动地投入到自身的职业生涯管理活动中去。

一、外派人员的职业生涯观

（一）易变职业生涯观

职业生涯的传统观点认为一个人应该在一个或几个公司中线性发展，职业生涯成功的衡量标准是职位和薪水的高低；另一方面，组织也应该为员工提供长期稳定的工作以及纵向的晋升机会，规划员工的职业生涯。这样的观点在过去较长一段时期占据统治地位，它与稳定的组织结构是匹配的，并且受到当时的经济环境和社会规范的支持。

随着知识经济的到来、全球化竞争的加剧以及快速的科技进步，金字塔式的组织结构不得不变得扁平化和分权化以便灵活地应对外部的挑战。环境变化改变了传统的结构，进而改变着员工与企业之间的关系。另外，人们越来越意识到工作家庭平衡的重要性，这些都使得人们对职业生涯的看法发生很大转变。易变职业生涯观由此产生。

荷和哈通（Herr 和 Hartung，2002）将易变性职业生涯定义为："在这样的职业生涯中，人们随时准备随着环境的变化而变化，个人变得相当灵活，能够预见未来的趋势，能够改变自己的技能和心态以适应未来。"

博鲁克（Baruch，2004）给出了另外一个定义："易变性职业生涯是一种新的职业生涯形式，个人而不是组织规划他（或她）自己的职业道路，并为自己的职业生涯承担责任，而且，个人根据需要改变自己……从本质上来说，易变性职业生涯是职业与个人之间的约定，而不是与组织之间的契约。

综合上述观点，笔者认为，易变性职业生涯的本质就在于它不受到外在组织和特定职业生涯路径的约束，职业选择完全遵从内心的意愿。与传统的职业生涯相比，它为个人的职业发展提供了更加柔性、广阔和开放的框架，鼓励个人不断学习，不断突破，最终能够达到自我实现。

外派人员在进行个人职业管理时，要坚持易变性职业生涯：第一，强调自我的作用；第二，注意职业变化。外派工作是崭新的职业，是工作内容、工作地点的变化；第三，开发自我潜能，实现人生价值，获得幸福，应是人生的终极目标。

（二）跨文化领导力是一种核心能力

所谓个人核心竞争力，即不易被竞争对手模仿的、具有竞争优势的、独特的知识和技能。个人核心竞争力理论，是企业核心竞争力理论与教育成功学理论相结合的产物。打造个人核心竞争力，其目的就是增强个人竞争优势，让别人无法取代你，让你成为某个领域的专才。

虽然"全球大同"的理想日子尚未到来，但全球经济一体化的图景却已经越来越具体、真切地展现在我们的面前。一个成功的企业不只属于自己的国家，更属于全人类；它不只为自己国家的人民服务，而是将全世界人民都看成自己的潜在客户。因此，国际化将是未来企业的必然选择。对于国际化企业而言，对外派人员的要求必然是较高的跨文化领导力，即有效驾驭多元文化的领导能力。如今，因为跟你竞争一个职位的是全世界在这个领域工作的人，如果自己不能够一直保持优势的话，就会自然被淘汰出局。因此，打造跨文化领导力应成为外派人员的职业生涯主要目标。任何一个想成为全球化经理人的个体都应该把培养自身的跨文化领导力体现在个人的职业生涯设计之中，这是一个长期的培养和实践过程，越早列入职业生涯设计，越能早日达到目标。

（三）外派经历是打造跨文化领导力的必然途径

有些员工缺乏对外派的重视，仅仅将其看作是一项强制性的"任务"而不是职业发展中的一部分，抱着完成任务式的心理，只求熬完这段时期回国，并不考虑自己在此期间应该做些什么，还有些员工则将外派作为一次免费外出旅游的机会。这些想法其实都是错误的，对于外派人员而言，正确的观念应当是将外派看作一次难能可贵的机遇，是一种使命，是一种责任，是培养、打造自身跨文化竞争力的必然途径。

 **相关链接**

《财富》中文版调查——全球领导者成长路径

中国企业领导者究竟如何应对挑战？中国企业国际化领导力的性质和程度到底如何？《财富》中文版对 3 000 多名调查对象进行了调查。

2009 年中国企业领导力国际化调查报告显示，海外经历对开发高效能全球化领导人才大有裨益。

明成祖是中国第一位全球化的领导人。他在哥伦布于 1492 年发现新大陆的 87 年前，与 30 多个国家和地区发展海外贸易，范围从东南亚到印度洋，最远到达红海和非洲东海岸。距今 500 多年前，郑和组织了一支由上百艘船、2.7 万余人（哥伦布的船队只有 3 艘帆船，水手约 88 人）组成的船队，辅佐明成祖进行海外贸易。不仅如此，他还推行和平外交：调解矛盾，平息冲突，消除隔阂，传播中华文明。

今天，中国的全球经理人带着笔记本电脑，说着英语，经历了种种的领导力培训，但他们需要面对同明成祖、郑和一样的挑战：具备雄心壮志（把世界当作自己的舞台），离乡背井、适应不确定的环境，还要激励、领导一群充满忧惧的团队积极面对变化，赢得国际同事和客户的信任，最终为企业创造利润。

中国企业领导者究竟如何应对挑战？中国企业国际化领导力的性质和程度到底如何？作为一系列调查的第三次（前两次调查的报告，可参见《财富》中文版2007年4月上半月刊和2008年6月下半月刊），我们对3000多名调查对象进行了分为"态度"和"能力"两部分的调查，按照全球领导者最佳成长路径，即"语言（具备）—动机（想要）—机会（把握）—适应力（匹配）—领导力（能）—全球领导者（成为）"，形成了如下的分析报告：

与前两年不同，我们首次探索了中国经理人的职业抱负、海外工作经历及与外籍人员共事的经验。此外，今年对调查结果的分析，还就出国人员和未出国人员的答案进行了对比，表明海外经历对开发高效能全球化领导人才大有裨益。

（一）态度：愿意成为国际化领导者吗？

抱负：为什么希望成为全球领导者？

虽然84％的调查对象表示愿意成为全球领导者，但只有12％的人自认为是全球领导者。立志成为全球领导者的主要原因：46％的调查对象将成为全球领导者视为个人事业发展的重要因素；另有23％的人对在国际舞台上与不同的人合作感到好奇；14％的人相信作为全球领导者会带来收入的增长；大约8％的人认为这对国家十分重要。有趣的是，有很小比例的一部分人对此不感兴趣，但却表示服从企业安排。

人们对成为全球领导者的兴趣如此高涨，是否意味人人都期待能真的到海外工作呢？未来5年，只有13％左右的人愿意到国外工作或是拥有海外工作经历，而大多数人预计自己仍会在现在的公司工作。因此，尽管志向明确，但动机却不清楚，期望也不高。调查结果还表明机会有限，而且现有雇主对国际经验的重视程度明显不高。

（二）挑战：成为全球领导者的语言关

自开展本系列调查以来，首次将经验加入到与抱负相关的答案中，暴露出现实中亟需应对的挑战。比如，高级经理人认为，成为全球领导者的机遇不足，缺乏赴海外工作或学习的机会；成为全球领导者的培训不够；需要学习一门外语——虽然84％的人懂英文，但自认达到流利程度的只有25％。

其他重要的外语只有日语，为 8％，自称可以熟练运用的仅占全部调查对象的 25％。

调查还发现，绝大多数执行过海外派遣任务的调查对象在出发前都没有接受过专门的培训。不过，在派遣海外之后，28％的人认为自己已经具备了完成跨国任务的能力，认为海外派遣有助于抵消技能、知识和态度方面的不足。

（三）动机：家庭问题成为拒绝海外工作机会的重要原因

只有少数调查对象把与家人分居当作一个问题，但在真实的海外工作机会面前，家庭问题变得更为重要。对于那些曾在现实中得到过海外派遣机会、最终却予以拒绝的调查对象，主要原因是两地分居（33％）和对自己的能力信心不足（33％）。

（四）适应能力——你的领导风格够全球化吗？

通过态度、能力和技能测试，可以检验出中国经理人对全球领导风格的适应能力。总的来说，对领导风格（包括普遍风格和调查对象的个人风格）相对重要性的排列顺序反映了中国的领导者在执行项目时，没有充分利用现有的人力资源来合理地完成指定的项目。调查显示，中国领导人认同"树立愿景及价值体系"（65％）和"做值得信任的榜样"（35％），这与我们在其他国家的调查结果一致。但是，与全球最佳实践领导力的差距也很明显。例如，遵循已经证明成功的流程（4％）得分偏低，反映了中国领导者在进入全球化运营时所面临的挑战。

另外，这份调查还反映出"典型的"中国领导风格。比如，只有不到 10％的接受调查者选择"以完成项目为重心"，这反映了中国领导人不重视发挥现有人员的全部才干来完成任务，而这种风格与许多发达国家的领导风格截然相反。

对个人领导风格相关描述的重要性打分时，得到的答案反映出绝对的投射效应（Projection Effect），即调查对象会依据自己希望给别人留下的印象来作答。例如，"激励型领导风格"在个人风格重要性的评定中支持率较高（50％），但在辅导、教练下属的习惯上偏低（13％）。这一结果会影响中国公司培养国际化领导人的速度。高激励的风格会创造积极成长的氛围，然而，如果缺乏直接领导在工作中密集的教练培训，关键岗位的接班人培育速度会大大降低。

（五）全球化的领导能力——从理解差异到领导

通过文献和已确定可行的国际经验，我们共总结出全球成功领导者的八项重要特征。这些特征作为全球最佳实践的核心体现，用于 2007 年和 2008 年的调查，并在 2009 年再次使用。表中的数字代表了被调查者针对全球化商业领袖应当具备的八项能力，按照所认知的重要程度排序。

调查要求参加者对全球领导者八项特征的相对重要性作出评价。2009 年的调查结果，反映出一种极为中国核心化的视点，以及明显缺乏了解其他国家的兴趣。几乎有 50% 的接受调查者最看重"全球视野"，但即便是拥有海外经验的人中，也只有 7% 认为"全球知识"头等重要。

虽然对"领导者风格"不乏各种宏论，但只有 7% 的人将此评为最重要，而将（全球最佳实践重要能力之一的）"有效领导变革"作为首选的人只有 3%；尽管"对未来的愿景"在领导风格中得分较高，但只有不到 6% 的人将此列为八项重要特征之首。

应引起关注的是，除了"全球化视野"成为唯一例外（其重要性评分显著提高），其他大部分全球最佳实践的重要特征在 2009 年的重要性评分中都低于往年。

我们要求参加者从实践角度出发，对自己所具备的管理能力进行评价。数据显示，在 2007 至 2009 年间，"未来有明确的愿景"和"适应不确定性的能力"两项数值持续上升，而"有效的领导变革"能力持续下降。

根据接受调查的中国企业领导者给出的答案，成功的最大障碍之一是对待全球最佳实践的态度（重要性评分低），以及在诸多国际商业环境中过多地注重文化趋同（打造和谐关系、做人），却忽视了按部就班地执行趋同（做事）。尽管中国企业领导者在主要能力上的得分总体较高，但这种认知差别凸显出他们在争取国际成功时面临的严峻挑战。

（六）海外经历

海外工作经历对中国经理人的经验有多大帮助？调查发现，这个经历可以在很大程上提升管理经验。有趣的是，有海外经历的人，对除了"领导风格"和"理解并管理文化差异"之外的八项主要特征，都打出了高于无海外经历的人的重要性分数。这表明他们依然保留中国管理风格的核心要素，但同时也在增进对不同社会和商业环境的理解。

实际上，曾与外籍人员共事的调查对象反馈出文化交流仍处于一个较低水平，只有很少一部分人（7%）曾在国外与外籍人员共事，而有管理外籍下属经验的仅占5%，集中反映出许多中国跨国公司提出的难题，其中最普遍的就是管理失败，以及外籍雇员的离职率高。

有海外工作经历者的核心能力分值明显较高，执行过海外派遣任务的调查对象比没有海外工作经历的人更有兴趣将海外任职列入未来五年的事业发展。

二、对策

（一）心态

外派人员要在异文化环境下工作和生活，一定要有一种良好的心态，包括：充满活力；乐观向上；不屈不挠。敢于面对困难；遇到挫折决不气馁；自立有创意；总是看到事物积极的一面；浑身充满活力；能够应对压力。

（二）对策

外派人员在拥有良好心态的基础上，还要采取有效的应对策略顺利完成外派任务，不断成长，升华自我。当然，具体对策是多种多样的，笔者提出最主要的两点对策供读者参考：第一，学会适应。简单来说，就是要适应随时变换的舞台。打个比方来说：昨天你在海边，要穿比基尼去海里游泳，而今天到了雪地里，就要马上换上滑雪衣去滑雪。角色转换要非常迅速，无条件地适应环境。第二，不断挑战自我，不断学习。

小案例6

游走于不同文化之间

毕博管理咨询公司全球高级副总裁兼大中国区总裁黄辉毕业于厦门大学，在德国获得硕士、博士学位，之后在德国工作的7年中，先后加盟过德国当时最大的化学及医药公司赫司特、普华咨询和毕马威管理咨询公司（现毕博管理咨询），后来被毕马威派往日本负责当地的业务。2001年起，他除了负责日本、韩国区的制造业、流通业与高新技术等产业咨询服务外，还兼任大中国区总裁。黄辉的职业生涯横跨德、日、中三个国家，服务的却是美国上市公司。对于不同的文化，黄辉早已习惯了适应。或者说，他的优势就是适应。

先后管理过欧洲、日本和中国团队，黄辉对于跨文化团队管理的挑战性深有体会。"20世纪90年代以来，领导的概念变得很厉害。我们现在所说的领导应该是在不同环境中因人而异的领导，也就是情境领导或灵活领导。"他认为，在多文化环境中，情境领导犹为重要：你的团队中可能既有美国人，也有日本人；既有北京人，也有上海人。这些人的文化背景不同、职业经历不同、能力素质不同，所以价值观不一样、态度不一样、行为不一样，那么领导方式也应该不一样。

西方文化很直接，不像中国人、日本人一样拐弯抹角，所以该严厉的话就要严厉地说，但是要很尊重他们，不要觉得自己比他们地位高。做了决策后要实施时，要耐心地说服他们，听取他们的意见，让他们愿意往这个方向走。在日常工作中，要发挥他们的主动性，让他们自己去做工作。

在欧美，员工们习惯了有压力，而在日本不能施加压力，不能对员工说：一定要×××，一定要达到×××目标，否则，肯定会反弹。在这里，领导要发挥模范带头作用，要与员工们共同去做事，使他们认为领导和他们是一个团队，追求的是共同的利益。这样，员工就会很有积极性，也会替领导考虑问题。另外，西方文化中的授权式领导到日本要变成辅导式，就是一步步地去帮助基层管理者做工作，如果他们哪件事做得不好，也不能直接批评，而要拐几个大弯，通过辅导让他自己领悟到怎样能做得更好。

中国的文化与日本文化有类似之处，如：爱面子，不想得罪别人，说话不很直接，有时候会产生误解等等。但是虽然都属于东方文化，在管理上却也有很大的不同。中国企业很多时候还是要强势管理，目标要说得很清楚，从领导角度要让员工清楚地认识自己的能力如何、哪些地方需要改进，还要花很多时间去进行团队建设。

小案例7

深圳威尼斯酒店的互补型团队

深圳威尼斯酒店位于深圳华侨城，是一家高档酒店，其投资方为华侨城集团，由著名的酒店管理机构——六洲集团管理，其独特的身份决定了它从一开始就是一个"混血儿"。酒店的管理层由来自德国、美国、新加坡、中国香港、菲律宾和中国等多个国家和地区的人员组成。酒店总经理皮特·鲍尔迈耶（Peter Pollmeier）先生在中国已经工作了 12 年，并娶了一位中国太太。之前他在欧洲和澳洲的酒店工作了多年，在美国接受过培训，是一个不折不扣的"文化混血儿"。他认为，总经理主要的工作就是组建一个成功的管理团队，而他的原则即是存同求异、交流学习。

（一）存同求异

鲍尔迈耶先生认为，在一个团队中，互补涉及成员之间文化背景、从业经历、个性特点和管理风格等诸多方面的内容，因此，要在存同的基础上，主动求异。

威尼斯酒店的管理层以来自欧洲、美国和亚洲三个地区为主。鲍尔迈耶认为，从酒店行业来讲，欧洲的特点是讲求高标准、高质量和高规格，文化气氛浓厚，尊重客人的身份和地位，管理上追求一丝不苟。美国的酒店则最关注成本底线和赢利能力，管理上追求高效率、高利润，在此前提下，鼓励创新和发挥。而以中国为代表的亚洲，则是人文气氛浓厚，管理上讲求亲和力，因此，"关系"是国外经理人必须学习的课题。这些管理风格和文化本身没有先进与落后、好坏优劣之分，它们是相互补充、互相融合的关系。

考虑到自己是德国人，鲍尔迈耶先生在招聘副总经理时，刻意避开自己的同胞，最终选择了在美国生长的法国人。来自香港的财务总监是个典型的东西结合体，熟悉东西方的财务制度，既能按照国际标准进行财务管理，又可按中国习惯进行运作。主管餐饮的总监来自酒店业相对发达的新加坡，餐饮部配备了中国本土和澳大利亚的顶级厨师，以满足中外客人的不同需求。销售总监是在新西兰工作多年的菲律宾人。这种"文化熔炉"可以将世界各种管理风格汇聚到威尼斯酒店这个大家庭中。

（二）交流学习

不同的文化、知识经验和风格其实是公司宝贵的财富，但如果这些互补型资源彼此孤立、不能很好交流和沟通，它们将无法发挥应有的作用。鲍尔迈耶认为，理想的做法是，团队成员之间彼此沟通、互相了解和学习，将自身的独特资源和同事分享，让这些资源在团队内部合理流动。团队中的这种"资源流"其实是知识管理的重要部分，它在互补型团队中的作用更加明显。

管理多国团队的"资源流"，挑战是显而易见的，对一个新的团队更是如此。在团队组建之初，大家彼此了解不多，文化背景不同，价值观念迥异，难免存在互相排斥的现象。如何在互补型团队中保证成员之间分享彼此的资源，成为摆在总经理面前最紧迫的任务。威尼斯酒店的团队建设得到高层极大的重视。为了使团队成员尽快融合，酒店聘请了专业的团队教练来把关。包括总经理在内的所有员工，分批参加各种形式的野外团队拓展训练，通过游戏、竞赛等各种活动，成员之间打破了职位、国别和文化的界限。在这些活动中，管理层和员工一道，人人平等，为了共同的目标同甘共苦，彼此增进了解、加强友谊，消除了沟通时心理上的障碍，培养了团队合作精神。

交流和沟通的畅通是互补型团队的最大挑战。物以类聚，人以群分，拉帮结伙的小圈子不利于团队的整体利益。酒店通过每天的晨会、每周五的部门经理例会和每月的中高层会议，疏通了各级交流的渠道，鼓励各级、各部门的员工横向和纵向沟通，倡导一种团结合作、开放透明的氛围。

第六节 从电影中看外派人员的跨文化适应——《世界是平的》赏析

一、《世界是平的》剧情简介

故事讲述，出于降低经营成本的考虑，工资低廉又会说英语的印度大学生成为美国电话网路销售公司的最爱，于是美国公司纷纷将电话客服中心迁往印度，但是文化差异闹出的灾难和因廉价而获得的利益却难分伯仲。

托德·安德森是西雅图一家公司的顾客电话销售中心工作人员，在整个部门被外包到印度后，心不甘情不愿地前往当地。训练承包的销售公司员工，也就是当地的印度人，教他们如何以美国方式工作、说话。应该说，作为一名真正意义上的外派人员，托德却踫上众多问题：孟买的混乱、街童的乞讨、名字被念成“蟾蜍”、旅馆墙壁画满印度“爱经”、遇到荷丽节时全身被丢满彩粉、上厕所得用“左手”清理、麦当劳变成“麦当佬”，而且还没有芝士汉堡！

种种不适应都让托德抓狂。从走出飞机场的第一刻起，托德的世界已开始改变……但是，随着对同事们了解的加深，托德感觉到了他们的友好，到了片尾即使是自己将来的替代者普罗和充满魅力而固守已见的爱莎也在托德眼里显得可爱有加。托德发现自己有许多东西要学习——关于印度，关于美国，关于自己。这份外派工作的经历无论对托德还是印度的同事也许都是最好的事情。最终托德融入了印度文化，并与印度姑娘爱莎萌生了一段美妙的异国恋情。爱情和职场的必修课程，让人哭笑不得，看他们如何打破距离，把世界变成平的！

二、电影中所体现的文化冲击

初到印度，托德对于环境的变化、印度式英语、自身角色的转变、文化差异等都有不同程度的不适应，这就是所谓的文化疲劳和文化距离。

（一）文化疲劳

文化疲劳是指旅居者在长时间尽力适应国外文化环境所导致的身心疲惫。

1. 身体上的极度疲乏。经过了长途旅行，被骗上所谓黄色出租车（即是黄包车），托德人困马乏，非常疲惫，下了车就在地摊上买了刨冰以解渴，没想到像其他老外一样，喝下不干不净的刨冰后，紧接着就是肠胃不适拉肚子。面色憔悴的陶德非常想吃上一口正宗的麦当劳，没想到偌大一个印度竟然找不到正宗的汉堡，麦当劳入乡随俗地变成了"麦当佬"。

2. 工作上的不适应。除了身体的疲乏，陶德还面临着工作上不适应导致的心理落差和心力交瘁。影片中，陶德希望当上他所在公司的经理，后来他也确实当上了经理，只不过被总公司董事会派到人生地不熟的遥远印度，去负责管理当地的电话销售中心。表面上看，陶德似乎晋升为高管，受命于总公司的委派，其实，只有他自己知道，这是一份苦差：入住的本应该是星级大酒店，没想到却被安排在私人旅馆阿吉姨家中，而这并非托德所有希望的，疲惫不堪的他无力争取，只得听从助理普罗的安排。所谓的办公楼不过是在一片农田附近的废墟上临时搭建的小楼，条件极其简陋，因为外包业务蓬勃发展，大城市的办公室全占满了，只能自己盖，而陶德的经理室一直没有安装隔音玻璃，整日里如闹市一般，而且"圣牛"居然能出入自如。最初的销售平均时间竟为12分钟，离托德老板所要求的将平均每个顾客的电话时间控制在6分钟以内的任务相去甚远。助手普罗替公司招募的员工五花八门，非常难以管理，这给托德的工作带来了更大的挑战。他要训练的对象不但没有受过专业训练，其英语还带有浓重的印度口音，而且几乎没有一个能被称为人才，包括说话细声细气的玛杜丽、爱搭讪女客户的曼弥，还有总是固守己见的爱莎。想要训练这帮人来提高销售业绩，就好比天方夜谭，托德想要咸鱼翻身，恐怕也是不可能的事情，但是他面临的最大的问题还是文化差异所导致的沟通障碍。

（二）文化距离

文化距离是两个国家之间的道德观、价值观及信仰上的差距。例如美国和印度，一个是以吉士汉堡为主食的快餐文化大国，一个则是以敬奉牛为神灵的传统国度。这两国之间的文化差距远远大于欧美国家间的文化差异。陶德在初抵印度时亲身体验到了印度与美国的文化差距：在印度机场外面都是抢生意的出租车，上火车是要追着跳上去的，人们在街上随地大小便；到处都是素质低下的人，流氓般的下层市民，混乱、肮脏的城市，这些都让托德非常反感。更让托德难以理解的是观念文化习俗上的碰撞：陌生人见面就直接问对方的隐私；拿食物要用右手，因为左手是去厕所用的，因此这里的厕所居然没有卫生纸；年纪大了还没结婚居然被误以为是同性恋；和家人分开居住被看成是大逆不道；印满印度爱经的旅馆；在这里有汉堡包，麦当劳变成"麦当佬"，但绝对没有牛肉，因为在印度教徒看来，牛是圣物，它们只能生老病死，绝不可以宰杀，更不可以食其肉，否则，会遭到恶报，其罪过如同杀害生身父母……这一系列的文化冲突都让托德这个美国年轻白领感动痛苦不堪，几近抓狂。在初到印度时，他不止一次地打电话看看有没有人给自己留言，可见其孤独及无助。

然而当托德真正开始工作训练客服的时候，发现还有更深层次的文化差异，他发现虽然那帮客服会讲英文，但是和他们简直无法沟通，工作效率简直慢如蜗牛。

三、电影中陶德的跨文化适应策略

电影描述了托德在新文化环境中所经历的文化冲击的同时，也可以看到他在努力认识接受当地文化并融入其中的适应过程。

托德经历了巨大的文化冲突，他心力交瘁，思念美国的一切，他以西方人特有的嘲讽立场去看待印度，对于印度文化心生厌恶和反感，无法接受当地文化，并对此有较深的抵制情绪，例如他把在印度新招募的员工称作"猪手"，意思是他们很笨、很脏。

在身心疲惫和异常无助之时，托德遇到了一个跟他有类似经历的美国人。他告诉托德，文化没有优劣，只有改变思维方式和行为方式，才能适应不同的文化，才能生存。这段话让托德有所顿悟，于是他摘掉了有色眼镜，从心理上努力消除疏离感和抵制情绪，开始真正尝试融入当地人的生活。而与当地人一起疯狂庆祝荷丽节正是他融入印度文化的开始。荷丽节是印度一年一度的传统节日，又名色彩节，是印度最盛大的节日之一，其庆祝方式是用手或类似水枪的工具将色彩涂抹在别人身上以示祝福。在充满色彩和欢庆的荷丽节上，托德真正开始接纳印度文化，互相善意的扔掷彩色颜料，跟着一帮印度人闹哄哄地穿梭于小巷里，然后带着满身的色彩在恒河水里冲洗干净，托德的融入感也由此产生。从此他融入了这个文化，开始享受这里的风土人情，经过员工们的了解，他开始改变自己的思维和工作模式，建立了友好的工作氛围：他接受并认可了他周围人的工作和生活方式，而且能够理解团队中每个人的渴望与梦想；他营造了活泼轻松快乐的工作氛围：允许大家布置自己的办公空间，倾听每个人的意见和建议，尊重当地文化习俗和个人信仰；举办经常性的团队建设活动及手把手的培训互动活动，以促进相互了解和沟通，学习彼此文化；提升业绩优秀的人员，展开销售竞赛；对团队加以鼓励和赞赏。很快一切都不一样了，浓重印度口音的英语、肮脏的河、乞讨的街童，突然都变得那么可爱。而托德与印度姑娘爱莎的浪漫异国恋情也是托德融入当地文化的一个更有力的证明。当然，男主角在融入印度文化的同时，也保持着自己原有的价值观、信仰和行为方式。

本章思考题

1. 外派人员职业生涯管理的作用是什么？

2. 职业生涯管理的核心理念是什么？

3. 职业锚理论的主要内容是什么？

4. 组织角度的外派人员职业生涯管理包括哪些内容？

5. 外派人员的职业生涯支持系统包括哪些内容？

6. 什么是易变职业生涯？外派人员如何进行个人职业生涯管理？

外派人员回任管理

导读案例

马先生该如何是好?

　　马先生是一家国有建筑工程公司的人力资源总监,公司近年来业务发展迅猛。至2007年底,销售额超过百亿元人民币;2008年新签合同约90亿美元,目前在全世界38个国家有300多个合作在建项目;公司员工560多人,其中长期驻外人员占到45%左右,不长期驻外但是经常到海外出差的员工大约有90多人。

　　最近,让马先生大伤脑筋的是外派人员的回任问题。公司外派的主要区域是亚非拉国家,生活和工作条件比国内相对艰苦,外派员工的家属大都不愿同行,外派员工在海外工作的最短周期是4年左右,周期结束甚至周期不到,员工往往会由于工作与家庭冲突问题、子女教育问题申请回任。由于是国际工程公司,国内业务缺失,公司很难给外派人员提供与其在外派期间职级相当的职位,回任后只能参照相应级别安排一个虚职,他们无法参与公司的核心业务,也无法利用其在海外积累的经验为公司作出贡献,而且这样的安排对今后陆续回任的外派员工也难以保证。

　　公司较早一批驻外人员已驻外4年,公司即将面临第一批回任潮,即使只有1/4的员工回任,公司也难以解决他们的职位问题,但是如果不批准他们的回任申请,让外派人员一直在海外工作至退休也很不合情理。

　　如果你是马先生,你将如何处理这么棘手的问题?

资料来源:姜秀珍.外派人员回任管理[J].华东理工大学出版社,2011.

马先生所在公司的情况表明，我国企业国际化还处于低级阶段，大多数走出去的企业仍集中于亚非拉等发展中国家，进入欧美国家的较少，因此，外派员工缺乏在不同国家、地区轮岗的动机和意愿，而是选择申请归国，而马先生所在公司人力资源部门，在人力资源政策、具体的管理流程等方面暴露出对企业外派战略职能支持的严重缺失。其他中国跨国企业的情况也都大同小已，因此，跨国企业急需建立完整的外派回任管理制度，以留住公司人才，并激发外派人员的积极性。

第一节　外派人员回任现状

一、回任的概念

道林和舒勒指出（Dowling，Schuler，1990），回任是指外派人员完成海外派遣任务，返回母国的程序。亚当斯和豪沃德等人（Welch，Adams，Betchely，Howard，1992）把回任过程分为四个相关的状况：准备、工作地点的再定位、转移和再适应。

总之，回任又称归国，作为外派的最后一个阶段，是指外派人员结束在海外的工作，返回母国、母公司工作、生活的过程。

由于外派工作的阶段性，回任管理是外派人员管理不同于国内人力资源管理的方面，也是外派人员管理的一个独特领域。

二、外派人员回任现状

前面我们讲到，外派失败有三种情况：第一，外派人员无法在当地开展工作而提前遣返；第二，外派人员虽然任职期满，但是绩效低下，不能达到预期绩效或是没有效率；第三，外派人员圆满完成任务回国后，由于没有得到妥善再安排而导致离职。这里我们主要研究第三种情况。

就全球而言，外派人员的离职率有上升的趋势。GMAC 的《2006 年全球迁调趋势报告》的统计数据显示，外派员工的失败率相当高。有 21% 的外派人员在外派任务期间离职，23% 的外派人员在回任当年离职，20% 的外派人员在回任后的 1~2 年离开母公司。根据 Brookfield Globe Recolation Service 的统计，在归国后第一年离开公司的外派人员，2009 年为 35%，2010 年达到 38%；在美国，有人嘲笑外派人员为 "Never to come" 的游牧民族。普华永道的研究发现，外派人员从境外工作岗位归来，第一年辞职的可能性是同事的 3 倍，平均有 15% 的员工在回国后一年后辞职，在某些情况下，离职率可能高达 40%，而相比之下，正常员工的离职率可能是 3%~5%，

就我国跨国企业的情况看，根据吴雨才 2012 的调查报告，我国一些企业外派人员回任第一年内离职率高达 39%，第二年内离职率更是达到了半数之多。这个比例远远高于德国、日本等国的离职率，也远高于国内企业员工的离职率。相关调查还发现，外派人员在回任的 6 个月内，有的人仍然承担着临时性的工作任务，他们感觉到回国后与国外工作相比降级了，在国外获取的知识和经验难以派上用场。因此，如何做好外派人员的回任管理，是国际企业面临的新挑战。

相关链接

外派高管归来"难收心"

研究显示，被外派出国工作的管理人员，从激动人心的境外工作岗位归来后，第一年内辞职的可能性是同僚的三倍。

咨询公司普华永道和克兰菲尔德管理学院共同进行的这项研究称，由于这个原因，那些外派管理人员到国外任职的雇主，经常会损失有才能的员工，它们的投资无法带来回报。

平均约有 15% 的外派员工在回国后一年内辞职。在一些情况下，离职率可能高达 40%，而相比之下，正常员工的离职率仅为 3%~5%。

普华永道合伙人乔治·耶恩德尔称："对人力资源经理而言，一位表现优异、刚刚回国的员工将要离职，实在是非常糟糕的消息。令人担忧的是，这种情况较为普遍。""在不同的市场和文化中以不同的方式工作两年后，人们总是不愿回到原来的工作岗位，面对与原来一样的前途。在这种迷失方向的情况下，许多人都会出现职业'波动'，然后通过招聘市场跳槽离开——在这个市场上，他们的经验越来越受到看重。"

克兰菲尔德管理学院的迈克尔·迪克曼表示，雇主之所以可能失去驻外

员工，原因是它们未能在他们归来后为他们设计恰当的职业发展路线。

他表示："必须投入更多的时间和精力，为雇员的归国做准备——他们回来以后，需要感到安全，需要一个重要的职位，还需要清楚看到自己未来的职业发展道路。"

研究指出，雇主安排一个驻外岗位的年均成本为 31.1 万美元。向驻外员工支付更高薪水，也不能带来更好的效果。这项研究指出，一直按照派驻国正常工资水平向驻外员工支付薪水的雇主，"在业绩上没有明显不同"。

不过，员工的业绩在驻外期间平均提高了 13% 左右。在他们回来后的第一年中，业绩差异会有所缩小，之后，他们的业绩会再度提升。

耶恩德尔表示，雇主需要做更多工作帮助归国员工，"防止人员流失，留住有用人才，这样才能让已经付出的投资产生收益"。

报告指出，近 1/3 的外派员工被公司评为"业绩最佳员工"，而 20% 的高级经理人和 25% 的董事会成员都有过驻外经历。

报告称，最近的一项研究发现，在富时 100 指数（FTSE 100）成份股公司中，80% 的首席执行官（CEO）有过驻外经历。

资料来源：中国雇佣观察［J］. 2012，8（14）.

第二节 重返文化休克及应对措施

一、重返文化休克的内涵

文化休克的概念我们在前文已经涉及，这里不再赘述。重返文化休克也称为逆文化休克，是从文化休克延伸出的一个概念。重返文化休克的概念是 Scheuts 在 1944 年最早提出的，当时主要研究的是在海外多年的士兵返回本国时遇到的困难和问题。1989 年 Uehara 将重返文化休克形容为归国者回国后最初经历的心理困难及有些状况下的身体不适。2000 年 Gaw 则将重返文化休克定义为归国者重新适应祖国的环境，重新融入母文化的过程。逆向文化冲击是指"人们在国外生活一段时间后，回到母国时在最初的适应阶段所经历的暂时的心理困难"。

本书所说的重返文化休克是指外派人员从工作地点回到母国后所体验到的情感和心理上的困难。

重返文化休克的具体症状可能包括以下方面：感觉自己不属于所在环境；坐立不安；逆向思乡——怀念国外所认识的人和住过的地方；无聊，缺乏安全感，不确定感，困惑，挫折；睡眠过多；改变人生的目标和重点；与周围环境格格不入的感觉；对母国的行为习惯抱有负面的看法；对家人和朋友有一种抵触感等等。随着外派时间的延长，这种生疏感会更加强烈。仅有几个研究发现了逆向文化冲击带来的积极的结果，如对异国文化更多的赞赏、与父母关系的改善、在价值观导向中的积极变化以及对于文化差异更多的认识和接纳。

二、重返文化休克产生的原因

（一）跨文化适应改变了人们

不管人们是否认识到，在国外工作、生活的经历让人们的生活发生了变化，它可能是外在的，如生活习惯、饮食习惯、着装等，也可能是内在的，如价值观、思维方式、职业观、工作方式等的变化，东道国的环境、社会文化塑造着外派人员，这些变化可能以隐形方式存在着，只有回到母文化中，这些变化才能凸显出来。

（二）所在地区发生了变化

在国外工作期间，外派人员和国内在时间上和空间在上处于隔绝状态，尽管可以回国探亲，但毕竟是时间短暂；尽管有互联网等媒体可以帮助他们了解国内的情况，但毕竟不是身临其境，难免在回国后发现自己有脱节的感觉，对国内发生的大事、影响人们生活的最新鲜事件等不了解，对生活中发生的变化不了解，而周围人有时想不到这一点，所以他们不一定会对此做出详细的解释，回国者就有陌生、局外人的感觉。外派人员自己也往往没有充足的心理准备，他们觉得毕竟是回到自己的祖国，在语言上没有任何障碍，是一个自己非常熟悉的文化环境和社会，带着满腔的思念、干劲和热望回国，却发现一切并不像自己希望的那样，于是会遭遇重返文化休克。

（三）物是人非

原来的社会角色和位置已经丧失，人际关系网络需要重新启动和重建。

（四）企业文化的不适应

这是因为外派员工通过海外的工作已经习惯了海外公司的企业文化，回任后常会发现很难适应本国的企业文化与工作环境。如外派人员在以个人主义导向的国家里工作，外派员工多习惯于独立从事个性化的工作。相反，外派员工在集体主义导向的亚洲国家里工作，就会感受到高强度的工作氛围，注重团队协作。外派人员回任后面对这些变化，常常会感到始料未及的压力，进而增加回任管理的难度。

 **小案例1**

奇怪的感觉

李东书从澳大利亚留学回国后，回到自己非常熟悉和了解的祖国及母文化环境。他本来以为是不需要再适应的，但是没想到实际情况却不是如此。他这样描述自己的感觉；"这是一种奇怪的感觉：当你同国内的人说话时，或观看国内的电视频道时，有时我自己都很难相信，因为我发现将对话在脑海里翻译成英语后更容易跟上内容及情节。正因如此，我需要更多的时间来明白他们在说什么。我的朋友们一定以为我在海外留学期间脑子变笨了。我在与别人交谈时总是中英文夹杂，甚至与我父母交谈时也不例外。我的洋腔怪调时常让我的父母感到很困惑"。

三、克服重返文化休克的对策

（一）个人角度的对策

1. 建立跨文化工具箱。外派人员可以建立自己的跨文化工具箱，在遇到不同文化背景的客户、同事和合作者时，运用不同的文化知识和不同的交际手段，以达到成功沟通。

2. 合理开发和利用自己的人际关系网。外派人员应对自己的人际关系网进行分类，对于其中极为重要的人物要保持经常性联系，同时，可以向总部提出申请，定期回国，加强自己与母文化的联系，了解母公司的情况和变化。

3. 适时更新职业生涯规划。外派人员应当加强与组织相关人员的沟通，根据环境的变化和个人情况的变化，不断更新自己的职业生涯规划。

（二）组织角度的对策

外派前的跨文化培训能够有效帮助外派人员适应异质文化，顺利完成派外工作。同样，归国重返文化适应培训也很重要。外派人员回国后，面对的是与派前不同的工作和生活环境，必然遭遇重构同事、上下级等人际关系的压力。外派人员惟有接受再适应培训，才能克服由于其在东道国工作时间过长所产生的文化定势影响，从而尽快适应回国后的新环境。为此，国际企业人力资源部和外派员工回任部门需密切配合，共同制订周密的逆文化培训方案并认真实施，方案内容涵盖培训步骤，培训方式（如课堂培训、在线培训、评估和咨询式的培训等）以及培训实施方案的经费支出等。琳达（Linda，1998）还特别指出，归国逆文化培训的对象并非只针对外派人员或其配偶进行，还应当让归国人员的母国同事参与到培训中来，让他们知晓并理解外派人员归国后可能出现的各种表征，协助其尽快适应母国文化和工作环境，并由此建立融洽的人际关系。

第三节　外派人员回任工作适应性的影响因素

在员工外派期间，如果国内的组织经历重组或其他形式的组织变革，如工作岗位的调整合并、合理化或裁员等，而外派员工回国之前没有及时了解这些变化，并得到充分的培训或信息，或外派员工对他们回国后的职业发展前景有过高的不切实际的期望，工作适应的问题便有可能发生。由于组织生存环境的复杂性和多变性，组织变革无处不在，因此，外派回国人员的工作适应问题可能是普遍存在的。

总体来看，外派回国人员工作适应的影响因素主要分为个体因素、组织因素、非组织因素等三类。

一、个体因素

人口学变量和人格特征等个体变量都会影响遣返员工的工作适应。

（一）外派时间

有学者指出，执行国际任务的时间越长，外派人员返回母公司面临的困难就越多。由于海外工作的时间越长，个体对于外国文化及组织文化的适应程度越高，返回母国后适应的困难就越大。外派员工海外工作时间与遣返适应的关系得到了实证支持。

（二）外派经验

崔和亚华（Cui，Awa，1992）发现，因为他们在处理变化和差异时获得的通识，具有更多的国际经验的个体能更好地进行遣返适应。技能、学习模型支持了该结果：对于海外适应越成功，一个人在文化适应上就会越有技巧，结果，就越能应对遣返的挑战。

（三）回国时间

回国时间越长，遣返员工获得的信息也越多，关于新环境的不确定性越少，于是对于母国的工作适应也就越好。

早期的研究表明，更小的年龄、女性、单身、更高的受教育水平、较少的前期过渡、回家次数较少都是与更高的适应痛苦相联系的因素。由于更年轻的员工在外派期间学习新文化有优势，这可能使得遣返适应更加困难。由于压力减轻，已婚的员工遣返适应的困难比单身员工少。高自我效能感的员工比低自我效能感的员工在遣返后更容易适应工作。

二、组织因素

组织因素主要包括人力资源管理实践因素和工作变量。人力资源管理实践通常被认为是促进遣返员工工作适应的一个因素群，特别是顺畅的沟通系统、在国外任务期间指派国内导师、回国前提供培训、公司提供给遣返员工的薪酬方案、公司对遣返员工职业生涯的管理等在最近几年里备受关注。

（一）沟通系统

1. 沟通行为。沟通行为一直都被认为是外派回国人员工作适应的重要变量。在国外工作期间，国内公司与员工有顺畅的沟通系统被认为是促进遣返员工回国后工作适应的相关因素。沟通系统的好处包括及时更新外派员工在国外期间国内组织发生的各种变化，包括组织内员工的部门、层级、岗位变动和战略等方面的变化。当公司与外派员工保持这种沟通时，外派员工通常会认为组织在重视他，因此，遣返以后的工作适应状况就会改善。

2. 外派人员对母国公司信息掌握不足。跨国经营企业面临着生存环境的复杂性和多样性，而外派人员多长期在海外任职，对国内公司缺乏及时了解，这导致外派人员回任时自身未来在企业的定位和职业发展感到迷茫。外派人员在海外工作期间，与母公司的联系要比在国内的其他员工弱很多，对于母公司内部发生的变革了解较少，很多外派人员尽管提高了个人能力，但在一定程度上缺少与高层管理者的联系，因此减少了职位晋升的机会。同时外派人员在国内的社会交际网络也会因外派而产生断裂，从而失去了原有社会关系的支持，导致其对国内企业的信息获取不足，难以对自身的职业发展作出相应地调整。

（二）外派前的培训

关于培训与遣返的关系，一些研究表明，组织在外派员工回国前提供培训有利于减少不确定，同时员工会将培训视为组织支持，增强了他们的回国动机和对遣返过程的一般满意度。也就是说，培训不仅减少遣返过程自身的不确定性，而且增加了外派员工对于工作和组织新环境的心理舒适度。

（三）在国外任务期间指派国内导师

一些研究者指出，外派员工在国外期间拥有国内导师，为个体提供了安全感，会促进回国后的遣返适应。指派国内导师对于外派员工回国后至少6个月内都是非常重要的。然而，有些实证研究结果表明，指派导师与遣返适应间均存在负向关系。

（四）公司提供给遣返员工的薪酬方案

财政援助和经济支持尤其受到遣返员工的赞赏，但是还没有研究没有发现高薪酬体系与遣返员工适应之间的正向关系。

（五）公司对遣返员工职业生涯的管理

1. 回国后的晋升。回国后的晋升是促进遣返员工成功适应的贡献者。升职可能是组织留住遣返员工的一条路径。托马普森（Feldmanand Thompson，1993）对比了外派员工、外派回国员工和国内地理位置变动的员工，结果表明，职业发展变量解释了员工适应的主要变异。然而，另一些研究显示，公司职业政策清晰与否并不影响外派回国员工对工作的适应。一些工作和劳动条件也可能影响外派回国员工的工作适应，如角色冲突、角色清晰和工作中的自主权（自由裁量权）等。理论文献指出：角色冲突降低遣返员工的工作适应，角色清晰促进工作适应。然而实证研究仅提供了角色清晰促进工作适应的支持，对于角色冲突的研究结果则与理论推理存在分歧。一些研究发现角色冲突并不影响遣返员工的工作适应，而另一些研究表明，它是以理论文献提出的相反的方式影响员工的工作适应，即角色冲突会促进遣返员工的工作适应。

2. 外派期间与回国后的自主权差异。外派期间与回国后的自主权差异也会影响遣返员工的工作适应。经常的情况是，外派员工从在外国子公司的高级职位离开，在那里他们是小池塘里的大鱼，回国后再一次变成了母公司这台大机器上的齿轮。外派员工看重他们在外派期间的自主性、自由裁量权和来自总部较少的控制。实证研究表明，即使公司提供了更有吸引力的薪酬方案，遣返后自主性的减少还是会对外派回国人员的工作和组织适应产生消极的影响。

除了人力资源管理因素和工作变量外，工作期望的准确性和遣返员工的工作适应间也存在正向关系。通常，外派员工对于遣返过程的期望是十分乐观的，当期望在遣返中得到满足，他们会适应得更好。而现实通常与期望存在较大差异。因此，外派员工对于工作期望越准确，其在未来工作中的不确定性便越少，其期望得到满足的可能性越高，对工作的适应也越好。布莱克，格瑞森纳德等（Black, Gregersenand, 2000）研究发现，外派回国人员的某些工作期望与对母公司的组织承诺间存在积极的、线性的关系。此外，母国和东道国之间的组织文化的差异也会直接影响外派回国人员对于工作的适应。当外派员工从比母国的组织管理更有效的东道国返回时，该问题尤其突出。如外派员工从位于美国和英国的公司回到西班牙，由于外国的组织文化被认为比西班牙的更先进，于是组织文化的差异成了遣返员工遇到的最重要的适应问题之一。

三、非组织因素

除了组织支持，来自家庭和其他关系的社会支持也可能影响外派回国人员的工作适应。个体的适应过程可能还受到社会地位的改变、社会支持、生活条件和家庭适应等其他非组织因素的影响。

外派员工回国后经常经历地位的变化，外派员工和他们的家庭在国外享受比国内更高的社会地位，回到母公司经常暗示着社会地位的下降，引起失望、幻灭和工作适应等问题。

家庭关系和友谊关系为外派回国人员提供了越来越多不同层次的社会支持，因此，与父母和其他遣返员工的沟通都与积极的遣返适应相关。

外派回国员工的家属也会经历某种程度上的文化混乱甚至疏远，这可能反过来影响他们的适应能力。不能适应或不能与家庭成员沟通问题和焦虑的家属，通常在重新安置的过程中有更大的适应问题。如果外派回国人员的伙伴和家属经历困难和压力，对于外派回国人员本身的工作绩效及工作适应也会产生冲击。

第四节　外派人员离职倾向的影响因素

一、外派薪酬设计有失公平

企业在设计外派人员的薪酬模式时，一般会从如何兼顾外派成本效益、吸引力等角度来考量，但对如何有效促进员工成功回任这方面有所忽视。在外派前，企业为了提高外派人员接受海外派遣的意愿，通常以加薪等较优厚的薪酬水平作为激励条件，而外派人员一旦回国，一些待遇也随之取消，工资收入相对减少已成不争的事实。所以，回任人员面临着一个重新调整自己收入与生活安排的问题，而很少有人在习惯了高收入生活以后还能够适应低收入生活。当外派人员已经适应了海外较优厚的薪酬水平时，人力资源部门同外派回国人员的工资协商将变得十分艰难，外派期间优厚的薪酬水平可能成为回任后薪资调整的障碍。当今许多企业为便于回任人员和母公司同事的薪酬水平对接，普遍倾向采取降低归国人员薪酬的做法，这势必增加了外派人员的不满，激发了离职的念头，倘若这时再碰到业界挖角，自然很快就会离职。外派人员归后的许多问题都可以通过沟通和引导逐步解决，但薪酬福利的降低对许多人来说却是一个绕不过去的坎。

二、归国安置不尽如人意

促进职业发展是外派员工接受外派的基本动因。福斯特（Forster，1994）指出，有 63% 的回任人员认为前程发展乃是其最在意的事项。外派者大多认为外派经历有助于其职涯发展，即使企业在派前未作承诺或预示，但外派者却认为其回任后必将受组织所重用。然而，大部分的企业并未对回任人员的安置明确设有规定。一项针对回国员工的调查显示，60% 的人认为其单位对他们回国后的新角色和将来在公司内的发展持暧昧态度。有些企业的回任人员难以得到晋升，甚至因原职位被占而处于待岗状态，还有的回任员工因被安排在昔日的部下而遭遇到职场的"伦理困境"。显然，一旦回任者感觉到自己的国际任职经验没有得到公司应有的重视和肯定时，挫败感和离职心可能会顿时萌生。

三、缺乏回任中的组织支持

企业对外派人员的组织支持应贯穿外派工作的全过程，包括外派前、外派期间和回任阶段。如果企业针对回任员工的困难（如逆文化冲击、生涯路径规划、压力管理及社会网络重构等）没能提供一定的组织帮助，那么也会伤害他们对企业的忠诚之心。一些企业的人力资源管理者往往可能在外派人员的回任问题上存在认识偏差，认为外派人员对母国的文化及工作环境的熟悉是自然的，回任无需提供帮助。尤其当人力资源管理者没有海外任职经历时，这种认识偏差会更加明显。

四、知识管理未成为外派的战略目标

在海外工作期间，外派人员会积累与派驻国相关的各种知识和经验。将依附在外派人才身上的知识和经验进行跨国转移、有效地促进其在组织内流动并藉由提高企业的国际竞争力应是跨国企业外派的战略目标之一。然而长期以来，跨国企业未能对这一目标给予足够的重视，以至于这些知识和经验被闲置和浪费，外派人员也因没有用武之地而选择离开。知识的溢出是企业的最大损失，特别是当外派人员加盟到竞争对手那里时，这种损失难以估量。

 **相关链接**

海外派遣一去不回头，在华企业遭遇人才流失窘境

海外派遣已成为企业吸引保留关键人才的重要手段。中国区雇员在现今将承担亚太区甚至更广范围的管理职责，但是在吸引人才的同时，海外派遣也正在给这些企业带来烦恼，不少经过镀金的雇员选择了另谋高就。

2011年4月12日，全球领先的人力资源服务机构Kelly Services（美国财富500强）与中国著名的人力资源服务商智联招聘、《中国人才》及世界

经理人网站在中国区联合发布的《Kelly Services 全球雇员指数调研》显示，超过 8 成中国雇员愿意接受异地工作机会，这些企业将面临一个人才流动的未来。

Kelly Services 中国区业务总经理马克·豪尔（Mark Hall）先生在分析造成人员流动频繁的原因时指出，首先，不少中国公司的海外扩张推动人才跨国流动。中国海外投资快速发展，2009 年中国海外投资额在全球排名第 6，比上年提高了 6 位，其重点在于拓展石化、制造业及技术等领域。其次，在华外企通过职业发展的方式吸引和挽留人才时，往往将海外工作派遣作为首选。

报告显示，影响雇员选择的因素包括，目的国的生活质量及生活成本、安全及税收法规等。例如，尽管中资在非洲投资较高，但雇员兴趣较低。与此同时，目的国的优势行业、职业机会、工作条件等，也是雇员考虑的重要因素。例如，不同技能人才流动方向有着明显的倾向性，如绿色能源、环保行业雇员倾向于选择欧洲；计算机网络人才更喜欢美国；石化人才多选择非洲；矿产类人才偏爱非洲、拉美、亚太等。此外，目的国的竞争压力也会对雇员意愿产生较大影响。如美国近年来失业率持续走高，更多人才面临工作机会的竞争压力。

该报告同时也触及了这类公司面临的一个最尴尬问题，就是不少被公司派遣到国外工作的雇员最终却选择了跳槽。

这份报告在分析外派雇员产生的影响时，提到雇员将通过海外工作提高专业技能、增加跨文化理解，为自己职业生涯加分。但由于海外人才市场匮乏，部分海外工作的雇员跳槽至条件更优的其他海外公司。

王志就曾经有过这样的经历。他告诉《中国产经新闻》记者，五年前就职于某企业的时候得到了外派到美国分部的机会，按照计划他应该三年之后回到国内。虽然在外派之前并未明确约定，但按照公司的惯例，外派回来的人都会有一个职位的提升。但是，三年后王志要回国的时候，国内本部却没有职位空缺。于是，王志选择了跳槽，有过三年美国工作经验的他很顺利地跳到了一家外企，并且得到了相应的职位。"当然要支付一笔违约金，但从长远的职业规划来看，我仍认为选择跳槽是明智的选择。"

智联招聘高级职业顾问郝键向《中国产经新闻》记者表示，这样的情形确实存在，但是目前从企业方面看，并没有太好的办法加以杜绝。"只能是在外派之前进行文字约定，协商好违约责任。"但是正如王志的选择，即使要支付违约金，不少人仍然选择跳槽。王志进一步透露，有一些公司为了竞争人才，甚至会主动提出这部分违约金的承担。

资料来源：中国产经新闻，2011 年 4 月 18 日。

 **小案例 2**

蔡某的辞职

欧洲某家电子公司一位资深工程师蔡某被总部外派到沙特阿拉伯工作 4 年。其间，他掌握了流利的阿拉伯语，获得了新的技术能力，并在当地结交了重要的业务伙伴。但是，当他完成任务返回母国企业后，感觉非常震惊，因为经常受到诸如"在沙特阿拉伯的做事方式在总部是行不通的"这样的责备。更为严重的是，他在将近 9 个月后才被安排到一个相对固定的岗位，且比在外派期间权力小得多。结果，他离开这家公司并在几个月后加入公司竞争对手企业中。

第五节　外派人员回任管理的对策

解决外派人员的回任管理问题，必须从组织层面和个体层面两个角度进行思考，从追求双方利益最佳平衡点入手，通过人员选派机制整合、外派人员职业生涯发展以及组织文化和环境再造等综合措施，来实现外派回任人员重新融入母国企业。

从组织层面来看：一是企业要注重外派人员的海外工作经历，以发挥其国际经验和开阔视野的优势；二是要建立相关知识共享机制，以实现外派人员海外经验在企业内部的成功转移和消化；三是要力争为外派回任人员构建好适应其自身特色的职业发展通道和工作环境。从外派人员个体层面来看：一是要提高外派人员回任后的工作满意度；二是要增强外派回任人员海外工作能力与企业战略发展的适应性，具体应该做好以下方面的工作。

一、完善外派人员管理机制

完善外派人员管理机制可以从以下几个方面入手：一是建立一套外派人

员的管理和交流制度，监督与约束机制，绩效、薪酬与福利的协调机制和回任后的使用与晋升标准制度等；二是签订外派人员管理合同。根据企业外派人员的管理制度，在协商一致的基础上与之签订外派人员管理合同，主要内容包括外派年限、工作任务与要求、考核、薪酬和福利、回任安置、奖惩等方面；三是建立外派人员定期回访交流制度。对于外派任职时间较长特别是任职 3 年以上的员工，要建立定期回访制度以便企业及时了解外派人员的思想变化和工作进展，也让外派人员及时了解国家经济社会发展形势和企业发展动态。

二、合理缩小外派人员回任前后的薪酬差别

外派人员回国后失去了各种与驻外相关的津贴和奖金，个人总收入自然降低了很多，离职的诱因也随之增加，因此，如何合理缩小外派人员回任前后薪酬的差别就显得非常重要。企业可从以下两方面着眼。

（一）重新确定归国员工的总薪点

企业在确定员工总薪点构成时，可把特定岗位工作年限设定为一个薪点加以计算在内。如公司可以依每位员工职务、学历、职称、公司工作年限、特定岗位工作年限等因素，确定其薪点数，该员工的总薪点为以上各项薪点之和。外派岗位也是一种特定岗位，所以外派员工归国后其对应薪酬的总薪点应该有所上调，即企业可把外派工作年限设定为归国员工薪酬的一个薪点从而增加员工的总薪点。虽然增加的薪酬部份所占整个薪酬的百分比很小，但员工回任后服务的年限越长，累加起来也是一笔可观的数目，这不失为对归国员工总收入减少的一种补偿。

（二）给于外派员工一定数额的股权

根据外派绩效考核结果，企业可以给予归国员工一定数额的股权奖励，并根据归国后的服务年限分期兑现。股权奖励既是对外派员工业绩的一种肯定，又是作为一种补偿机制来平衡外派人员回任前后的薪酬差别。此外，企业还应发放一定数额的安家费及补贴，如安置迁移费用、住房补贴等。

三、合理配置外派归国人员

失当的归国工作安排是外派归国人员离职的一个主要诱因。合理配置外派归国人员涉及其职位类别认定、与回任部门工作衔接及作用发挥等一系列

难点，人力资源部可从以下四个方面开展工作。

（一）依据绩效考评与人力测评确定归国人员职级

外派人员归国后，企业应对其外派绩效进行考评，在此基础上，结合其归国志愿并通过人力测评最终决定其担任职位的层级。

（二）尽可能提供与外派工作类型相同或相近的职位

企业外派员工的目标不仅着眼于抢占海外市场的需要，还有出于藉以外派增加外派人员的国际知识和经验并能在回任岗位上获得收益的考量。而这些知识和经验能否在回任后派上用场，与外派员工回国后流向的岗位类别密切相关。所以，在外派员工回国后，企业应尽可能把其配置在与外派工作类型相同或相近的职位上，以确保他们的职业路径得到顺延，从而有效发挥其派外期间积累的跨国知识和经验。对于归国人员来说，最有破坏性的环境之一是将其放在与海外工作相关性低的状态。而一项调查（John B.Cullen，K.Praveen Parboteeah，2004）指出，61％的外派人员觉得，他们归国后没有机会运用他们的国际经验。

（三）做好外派归国员工与回任部门工作的衔接

回任部门在归国员工正式上任前就要告知其所将从事工作的性质、特点、职责等，使其对回任工作有心理准备。在此基础上，回任部门还须做好归国员工的上岗培训，帮助他们完成工作角色转换，最大限度地发挥外派归国人员的作用。外派归国人员除了在本职工作岗位上发挥作用外，企业还可以安排他们担任其他外派员工的导师、作归国经验交流报告、与海外分公司互动、协调来自外派国客户等职责，使外派归国人员的作用得到最大显现。

四、建立工作导师项目，开展外派员工支持计划

外派人员即使走出国门后，一般对母国文化和母公司保持依恋和认可。持久的心灵沟通是所有短暂的集训项目无法做到的，而工作导师项目的建立可以弥补这一不足。建立工作导师项目，开展外派员工辅助计划，主要是构建一种长效的心灵对话机制，为外派员工排忧解难，避免因外派使外派人员和母公司之间产生"离久则情疏"的感觉。

工作导师一般由母国总部的直接主管或高层管理人员担任，其对外派人员的整个外派过程负责。工作导师职责包括外派人员派前职业计划；外派期

间与外派人员频繁的沟通和互动，确保外派人员能够及时了解母国发展的资讯；回任过程则调节外派人员和母公司可能存在的各种矛盾，为归国人员提供心理辅导并协助他们找到合适的职位。当外派人员感知自己从工作导师那里获得了许多支持时，会强化对组织的承诺，也就更愿意归国后继留在公司工作。

五、实施知识管理的外派战略

面对日趋激烈的国际市场竞争，跨国企业应把外派人员作为企业的一种战略资产进行管理，注重收集和获取外派人员积累的各种知识，并在此基础上进行转移、配置、整合和创新，使知识可以在跨国企业内部迅速产生倍数效应。企业实施知识管理的外派战略，可从以下两个方面考虑。

（一）将知识管理提升到外派战略地位的高度

跨国公司应把外派人员的知识管理作为公司战略的一部分，以制度化方式推行知识管理战略计划。这样，外派人员能明确感知外派期间积累的全球性知识对企业可持续发展的重要性并对留任寄予厚望。

（二）重视外派人员归国后的知识管理实践

企业应在员工归国后采取特别的激励手段吸引和鼓励外派人员进行知识价值增值活动，使外派人员的知识资源在企业知识链上形成畅通无阻的知识流，实现知识的识别、获取、开发、分解、储存、传递与共享，让每一个外派员工都能为企业贡献自己的知识和经验感到自豪和欣慰，藉以提高他们的成就感和归属感，从而降低离职率。如惠普公司通过各种激励手段鼓励外派员工积极将个人知识转化成企业共有知识，使隐性知识显性化，并将这种贡献放入到个人业绩评价中，形成惠普公司内部浓郁的知识共享氛围，惠普公司也因此受益匪浅。

当然，要想将外派人员的知识和经验在组织体系内进行高效的转移和共享、最大限度地凸显外派人员的知识价值，必须构建一个有效的企业知识管理平台，以解决知识共享的空间和时间问题。

六、为外派人员构建缓冲适应地带

这方面可以参照华为公司的做法。在华为公司，那些已经归国并等待安排职位的外派人员，在即使暂时没有合适职位的情况下，还是享受到比较高的岗位级别，维持与外派期间不变的待遇，这种做法让回任人员感受到到公司对他们的持续重视，让他们意识到，只要一有合适的职位，就会安排他们上岗。除此之外，对于级别比较高的外派人员，应尽量安排他们与高层管理者交流的机会，从而让他们传达他们所认识到的国际化经营理念和方法，让他们的经验技能能够得到应用和发挥，这样做的结果是，可以使得他们觉得自己即使外派结束回国了，对公司来说同样是具有重大价值的。因此我们把这个"缓冲地带"总结为三句话：保留级别待遇，安排名誉虚职，保证与高层的沟通。

七、针对不同类外派任务类型实行灵活管理

对于执行战略型外派任务的员工，回任的重点在于为他们安排合适的职位，让他们安心留在组织内，推进组织的国际化进程。

对于执行技术型外派任务的员工，回任的重点在于职业生涯规划和管理，努力做到人尽其才，才尽其用。

对于执行高发展型外派任务的员工，其回任意愿比较强烈，回任管理的重点在于职业生涯管理，使其明确今后的发展方向。

八、加强企业文化建设

企业文化作为微观的文化氛围，深刻地影响和制约着企业员工的理想追求等道德感情和行为。跨国企业要推进自身的国际化进程，必须着力打造以员工为本，重视国际化经验的企业文化，让企业内部员工充分认识到外派回归人员的国际化经验和技术是企业宝贵的知识资产，要从制度建设、组织结构、薪酬设计、职位晋升等方面强化外派回归员工成功的国际化经验的重要性，使企业形成尊重成功的外派员工的良好氛围，以提高外派人员对企业的忠诚度。

 **相关链接**

外派回任的成功经验

在外派人员流失率居高不下的背景下，有一些企业在留任外派人员方面作出了不少有益的尝试。这些做法无疑将为当前面临人员回任难题的企业提供了宝贵的经验，可谓业界的标杆企业。

为此，中远公司，构建了补偿机制消减外派员工归国前后的薪酬差异。针对外派员工归国前后的薪酬变化，中远薪酬委员会推出了补偿机制来消减这种差异：①提供安置迁移津贴。根据家庭迁移至母国的基本成本，公司在外派任务结束时提供一笔相当于一个月薪水的安置迁移费用。②母国公司对归国人员的职业发展给予投资。归国员工职业投资计划彰显了母国公司对归国人员的重视，归国人员也会把这项投资视为一种补偿而增强对企业的归属感。此外，中远2003年就实行了外派高层管理人员认购股权制度。对这部份回任人员来说，公司良好的业绩带来的股票增值也是回任后的一种补偿。

Unock公司珍视员工归国后的逆文化适应集训。Unock公司规定，外派人员归国后需参加为期一周的逆文化适应集训，以帮助外派人员及其家庭克服逆文化冲击的影响，从而提高其留任的意愿。集训内容涵盖敏感性培训、角色扮演技术、社会关系的重构以及处理归国适应的方式等，在集训期间还设立专门咨询师，开展员工辅助计划，就回任人员归国后遇到的种种不适和困难进行心理疏导，使其重新适应母公司的工作环境、组织文化以及国内基本的生活环境和文化体系。专业咨询师对于回任员工的倾听胜于自我诉说，因为大多回任人员的问题都源自逆文化冲击导致的心理不适。

华为公司也设有妥善安置外派归国人员的制度。华为公司可以堪称第一批走出国门的企业。外派人员回国后，公司人力资源部和相关部门会对其派外绩效进行评估，并结合他们的归国岗位意愿，尽可能安排到与他们的知识和能力相匹配的岗位上。即使公司暂时无法安排其合适的岗位，也会珍视他们的派外经验而暂时设置"缓冲地带"，安排他们担任顾问抑或作为未来外派员工的培训师，给企业及即将外派的员工就海外派遣提供指导或建议。这种做法的优势在于向外派回国人员传递一个信息，那就是：公司是重视他们的，只不过暂时还没有合适的职位，一旦有合适的岗位一定会重新安排他们。

花旗银行也建立了"导师制"全程支援外派者。花旗银行在整个外派阶段安排了一名国内资深的同仁作为外派者的导师来协助外派者。外派前，导师会参与外派员工计划的制订；外派期间，导师经常以电话、邮件，甚至出差造访等方式与员工保持密切联系，及时告知外派者关于母公司最新的发展状况或人事异动与缺额情况，同时也汇报母国公司关于外派者在海外的工作与回任想法；回任阶段，导师会调和母国公司与员工双方对回任的期待与认知差距，在员工返国前，事先协调安排他回国的职务，回国后继续给予归国适应支援，并协助提供机会把其在外派期间获得的知识和经验运用到母公司的经营和管理中去。这种支援从外派前开始一直延伸到外派员工回任半年后，使外派员工没有被遗忘的感觉，为他们继续留任作了铺垫。

通用电气公司非常看重外派归国人员的派外知识和经验。通用电气公司每年都要外派一些员工到海外任职接受历练。这些员工被外派的目的之一，就是要获取国际经营的知识和管理经验。在公司看来，外派归国人员拥有国际知识、经验和技能，是企业重要的人力资本。所以，当外派员工回到母国后，母国公司一般要求外派员工将自己外派积累的知识和经验撰文上交，母国公司人力资源部将其改写成教材，供通用电气公司的各级领导人在经理人会议上讨论、切磋和交流，从中汲取适合通用电气公司使用的经营思想和管理方法。这种珍视外派人员的派外经验的做法昭示了外派人员"被企业重视"的氛围，使外派人员形成了良好的职业发展预期，增强了留任意愿。

资料来源：中国人力资源网。

本章思考题

1. 什么是重返文化休克？
2. 外派人员重返文化休克产生的原因是什么？如何克服？
3. 影响外派人员回任工作适应的因素有哪些？
4. 影响外派人员离职的因素有哪些？
5. 如何进行外派人员回任管理？

参考文献

中文参考文献

1.陈小萍.跨文化管理［M］.北京：清华大学出版社，2009.

2.姜秀珍.中国跨国企业外派人员回任管理［M］.上海：华东理工大学出版社，2011.

3.魏华颖.国际企业外派人力资源管理［M］.北京：经济管理出版社，2011.

4.J.斯图尔特·布莱克，哈尔·B.格蓄格森.变革始于个人［M］.北京：中国人民大学出版社，2011.

5.吉尔特·霍夫斯塔德.文化与主题：思想的远见［M］.北京：中国科学出版社，1996.

6.王朝晖.跨文化管理［M］.北京：北京大学出版社，2009.

7.宋亚非，刘明霞，高静美.跨国公司管理（标准教材）［M］.大连：东北财经大学出版社，2009.

8.余建年.跨文化人力资源管理［M］.武汉：武汉大学出版社，2007.

9.赵曙明.国际企业人力资源管理［M］.南京：南京大学出版社，2006.

10.林新奇.国际人力资源管理［M］.上海：复旦大学出版社，1997.

11.霍杰茨，卢森斯著，赵曙明，程德俊主译.国际管理：文化、战略与行动（第5版）［M］.北京：机械工业出版社，2006.

12.彭剑峰.人力资源管理概论［M］.上海：复旦大学出版社，2004.

13.关培兰.组织行为学［M］.北京：中国人民大学出版社，2003.

14.郑兴山.跨文化管理［M］.北京：中国人民大学出版社，2010.

15.韩承敏.跨文化人力资源开发与管理［M］.南京：东南大学出版社，2003.

16.刘欣.TNC的成功外派［J］.中国人力资源开发，2000（5）.

17.沈琴琴.境外中资企业劳动用工现状及存在的问题［J］.生产力研究，2012（6）.

18.高嘉勇，吴丹.中国外派人员跨文化胜任力指标体系构建研究［J］.

科学学与科学技术管理，2007（5）.

19．高嘉勇．跨国公司女性外派经理人工作绩效影响因素分析［J］.商业时代，2008（26）.

20．李宜菁，唐宁玉．外派人员跨文化胜任力回顾与模型构建［J］.管理学报，2010（6）.

21．邓文君，马建虹．跨文化胜任力与敏感性研究进展［J］.人类工效学，2006（4）.

22．李艳．跨国企业外派人员跨文化胜任力模型构建及实证研究［D］.湖南大学硕士论文，2010.

23．黄俊发．中泰合资企业跨国外派员工工作——家庭冲突的影响因素及对绩效的影响［D］.浙江大学硕士论文，2013.

24．许伊茹．企业外派人员个性特征、文化智力影响员工绩效的研究［D］.浙江大学硕士论文，2011.

25．曹礼平．跨国公司外派人员社会网络、配偶支持对其工作绩效的影响研究［D］.复旦大学博士论文，2009.

英文参考文献

1. Shay. J., Tracey. Expatiate managers: Reasons for failure and implications for training［J］. *Cornel Hotel and Restaurant Administration Quarterly*，1997（2）.

2. Caligiari. The big five personality characterastics as predictors of expatriates desire to terminate the assignment and supervisor-related Performance［J］. *Personnel psychology*，2000（53）.

3. Caligiari, P.M. Selecting Expatriates for Personality Characteristics：A moderating effect of personality on the relationship between host national contact and cross-cultural adjustment［J］. *Management International Review*，2000（40）.

4. P. Christopher Earley, Elaine Mosakowski. Cultural Intelligence［J］. Harvard Business Review.2004（10）.

5. Ang, S., Dyne, V.L, Koh C Cultural intelligence: Its measurement and effects on cultural Judgement and decision making，cultural adaptation，and task Performance［J］.*Management & Organizaiton Review*，2007（335–371）.

6. Hammer M.R., Bennet T.M.J., Wisemanr. Measuring Intercultural Sensitivity: The Intercultural Development Inventory［J］. *International Journal of*

Intercultural Relations, 2003（27）.

7. Gesten M.C. Intercultural Competence and Expatriates［J］. *The International Journal of Human Resource Management*, 1990（1）.

8. Osman-Gani A.M, Rockstuhl T. Cross-cultural training, expatriate self-efficacy, and adjustments to overseas assignments: An empirical investigation of managers in Asia［J］.*International Journal of Intercultural Relations*, 2009（2）.

9. Black, J.S., Stephen, G.K. The influence of the spouse on American expatriate adjustment in overseas assignments［J］. *Journal of Management*, 1989（15）.

10. Thomas D.C.The expatriate experience: a critical review and synthesis［J］. *Advance in International Comparative Management*, 1998（12）.

11. Yavas U, Osman M.Karatepe, Turgay Avci, Mehmet Tekinkus. Antecedents and Outcomes of Service Recovery Performance: An Empirical Study of Frontline Employees in Turkish Banks［J］. *International Journal of Bank Marketing*, 2003（21）.

12. Black, J.S., Stephen, G.K. The influence of the spouse on American expatriate adjustment in overseas assignment［J］. *Journal of Management*, 1989（15）.

13. Shay, J., Tracey, J. Expatiate managers: Reasons for failure and implications for training［J］. *Cornel Hotel and Restaurant Administration Quarterly*, 1997（2）.

14. Graen G.B. Interpersonal Workplace Theory at the Cross-roads: LMX and Transformational Theory as Special Cases of Role Making in Work Organizations［M］Greenwich: Information Age Publishing, 2003.

15. Cross T, Baxon B., Dennis K., Isaacs M. *Towards a culturally competent system of car*［M］.Georgetown University Child Development Center, CASSP Technical Assistance Center: Washington DC, 1989.

16. Abe H., Wiseman R. A Cross-Cultural Confirmation for the Dimensions of Intercultural Effectiveness［J］. *International Journal of Intercultural Relations*, 1983（7）.

17. Hammer M R, Bennet T.M.J., Wisemanr. Measuring Intercultural Sensitivity : The Intercultural Development Inventory［J］. *International Journal*

ofIntercultural Relations, 2003（27）.

18. Johnson P.J., Lenartowicz T., Apud S.A. Cross-cultural competence in international business: toward a definition and model ［J］. *Journal of International Business Studies*, 2006（37）.

19. Bennett M.J. A Developmental Approach to Training for Intercultural Sensitivity ［J］. *International Journal of Intercultural Relations*, 1986（10）.

20. Thomas A. *Psycholog ie Interkulture llen lernens und andelns* ［M］ Thomas A. Ku lturverg leichende Psychologie, 2003.

21. Gesten M C. Intercultural Competence and Expatriates ［J］. *The International Journal of Human Resource Management*, 1990（1）.

22. Cui G., Van Den Berg S. Testing the Construct of Validity of Intercultural Effectiveness ［J］. *International Journal of Intercultural Relations*, 1991（15）.

23. Leiba' Sulliban, S. The distinction between stable and dynamic cross-cultural competencies:implications for expatriate training ［J］. *Journal of International Business Studies*, 1999, 30（4）: 709–725.

24. Panggabean H. *Characteristics of Indonesian Intercultural Sensitivity in Multicultural and International Work Groups* ［M］ Ongoing themes in psychology and Culture, 2004.

25. Chua G, Tan W. International communication competence: Synthess In Burleson（ed.）. *Communication yearbook:thousands oaks sage*, 1997（19）.

26. Black J.S., Mendenhall M., Oddou G. Toward a comprehensive model of international adjustment: an integration of multiple theoretical perspective ［J］. *Academy of management Review*, 1991（16）.

27. Aaronw. Andreasom. Expatriate adjustment of Spouses and Expatriate Managers: An Integrative research reviews. International Joumout Management ［J］. 25, 2008.

28. Black, J. S., Stephen, G.K. The influence of the spouse on American expatriate adjustment in overseas assignment ［J］. *Journal of Management*, 1989（15）.

29. Tang, R.L. Selection and training procedure of U.S., European, and Japanese Multinationals ［J］. *California Man-magement*, 1982（25）.